书山有路勤为径,优质资源伴你行
注册世纪波学院会员,享精品图书增值服务

Cases on Performance
Improvement Innovation

绩效改进创新实践
（案例集）

［美］ 达琳·范·蒂姆（Darlene M. Van Tiem） 编
南希·克恩·伯恩斯（Nancy Crain Burns）

易虹　张雪瓴　熊洁　译

电子工业出版社
Publishing House of Electronics Industry
北京·BEIJING

First published in the English language under the title "Cases on Performance Improvement Innovation" edited by Darlene M. Van Tiem and Nancy Crain Burns.
Copyright © 2020 by IGI Global, www.igi-global.com.
Simplified Chinese translation edition copyright © 2021 by Publishing House of Electronics Industry. All rights reserved.

本书简体中文字版经由IGI Global授权电子工业出版社独家出版发行。未经书面许可，不得以任何方式抄袭、复制或节录本书中的任何内容。

版权贸易合同登记号　图字：01-2020-6436

图书在版编目（CIP）数据

绩效改进创新实践：案例集／（美）达琳·范·蒂姆（Darlene M. Van Tiem），（美）南希·克恩·伯恩斯（Nancy Crain Burns）编；易虹，张雪瓴，熊洁译. —北京：电子工业出版社，2021.12

书名原文：Cases on Performance Improvement Innovation

ISBN 978-7-121-42176-1

Ⅰ.①绩… Ⅱ.①达… ②南… ③易… ④张… ⑤熊… Ⅲ.①企业绩效－企业管理－案例－汇编 Ⅳ.① F272.5

中国版本图书馆 CIP 数据核字（2021）第 213050 号

责任编辑：袁桂春
印　　刷：天津千鹤文化传播有限公司
装　　订：天津千鹤文化传播有限公司
出版发行：电子工业出版社
　　　　　北京市海淀区万寿路173信箱　邮编：100036
开　　本：720×1000　1/16　印张：20.25　字数：375千字
版　　次：2021年12月第1版
印　　次：2021年12月第1次印刷
定　　价：89.00元

凡所购买电子工业出版社图书有缺损问题，请向购买书店调换。若书店售缺，请与本社发行部联系，联系及邮购电话：（010）88254888，88258888。
质量投诉请发邮件至zlts@phei.com.cn，盗版侵权举报请发邮件至dbqq@phei.com.cn。
本书咨询联系方式：（010）88254199，sjb@phei.com.cn。

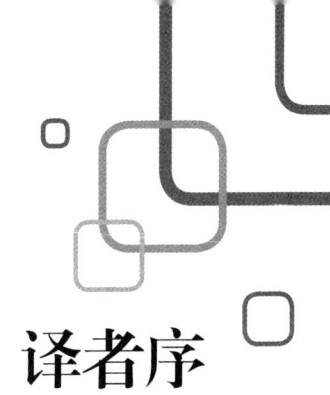

译者序

四年前的一天,一封来自国际绩效改进协会的邀请函,通过互联网从不远万里的美国发送到了我的邮箱,就是这封邮件,让我与本书结下了不解之缘。从国际绩效改进协会前主席南希·克恩·伯恩斯和《绩效圣经》第一作者达琳·范·蒂姆邀请我们撰写在中国的绩效改进代表性案例开始,到和项目团队确定并完成中国电信案例的撰写,以及本书在国外的出版,如果要用一个成语来形容整个过程,那一定是径情直遂。

从决定把绩效改进引入中国的那一天开始,我们对绩效改进的定位就是不仅要用绩效改进服务企业,更要对绩效改进有深入的研究,让绩效改进能够在中国落地生根、开花结果。

为此,我们做了很多事情,成立绩效改进研发中心、撰写和翻译专业书籍、开创绩效改进专业人士在中国的认证系统。我们还创办了绩效改进论坛,举办了中国企业技控大赛,把获奖案例整理、归纳并制作成《绩效改进最佳实践获奖案例选集》,让大家有更多可参考、可借鉴的资料。我们不仅在国内做绩效改进,还会把众多优秀的中国实践案例推到国际上,到国际舞台去参与评奖。这些年,我们的实践案例涉及中国电信、招商银行、国家电网、诺和诺德、TCL、赛诺菲、视源电子、中国邮政、民生物流等企业。我们总共获得了42个国际大奖。这些年,绩效改进在中国生根发芽、枝繁叶茂、硕果累累。

本书英文版在国外一经出版,我们就开始了翻译工作。为什么一定要翻译这本书?首先,经常有中国绩效改进领域的伙伴问我能不能给大家提供更多的案例,而我们却苦于绩效改进项目会涉及企业内部很多敏感信息,能拿出来的很少,有些案例脱敏后的价值也极大地降低了,这本书恰恰让我们心愿能遂。其次,这是一本非常落地的实战书籍,本书优选了全球来自各个行业的典型绩效改进案例,也有中国的优秀案例入选,如中国电信的案例。该案例曾经获得"国际杰出人类绩效干预奖"及中国区(ISPI-China)第八届绩效改进论坛"绩效改进最佳实践典范奖"。案例阐述了企业的一大难题——如何能够把高高在上的战略落地并且出成果,详细讲解了中国电信是如何用绩效改进去承接战略解码,真正地让战略落地并实施出成果的。该案例是绩效改进在营销领域的一个最佳实践。

正如国际绩效改进协会前主席席阿柯罗俊所说:"研究、分析真实世界的案例,是学习一套原则和程序的最好方法"。在阅读本书时,你会看到全球不同国家和地区的绩效改进专家是如何带领不同的组织按照绩效改进的原则、方法,取得项目成果的。整个过程可谓酣畅淋漓。但是,我更希望通过作者提出的那些问题可以引发你的思考——开放的、发散的、多视角的思考,不局限于现有的标准答案。

自绩效改进引入中国以来,我持续地关注绩效改进被中国企业接受的状态,以及在国际上的发展态势。我们看到,无论是在国际上还是在国内,越来越多的企业用绩效改进取得了卓越的成绩;越来越多的企业把技控当成组织文化的一部分;越来越多的企业把绩效改进作为组织提质增效的系统方法论,放在领导力培养项目中作为必修课。特别是在数字化的今天,越来越多的企业用绩效改进来培养桥梁型人才;有相当多的企业设置了绩效改进专岗;越来越多的头部企业找到我们,在我们的绩效改进师认证群里招募有绩效改进项目经验的优秀人才……这些意味着企业越来越接受绩效改进,对绩效改进有了更多的需求场景。

我想,有这些还不够。对于中国市场来说,绩效改进才刚刚被引入十年,刚刚起步,我也期待着绩效改进在中国能有更大的发展和更深的研究,不仅有更多的实践,还要有我们中国自己的基础理论和研究模型的提出。这些绝对不是一个人可以做到的,需要更多绩效改进领域的新人和专家加入进来,立足中国,共生共长。

易虹

华商基业绩效改进首席专家

国际绩效改进协会学术委员会委员

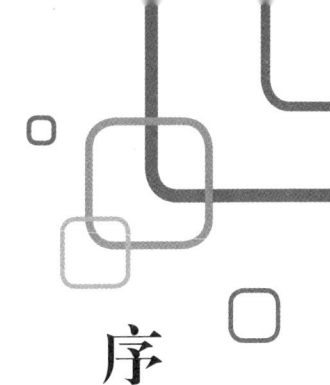

序

对于我们这些从事绩效改进的人来说，如何讲述我们的故事，一直是一个挑战。我们假设人才和组织发展领域的行业领导者、学者、从业人员同行理解了绩效改进的原则，我们假设相关领域的从业人员能够理解我们的学科与他们的学科之间的区别。遗憾的是，情况并非总是如此。

从事组织发展、变革管理、培训和发展的同事遵循一个系统的过程，就像我们从事绩效改进一样，区别在于绩效改进的原则：关注结果、系统思考、增加价值和伙伴协作。这本书把实践绩效改进的意义带到了生活中。书中引用的案例说明了绩效改进的原则是如何成为我们这个系统过程的基础的。这本书是讲述我们的故事的宝贵资源。

为什么要读这本书呢？

第一个原因是作者的多样性。案例的供稿人来自四大洲——非洲、亚洲、欧洲和美洲。他们的广泛经验表明，绩效改进并非美国独有。

第二个原因是案例本身。人们普遍认为，绩效改进适用于大型公司或机构实施的复杂项目，特别是那些依赖复杂技术的项目。然而，本书中的案例表明，绩效改进的系统过程和原则适用于所有组织，无论大小，无论是公共的还是私人的。绩效改进不仅可以用于解决社会问题，如促进性别平等、改善跨文化交流、帮助托儿所可持续发展、弥合行业的技能差距、改进学校系统，还可以用于提高其他进程（如项目管理）和干预（如辅导、讲故事和培训）的效率，也可以用于提高市场营销和培训等职能部门的生产率。

这些案例使绩效改进创新的实践变得生动起来。这本书是大学图书馆必须收藏的书籍，也是讲授绩效改进的学者的必备参考资料。当然，从事绩效改进的专业人员可以从案例中学习，并且能够更好地将绩效改进的价值与当前和未来的客户联系起来。

朱迪・赫尔（Judith A. Hale）
美国赫尔中心

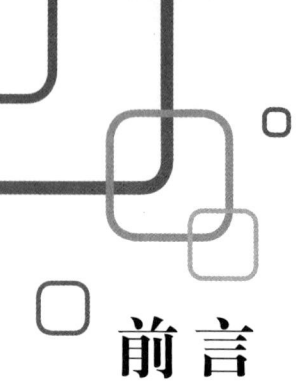

前言

全球都在进行绩效改进方面的创新。绩效改进的相关概念是通用的,很明显,在所提供的案例研究中,这些概念在全球得到了应用。绩效改进/人类绩效技术(Human Performance Technology,HPT)模型是一个可以帮助组织实现预期结果的理论框架。

本书读者对象

本书可作为绩效改进及相关领域从业人员的参考书籍。此外,本书还适用于大学生,尤其是研究生或高年级的本科生。本书易于阅读,它阐明了将每个案例研究应用于读者不同情况的方法。

本书内容安排

本书共17章,旨在说明实施绩效改进计划的情况。绩效改进适用于任何情况和任何工作场所,包括医疗、宗教、公共服务、制造业、教育、零售、分销等。绩效改进也适用于众多领域,包括心理学、工程学、教育学、商学、人体工程学、教学设计等。为了激发读者的兴趣,本书在每章结尾处都设计了问题,以帮助读者更形象地了解如何将案例应用于自己的情况。本书所包含的国际案例研究,展示了绩效改进在不同文化背景下应用的众多情况和各种方式。

绩效改进/HPT模型

在第1章中,达琳·范·蒂姆(Darlene M.Van Tiem)和南希·克恩·伯恩斯(Nancy Crain Burns)讨论了绩效改进/HPT模型。

HPT模型展示了绩效改进从业人员在达成结果时所走过的历程。绩效改进工作从绩效改进需求或机会、绩效分析开始,到干预措施的选择、设计和开发,再到干预措施的实施、维护与评估。这种描述似乎令人畏惧且乏味,但绩效改进工作是灵活的,它是一部应用指南。整个过程并不会因反馈而结束,而会基于发现和新的信息不断进行纠正和更改。该过程也不是一成不变的,可以进行适当的调整。

绩效驱动型项目管理

第2章由史蒂文·约翰·凯利（Steven John Kelly）和玛丽·诺瓦克（M. Mari Novak）撰写，主要介绍在塞浦路斯的绩效驱动型项目管理。

作者领导了一个为期9个月的能力培养项目，聚焦于塞浦路斯北部土族塞人社区的绩效驱动型项目管理。在北塞浦路斯土族塞人社区，由于项目计划的执行不能令人满意，因此需要为其提供绩效驱动型项目管理培训和咨询服务。当时，社区面临着相当大的挑战。绩效不佳事关所有利益相关者，直接影响其收入、机会和生活质量。在项目持续的9个月时间里，经理/顾问的项目管理技能得到了提高，项目设计和实施的质量也得到了极大的改善。项目结果消除了基本绩效差距，80%的项目能在预定的时间框架和预算内完成。项目结果不仅包括零售销售额实现增长，认证分数得到提高，新产品/服务及时推出，以及成本节约，而且包括对组织的项目动态的理解水平有了显著提高，同时以绩效驱动的方法管理项目所需的技能也得到了提高。

改进学校系统

作为一名研究人员、学校校长、学校管理者和顾问，约瑟夫·卡斯蒂利亚（Joseph R. Castilleja）在第3章为改进学校系统提供了独特的见解。

自从2002年美国《不让一个孩子掉队法案》和现在的《每个学生都成功法案》开始实施以来，成绩不佳的学校一直承受着提高学生学业成绩的巨大压力。这种改进的责任在于学校领导，即校长。美国各州的学校改进过程各不相同，改进形式也多种多样，这意味着学校的"转型"正在成为校长应履行的一项职责。因此，成绩不佳的学校的校长必须熟悉"转型校长"的专业角色和责任，以便在自己的学校取得成果。本案例研究采用HPT方法来揭示一所学校是如何成功地提高学生准时毕业率的：先聘请一位转型校长，再聘请一位维持校长来维持成果。

使用绩效改进10项标准指导战略的制定和实施

在第4章营销绩效改进案例中，作者付庆波、易虹、郑园、李立丹、王湘江和张秀梅介绍了中国电信绩效改进项目的实施情况。

该案例展示了由中国一家大型国有企业实施的屡获殊荣的绩效改进项目，该项目满足了绩效改进10项标准，为组织增加了价值。在中国，由绩效改进专业人员开发的多种工具被用于制定和实施营销战略，实现扩大市场份额的目标。这些工具是基于绩效改进的文献，专门为中国市场设计的，并经过了实践的验证。该案例还展示了将绩效改进和营销管理整合使用的好处与挑战。

利用在线论坛进行培训

企业培训的在线论坛是第5章的主题，由苏·切罗普斯基（Sue Czeropski）撰写。她探讨了在各种情况下有效使用证据的问题。

有证据表明，企业目前正在将在线学习用于企业培训。20年前发表的声明至今仍有意义："许多公司使用新技术，但往往只看到有限的回报，因为它们不知道新技术使用的最佳方式或不知道该如何使用。"学术界的论坛，尤其是高等教育领域的论坛，被认为是一种有效的学习策略，被许多大学广泛使用。但是，美国企业界对论坛的接受度一直很低。虽然协作和讨论在学习过程中具有关键作用，但没有多少培训计划将论坛的使用包含在内。为什么公司不使用这种技术？将论坛纳入培训计划的阻力是什么？作者对琼斯公司（化名）进行了一项研究，以了解来自高管、经理和员工三个层次的阻力。

评估成员在专业和学习网络中的价值

在第6章，伊丽莎白·卡特（Elizabeth A. Carter）博士评估了成员在专业和学习网络中的价值。

作为个人发展的绩效改进干预措施，专业实践社区（公认的专业和学习网络）可以为创建社区的个人和/或组织增加价值。很多文献提供的证据表明，组织可以从实践社区获得价值，但对于个人如何获得价值证据有限。这个案例利用吉尔伯特（Gilbert）的行为工程模型和绩效改进/HPT模型，试图回答以下问题：专业实践社区的成员如何描述他们从参与中获得的感知价值？本章为绩效改进从业人员提供了一种评估的指导方法：（1）某个团队是否作为一个实践社区起作用；（2）成员的期望、利益和结果；（3）感知价值的贡献者。作者还提供了实践社区所面临的共同挑战和一些解决方案。

通过辅导和领导力发展项目促进性别平等

作者辛西娅·西姆斯（Cynthia M. Sims）、安吉拉·卡特（Angela D. Carter）、阿雷利斯·摩尔·德·佩拉尔塔（Arelis Moore De Peralta）、阿琳娜·霍夫洛娃（Alena Höfrová）和斯蒂芬·布朗三世（Stephen W. BrownⅢ）评估了一所大学的辅导和领导力发展项目。

东南大学（化名）是美国一所大型高等教育机构。新校长和教务长认识到女性和少数族裔教师的高流失率。作为回应，校长实施了一个教师辅导和领导力发展项目，来促进性别平等。共有28名终身教职员工参加了这个为期9个月的项目，其中60%是女性。我们把这个项目设计成组织变革的干预措施，并使用HPT、逻辑模型和柯氏四级评估来进行该项目的设计和评估。该混合研究方法包括调查前和调查后（T1，$n=26$；T2，$n=14$），通过对参与者访谈，确定其参与的满意度、所获得的知识，并评估其行为变化（$n=18$）。结果表明，HPT、逻辑模型和柯氏四级评估对设计和评估该项目是有用的。定量和定性调查结果显示，参与者对接受辅导的过程和体验表示满意（一级评估），显著提高了其辅导知识和技能（二级评估），他们还能够运用在辅导中的所学（三级评估），为组织规划辅导项目，并承担导师的角色（四级评估）。

一位非洲领导者的绩效改进创新之旅

在第8章，露西·舒尔伊尔·纽曼（Lucy Surhyel Newman）通过讲述一段可以激励他人的职业经历，带领读者踏上了提高绩效和领导力的旅程。

这个案例研究以专业的故事讲述方法，描述了一位非洲领导者从1999年到2019年共20年的领导历程，以洞察其作为非洲裔女性高管和职业母亲运用绩效改进和变革型领导概念所产生的影响。故事描述了她的领导力轨迹、她的领导力的影响，以及她认为有帮助的反思性问题，包括她在职业生涯和个人生活中如何应用绩效改进10项标准。本案例研究的目的是证明绩效改进创新原则除了适用于组织和系统中的绩效改进项目，也适用于个人职业生涯。虽然案例研究展示的是非洲经验，但这些原则的实际应用也可以进行跨文化和跨背景的探索。

使用配套应用程序支持培训

斯蒂芬妮·约翰逊（Stephanie R. Johnson）在第9章回顾了运用移动设备强化培训的方法。

本案例研究反映了如何使用移动培训配套应用程序来克服在传统的学习管理系统/基于网络的培训策略下，支持面对面培训课程后对学员进行三级评估的局限性。对某些在地理分布上很分散的学员来说，面对面培训难以复制和标准化，这也是在这里进行讨论的原因。该解决方案虽然被认为是成功的，但仍有足够的改进机会，特别是在产品发布方面。通过增加各种信息技术功能来提高学员的接受水平很重要，因为智能手机的迅速普及使得以前被认为不可行的解决方案得以创建。

应对文化挑战

埃里克·赖特（Erik S. Wright）和罗斯·贝克（Rose Baker）在第10章讨论了对文化差异的认识，以及变革管理的影响。

夏威夷是一个民族、文化和语言的大熔炉。对于美国本土组织来说，在夏威夷做生意面临着独特的挑战。虽然夏威夷是美国第50个州，但在文化上，它与亚洲和其他波利尼西亚文化的联系更紧密。在夏威夷做生意通常会让美国人觉得自己是在外国做生意。了解文化差异并形成与夏威夷亚文化的价值观相一致的沟通方式，对于任何计划在夏威夷开展业务的组织来说都是至关重要的。通过对文化进行一系列分析，组织不仅可以更有效地管理运作中的变化，而且可以使其在夏威夷工作的员工取得巨大的成功。

解决劳动力危机

在第11章，约翰·舍尔（John G. Schehl）说明了认证在屋面行业的应用。作为美国屋面承包商协会认证副主席，舍尔先生为本章内容提供了独特的视角。

美国屋面承包商协会成立于1886年，是一个非营利性建筑行业协会。随着经济从大衰退中复苏，美国出现了严重的行业劳动力短缺，美国屋面承包商协会面临着如何解决这一问题的挑战。美国屋面承包商协会的领导层、员工和其他利益相关者致力于制定战略来应对劳动力危机，并承诺提供资源，启动一系列基于绩效的项目，以克服危机。美国屋面承包商协会意识到，仅仅依赖美国劳工部劳工统计局提供的有限数据来支持开发新举措是不够的。于是，美国屋面承包商协会委托亚利桑那州立大学进行屋面行业第一次全面的人口统计研究。从研究中收集到的新数据不仅改变了美国屋面承包商协会应对劳动力危机的方法，还可能改变整个屋面行业的运作方式。

基于故事的学习模型，实现刻意练习和绩效改进

布莱恩·格兰特（Brian S. Grant）在第12章讲述了"人类最古老的技术之一——讲故事"。他讨论了这种方法是如何帮助人们达成有效解决方案的。

本章提供了一个基于故事的学习模型的案例研究，使用系统的、有组织的叙事方法来设计一系列综合的、引人入胜的网络安全培训活动（保护计算机系统和网络），以实现刻意练习和绩效改进。为解决全球网络安全人才短缺问题，客户开发了一套混合课程，旨在为未来的网络安全专业人员提供实践经验。本课程的一个关键组成部分是顶点练习，所设计的活动聚焦于课件中内容的应用。从本质上讲，本章通过讲故事来解决如何培训和培养未来网络安全人才的问题。本案例研究着重详细描述实现一系列解决方案的思维过程。

整合组织的价值观和工作场所绩效

在第13章，扎卡里·瑞恩·毕沃（Zachary Ryan Beaver）、罗斯·贝克和卡

尔·宾德（Carl Binder）将组织的价值观与工作场所绩效进行了整合。通过使用多级变革模型，引导师寻求建立一种能够维持绩效改进的文化。

为了创建和维护新的工作场所文化以支持工作场所绩效，一所大型大学的中央人力资源共享服务小组启动了一个试点项目，以改善工作场所的流程、系统及其人力资源绩效。通过绩效改进专业引导师的指导，中央人力资源共享服务小组咨询了多种文化模型和变革管理方法，以确定试点项目。人力资源信息服务小组在工作中采用了一种用于改进绩效的多级变革模型。使用新定义的使命、愿景和价值观作为指南，中央人力资源共享服务小组与人力资源信息服务小组一起完成试点项目，然后扩展至其他项目。本案例研究的重点是在试点项目中人力资源信息服务小组的绩效改进引导师和小组成员的工作，以及他们的工作成果。

流变系统

约翰·特纳（John R. Turner）、奈吉尔·瑟洛（Nigel Thurlow）和布莱恩·里维拉（Brian Rivera）在第14章介绍了主动创新的工具和系统。

本章概述了组织在当今复杂环境中进行管理和运营的技术、工具和方法。当前的文献中缺乏这样的技术、工具和方法，那些试图学习和应用新工具来支持客户实施创新项目的从业人员因此而感到困扰。本章提供的技术、工具和方法来自学术界、工业界。作者将工具和练习整合在一起，为人们提供了一套涵盖创造力、创新、绩效改进、组织发展、组织改进和组织转型的做事方法。

领导力教练

在第15章，约翰·拉扎尔（John B. Lazar）提供了有关领导力教练影响结果的案例。

芭芭拉是一家综合销售业务外包公司的人力资源开发经理，绩效非常糟糕。她的经理——全球人才副总裁，收到了数起关于其客户服务质量和与同事合作的投诉。她的经理选用教练辅导来提高她的关键技能和相关绩效。芭芭拉欣然接受了为期一年的教练辅导机会。

芭芭拉完成了两次自我评估。教练（作者）进行了结构化的360度访谈，对数据进行了汇总，并与她共同制订了发展计划；定期进行电话辅导，在每节课结束时布置学习任务；定期对进步、挑战和吸取的教训进行回顾。

到年底，芭芭拉在多个有针对性的情商技能上取得了进步，为客户提供了更好的服务，并能更好地与同事合作。基于所取得的进步，芭芭拉将她接受的教练辅导时间延长了两年。尽管她被重新安排了一个独立承担责任的角色，但她很好地适应、领导、管理了项目，并为两个关键项目的成功做出了贡献。

欣赏式探询、绩效改进和积极心理学的应用

南希·克恩·伯恩斯讨论了在组织工作中欣赏式探询、绩效改进和积极心理学的结合使用。在第16章，她举例说明了这种组合方法是如何产生预期结果的。

作为多个组织的成员，你可能发现存在跨越这些组织的关系和情况。当回顾这些关系和情况的交集时，使用创新的绩效改进原则和实践提出建议是一个好主意。

本案例研究描述了非营利性、基于信仰的组织是如何获得积极建议的。借助欣赏式探询的概念、绩效改进10项标准，以及《心流》中所描述的积极心理学，从业人员能够"退一步，海阔天空"。尽管教会托儿所的财务前景面临着严峻的挑战，能否继续维持需要重新考虑，教会理事会的一些成员也对托儿所的财务状况表示关注，但其他人认为托儿所是有价值的，应该继续运营下去。于是，理事会主席任命了一个特别工作组来审查托儿所继续存在的可行性。

解决根本问题

在第17章，顾立民和丁晖探究了业务问题的解决方案，并发现了达成结果的"根本解决方案"。

业务问题有三种解决方案：症状解决方案、模式解决方案和根本解决方案。症状仅仅是可见的现象，不是问题，因此，症状的缓解只是暂时的，就像往开水里加冷水。模式解决方案看起来不错，但它是不可持续的、昂贵的，有时也可能有风险，因此，从长远来看，对企业的帮助也不大，就像通过一根细管向开水中加冷水。根本解决方案非常简单，因为它会触及问题的本质，如关掉让水沸腾的炉子。显然，企业需要寻找"根本解决方案"。多年来，Q公司一直试图寻找管理公司的"正确"答案，但现实总是让其失望，直到发现了真正系统性的、逻辑性的、结果驱动的和可持续的GPS-IE®管理改进系统。

达琳·范·蒂姆　南希·克恩·伯恩斯

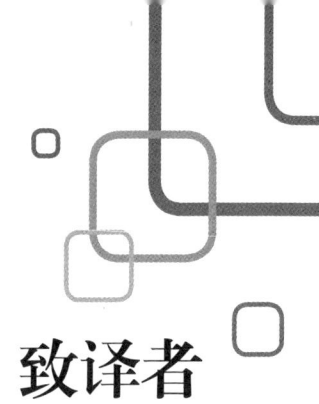

致译者

"山有木兮木有枝,心悦君兮君不知。"

这一表达爱慕之情的千古名句,出自《越人歌》。然而,大家是否知道如此绝妙好句却是翻译人员再创之作?相传,春秋时代,楚王母弟鄂君子皙在河中游玩,钟鼓齐鸣。摇船者是位越人,趁乐声刚停,便抱双桨用越语唱了一支歌。鄂君子皙听不懂,叫人翻译成楚语。于是,译者不仅为我们后人留下了韵味无穷的绝美佳句,而且《越人歌》也和楚国的其他民间诗歌一起成为《楚辞》的艺术源头。

绩效改进源于美国,在教育培训发展的历史中,一直扮演着推动者的角色。经过60多年的发展,绩效改进已经形成一套在全球通用的标准、模型和方法。然而,绩效改进的理论文献和实践资料大多都是英文形式,正如用古越语演唱的《越人歌》,需要优秀的译者将其翻译成中文,才能在中国新时代高质量发展的浪潮中奏响华丽的篇章。为此,华商基业凝聚了一群情怀满满的绩效改进人,志愿担负起绩效改进在中国的引入者、践行者和推动者的角色,在充满艰辛与挑战的道路上,笃信前行。

此前,华商基业已经组织翻译了《绩效改进基础》《绩效改进咨询务实手册》《绩效咨询》《绩效构建》《绩效伙伴》《学习的商业逻辑》等绩效改进领域的专著,有力地推动了绩效改进在中国的传播。稍有缺憾的是,这些专著集中于绩效改进的理论、工具和方法。实际上,绩效改进更关注的是在实践应用中为组织带来绩效提升的结果。此次,本书为读者提供了来自非洲、亚洲、东欧和北美,将绩效改进成功应用于商业、学校、行业协会及非营利性组织的案例,为绩效改进从业人员提供了广泛的视野和参考借鉴的依据。

为本书的翻译做出贡献的有:美国密苏里大学圣路易斯分校付庆波教授、华商基业管理咨询有限公司总裁易虹女士,以及华商基业管理咨询有限公司的翻译团队——张雪瓴女士、熊洁女士、王山泓先生、郝志瑛女士、刘庆先生、张伟女士、郝晓栋先生。

特此致谢!

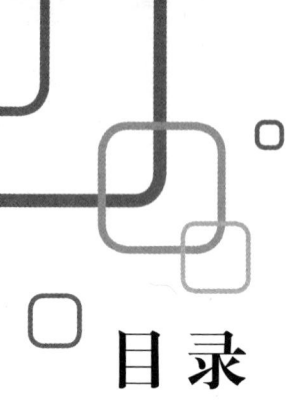

目 录

第1章　绩效改进／HPT模型　／　001
　　介绍　／　002
　　绩效改进　／　002

第2章　绩效驱动型项目管理　／　010
　　组织背景　／　011
　　什么是PDPM　／　011
　　案例描述　／　015
　　结论　／　026

第3章　改进学校系统　／　030
　　组织背景　／　031
　　奠定基础　／　031
　　案例描述　／　033
　　维持成果　／　040
　　组织目前面临的挑战　／　040
　　解决方案和建议　／　041

第4章　使用绩效改进10项标准指导战略的制定和实施　／　043
　　组织背景　／　044
　　奠定基础　／　044
　　案例描述　／　047
　　组织目前面临的挑战　／　056
　　解决方案和建议　／　057

目 录

第5章 利用在线论坛进行培训 / 061

 为什么这个案例很重要 / 062

 组织背景 / 063

 奠定基础 / 064

 案例描述 / 066

 解决方案和建议 / 070

 结论 / 073

第6章 评估成员在专业和学习网络中的价值 / 075

 组织背景 / 076

 奠定基础 / 078

 案例描述 / 080

 组织目前面临的挑战 / 086

 解决方案和建议 / 087

第7章 通过辅导和领导力发展项目促进性别平等 / 092

 组织背景 / 093

 奠定基础 / 096

 案例描述 / 098

 组织目前面临的挑战 / 109

 解决方案和建议 / 111

第8章 一位非洲领导者的绩效改进创新之旅 / 113

 引言 / 114

 个人背景 / 114

 本章重点 / 126

 解决方案和建议 / 135

 未来的研究方向 / 137

 结论 / 137

第9章　使用配套应用程序支持培训 / 140

组织背景 / 141

奠定基础 / 141

案例描述 / 143

组织目前面临的挑战 / 148

解决方案和建议 / 148

未来趋势 / 151

结论 / 152

第10章　应对文化挑战 / 156

组织背景 / 157

奠定基础 / 157

案例描述 / 160

组织目前面临的挑战 / 163

解决方案和建议 / 168

结论 / 170

第11章　解决劳动力危机 / 172

组织背景 / 173

奠定基础 / 173

案例描述 / 174

屋面行业目前面临的挑战 / 175

解决方案和建议 / 177

结论 / 185

第12章　基于故事的学习模型，实现刻意练习和绩效改进 / 188

组织背景 / 189

奠定基础 / 189

案例描述和技术关注 / 192

组织目前面临的挑战 / 196

解决方案和建议 / 198

目录

第13章 整合组织的价值观和工作场所绩效 / 207

组织背景 / 208

奠定基础 / 208

案例描述 / 216

组织目前面临的挑战 / 220

解决方案和建议 / 220

第14章 流变系统 / 222

引言 / 223

流变系统™与流变三重螺旋™ / 226

结论 / 239

第15章 领导力教练 / 242

组织背景 / 243

案例描述 / 243

争议、争论和问题 / 252

解决方案和建议 / 253

领导力教练的未来发展趋势 / 254

结论 / 256

第16章 欣赏式探询、绩效改进和积极心理学的应用 / 257

组织背景 / 258

奠定基础 / 258

案例描述 / 259

组织目前面临的挑战 / 259

应用方法 / 261

第一阶段的时间表和结果 / 262

巨型视图 / 266

第二阶段的时间表和结果 / 268

第三阶段的时间表和结果 / 269

解决方案和建议 / 270

结论 / 271

第17章 解决根本问题 / 275

组织背景 / 276

奠定基础 / 276

GPS-IE®管理改进系统介绍 / 278

三种盈利模式 / 281

商业战略背后的驱动力 / 282

一级问题 / 283

二级问题 / 287

三级问题 / 290

解决方案 / 291

实施 / 292

评估 / 295

Q公司业绩 / 296

总结 / 296

本书的作者 / 298

第1章

绩效改进／HPT模型

达琳·范·蒂姆
南希·克恩·伯恩斯

> **概要**
>
> HPT模型展示了绩效改进从业人员在达成结果时所走过的历程。绩效改进工作从绩效改进需求或机会、绩效分析开始，到干预措施的选择、设计和开发，再到干预措施的实施、维护与评估。这种描述似乎令人畏惧且乏味，但绩效改进工作是灵活的，它是一部应用指南。整个过程并不会因反馈而结束，而会基于发现和新的信息不断进行纠正和更改。该过程也不是一成不变的，可以进行适当的调整。

介绍

绩效改进是一个能够解决问题、实现创新的领域，它结合了来自各个领域和实践的想法、策略和原则，如金融、经济、领导力、组织发展、商业实践、心理学、人力资源、培训、开发、辅导等，并在所有领域和实践中追求适用性的最大化。本案例研究使读者能够看到如何应用绩效改进的原则和实践，以及如何使用绩效改进／HPT模型和其他模型。

绩效改进

当成为HPT模型的一部分，并专注于寻找行之有效的方法，以及注意可以改善的工作条件时，组织和个人就会更有效率、更有成效。通常情况下，组织和个人会基于直觉，希望采取一种快速的解决方法，但该方法可能无法解决实际问题。这就像用创可贴止血一样。如果不清洗伤口，伤口（问题）可能不会愈合，反而会感染，甚至恶化。绩效改进是一个过程，它使人们关注问题的许多方面，并制定干预措施（解决方案）。在某种意义上，它可以清理伤口，并避免不利或不希望看到的情况出现。

HPT模型

HPT模型展示了绩效改进从业人员在达成结果时所走过的历程。绩效改进工作从绩效改进需求或机会、绩效分析开始，到干预措施的选择、设计和开发，再到干预措施的实施、维护与评估。这种描述似乎令人畏惧且乏味，但绩效改进工作是灵活的，它是一部应用指南。整个过程并不会因反馈而结束，而会基于发现和新的信息不断进行纠正和更改。该过程也不是一成不变的，可以进行适当的调整。本案例研究的是HTP模型。图1-1展示了绩效改进／HPT模型。

绩效改进需求或机会

如果绩效改进从业人员首先了解存在的问题或机会，那么他们将更加成功。当组织在赚钱、省钱、成本规避或追求更大成就的努力方面存在差距时，问题和机会就会出现。想要知道如何缩小这些差距，就必须了解所涉及的人员和工作、组织的领导者，以及组织的使命和愿景。换句话说，就是要了解情况所涉及的人员、内容、时间、地点和原因。有许多方面需要考虑。

第1章 绩效改进／HPT模型

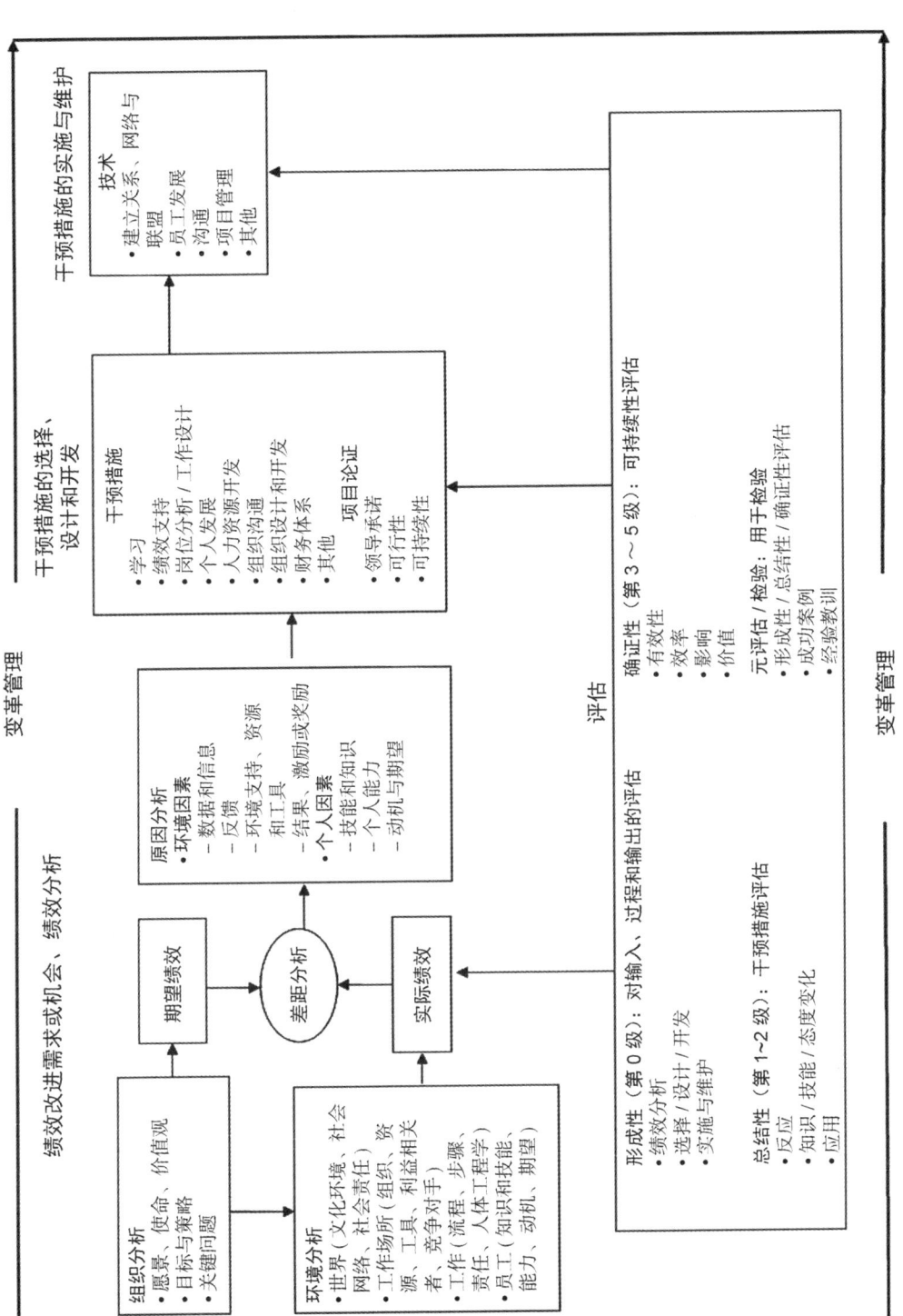

图1-1 绩效改进／HPT模型

绩效分析

组织分析包括了解组织的使命、愿景、价值观，以及组织的目标、策略和关键问题。这些都是必要的，因为从业人员必须制定得到组织领导者支持的干预措施，包括被领导者认可的言论，以及适用于关键问题的术语等，这些都是明智之举。这样可以确保你的努力与组织的目标和战略保持一致，从而获得重要的支持。更重要的是，组织要认可绩效改进项目。这一分析可帮助人们理解期望绩效。

环境分析包括了解作用于世界、工作场所、工作、员工的因素。与环境分析相关的世界因素包括所处的文化环境、组织内社会网络，以及与道德框架、利益相关者、企业公民和可持续性相关的社会责任。换句话说，组织要造福整个社会。工作场所因素包括：组织；原材料或零部件等资源；机械工具、手动工具等；与工作直接相关的利益相关者。此外，非常重要的一点是，还要考虑竞争对手在做什么和生产什么。工作因素包括工作者之间和前后部门之间的流程、步骤、对质量的期望和责任，以及人体工程学。员工因素包括：知识和技能；能力，如负重能力、身体条件，以及对工作重要性的理解；按照要求完成工作的动机；人体工程学，如肌肉力量、左右手习惯、残疾限制，以及涉及动机和对企业要求理解的期望。这一分析可帮助人们理解实际绩效。

差距分析是基于对期望绩效和实际绩效之间的差距的理解，对当前情况下的潜力进行现实的估计。

原因分析包括环境因素和个人因素。一旦对组织分析、环境分析和差距分析有了很好的理解，就有可能理解造成现状的原因。例如，人们可以通过对症状的观察和思考来探究病因，如流鼻涕、咳嗽等症状可能是由感冒、流感或其他因素引起的，进行彻底的分析以确定真正原因非常重要。就像不用去看医生也能猜测病因一样，这种情况可能是由环境因素造成的，如数据和信息、反馈、环境支持、资源和工具及结果。数据和信息与足够的图表、工作辅助或参考手册相关联。反馈包括管理和监督的建议或疑虑。环境支持意味着领导层协同一致，以及为将来和现在的工作做好准备。资源和工具包括用于计算机升级的培训或其他工具升级的工作辅助、流水生产线的速度，以及获得最大成效和高质量产出的适用工具。结果、激励或奖励是非常重要的。通常情况下，由于担心负面情绪会使成就卓著的人感到失望，因此人们回避结果、激励或奖励，一个团队应该建立在全部团队成员一起努力工作的基础上，如果某些员工取得显著的成就，就应该得到认可并给予激励和奖励。个人因素包括技能和知识、个人能力、动机与期望。团队和个人都应该具备工作所需的技能和知识。每个人都应该有自己的能力，包括身体的力量和头脑敏锐度。

干预措施的选择、设计和开发

每种干预措施都应经过选择、设计和开发，以尽量减少问题或避免不利情况。各种干预措施如下文所述。但是，还有适合每个类别的许多其他情况。

学习

如果绩效分析显示员工缺乏知识、能力或技能，那么学习可能就是合适的。学习内容包括参考资料，如讲义、工作辅助、书籍等，涵盖在线、课堂或其他形式。

绩效支持

绩效支持是指将条件嵌入流程中，以确保不会出现错误。例如，在轿车和卡车中，一些用于车辆前部的电线在装配工厂是捆扎在一起的，这样装配人员就不会忘记用于前大灯的电线，等等。

岗位分析／工作设计

在许多情况下，由于新机器的使用或期望更快的生产速度，因此需要对流程进行设计。为了加快生产速度，需要从整体上进行重新设计，如用运行更快的机器替换运行慢的机器。

个人发展

有时，有必要促进团队合作的改善，使每个人都在最大限度上一起合作。

人力资源开发

有时，组织找不到与工作匹配的合适人选。这时可能需要人力资源开发（培训、参考资料、辅导）进行干预和发挥作用，以确定现有员工的能力和组织需要的能力。可能需要雇用和培训新员工，并重新调整现有员工的岗位。

组织沟通

员工常常感到自己无法获得某些信息，因此必须使用新的信息渠道，使员工知情。例如，时事通讯和公告很有帮助，能让员工意识到变革的必要性。

组织设计和开发

工业心理学家和绩效改进专家把工作场所作为一个整体来考察，并考虑更大范围的组织布局。例如，他们可能建议为会议室配备白板和打印机，或者设置更高的隔断以保护隐私，等等。设计有很多种选择。

财务体系

对工作单元来说，跟踪它们可接受和不可接受的输出可能是合适的。对分支机构或工作单元来说，可能需要跟踪它们的成功因素、失误或产出的残次品，以确定其对工作单元的财务影响。

其他

可能还有其他方面的考虑，持开放态度是至关重要的。

项目论证

项目论证通常以书面文档的形式呈现，通常包含图表、照片和财务说明，它基于分析师的绩效分析。项目论证至少应该包含领导承诺、可行性和可持续性。

领导承诺

工作组经理之上的领导（工作组经理的经理）对工作的认可和支持至关重要。如果没有得到他们的支持，当各种抵制情况出现时，资金和其他支持就会被撤回，前期大量的艰苦工作就会白做。

可行性

确保提出的想法的敏感性和价值是很重要的。许多产生于工作场所中的想法都是建立在理想化的基础之上的，需要通过验证以使决策者相信这个想法是可行的和有价值的。

可持续性

有时，提出的想法可以获得启动资金，但是，如何确保项目在未来能够自我维持下去才是至关重要的。这涉及对启动成本（如果提供）的财务方面的考虑，以及维持项目运营的其他问题。

干预措施的实施与维护

需要谨慎地实施干预措施，并不断进行评估，以尽量减少问题或不利情况的出现。即使精心设计的干预措施也可能出现意想不到的变化或不曾预料的问题。评估可以指出这些问题。评估可以是非正式的，如与员工或经理的对话。最好把讨论反馈记录下来并从中寻找趋势。每个类别都有许多合适的选择。

技术

建立关系、网络与联盟：绩效改进从业人员会明智地与其他部门的员工建立关系，特别是工作流程的上游或下游部门。与类似的部门，以及对项目或工作的未来至关重要的部门建立联盟也是一个不错的主意。

员工发展：本主题适用于不同的阶段，包括对需求或机会的绩效分析、干预措施的设计与开发、干预措施的实施和评估。员工发展的内容包括辅导、工作辅助或信息手册和指南、培训、参考书、学习视频等。

沟通：在整个组织中，与新的或升级的操作、流程、信息或程序相关的内容可能包括简报、主管会议、企业视频、总裁公告等。

项目管理：可能是实施新的任务、操作、流程或程序所必需的。良好的项目管理需要特定的技能，再加上对项目计划和进度的跟进。跟进通常使用软件来进行。

其他：在这个阶段可能有其他考虑事项。

评估

评估和反馈是任何绩效改进干预措施的基本要素。如果没有"反馈环"，绩效改进从业人员就无法评估项目的成功。

达琳·范·蒂姆等人在《绩效改进基础》（*Fundamentals of Performance Improvement*）一书中描述了评估的目的、类型和方法。他们指出，"预先确定评估的目的"是重要的。目的应包括"清楚、具体、详细"的信息，这些信息应"真实、可信"，"符合组织的使命和愿景"，并"由所有利益相关者事先确定"。作者同时指出，"评估决策流程必须包括评估什么、何时评估，以及如何进行评估"。采用这种方法将为利益相关者带来期望看到的结果。对管理人员而言，重要的是看到培训和其他干预措施的具体成果。根据罗杰·谢瓦利埃（Roger Chevalier）的说法，"培训是提高绩效的一种昂贵的方式；你需要确保投资有回报"。他还建议，"评估应集中于近期目标（提高服务质量、提升客户服务水平和降低成本）及预期的业务成果（销售、盈利能力、市场份额）；评估应作为干预措施的一部分，并衡量从中吸取了什么经验教训"。

形成性（第0级）：对输入、过程和输出的评估

- 绩效分析："通过关注三个方面来识别或澄清绩效差距——期望绩效、实际绩效，以及期望绩效与实际绩效之间的差距"。
- 选择/设计/开发：此阶段包括为达到期望状态而选择一个干预措施，或者设计和开发一个解决方案。
- 实施与维护：将"计划付诸行动"，并跟进和维护，以确保实现可持续的结果。

总结性（第1~2级）：干预措施评估

- 反应：从历史上看，用所谓的"微笑量表"来衡量绩效改进评估和反应水平已经超越了仅仅对幸福感的衡量。在这里，一些预示着成功的指标被用来显示趋向更好的变化。这些衡量措施在项目期间和项目结束时被采用。威尔·塔尔海默（Will Thalheimer）鼓励从业人员创建"以绩效为中心的微笑量表"，以帮助更好地洞察结果，提高培训效果。

- 知识/技能/态度变化：也称学习，通过使用包括客观测试、模拟和主观测量在内的各种技术来展示学习活动中的变化。对学习的衡量并不是孤立于技术技能差距的，而是包括任何知识、技能、信息或洞察力在内的差距，如果这些知识、技能、信息或洞察力差距得到弥补，那么将带来应用、行为的变化或流程的改进。

- 应用：在这里，评估用以确定新获得的知识、技能、信息和洞察力的应用程度。应用可能反映了流程或行为的改进，组织还要通过衡量来确定系统本身在多大程度上支持了知识、技能和信息的应用。例如，员工或主管通过工作场所的变化，或基于调查，或口头说明来描述实施的情况。

确证性（第3~5级）：可持续性评估

第3、4和5级评估描述了系统在多大程度上支持变革或变革的可持续性。确证性评估视具体情况而定，因此，在这里没有做具体说明。但是，在评估时应该考虑以下主题。

- 有效性决定了干预措施在改变行为、流程，以及获得最终预期结果方面的成功程度。干预措施还要考虑组织如何支持新的知识、技能和洞察力向应用成功迁移。

- 效率决定了理想条件下的绩效，即是否达到了预期的结果。换句话说，这些具体要求是否贴合实际？是否能用？是否有用？干预措施是否利大于弊？

- 影响表示干预措施是否对某人或某事产生重大影响，成功的最终衡量标准与最初引发干预的问题或机会相关。这种影响可以是对企业、组织或社会的。环境影响研究可能显示对社会所产生的重大影响。干预措施可能对某种情况或某人产生重大影响。例如，有些变化可能对军队的声誉产生破坏性的影响。影响可能指的是一种物理力量（如碰撞）、有影响力的人或事（不好的榜样或英雄），或者强大的作用（30厘米厚的雪对驾驶所产生的影响）。

- 某物的价值与其值多少钱有关，无论是从金钱还是重要性角度衡量，显示了人们对其的重视程度。价值被定义为某人或某事是值得的、有用的或重要的。也就是说，这个人或这件事在某种程度上被认为是重要的或有益的。对于大多数投资HPT的利益相关者来说，价值被定义为从投资中获得的收益大于投资本身。对价值的衡量可能是定量的，使用典型的指标，如效益—成本比和投资回报率；也可能是定性的，聚焦于与无形资产和投资相比较。

元评估／检验

这个阶段更加全面，会影响整个组织，无论是工作团队、企业还是社会。例如，对流程进行评估有帮助吗？问这些问题合适吗？这些措施有用吗？基于本章所示的绩效改进／HPT模型，评估发生在所有阶段，并考虑了所有因素。

- 形成性／总结性／确证性评估：三个评估阶段的有效性和效率是否对组织或社会有益？受影响的城市或更广泛的地区会从这些变化中受益吗？例如，工厂的加工过程是否会对工人造成伤害，从而导致急诊情况的增加？核电站的排放会污染附近的水源吗？
- 成功案例：案例研究、项目论证跟进报告，以及事后评估可否表明评估阶段积极或消极的价值和影响？
- 经验教训：这些经验教训是在讨论和评估中发现的，可以或应该考虑在未来类似的项目或计划中以不同的方式借鉴。

案例研究的章节

本书中的案例研究探索了HPT模型诸多使用方法。作者将该模型应用于不同的地理和文化环境中。绩效改进是一个普遍的概念，行业老手和刚刚跨入这一领域的人员可以在不同的环境中实践应用。

第2章

绩效驱动型项目管理

史蒂文·约翰·凯利
玛丽·诺瓦克

 概要

在北塞浦路斯土族塞人社区，由于项目计划的执行不能令人满意，因此需要为其提供绩效驱动型项目管理培训和咨询服务。当时，社区面临着相当大的挑战。绩效不佳事关所有利益相关者，直接影响其收入、机会和生活质量。在项目持续的9个月时间里，经理/顾问的项目管理技能得到了提高，项目设计和实施的质量也得到了极大的改善。项目结果消除了基本绩效差距，80%的项目能在预定的时间框架和预算内完成。项目结果不仅包括零售销售额实现增长，认证分数得到提高，新产品/服务及时推出，以及成本节约，而且包括对组织的项目动态的理解水平有了显著提高，同时以绩效驱动的方法管理项目所需的技能也得到了提高。

组织背景

向发展中国家提供技术援助至关重要，如果获得成功，可以显著地改善当地的发展现状。一旦当地利益相关者看到由结果带来的价值，最终用户就会加大投资力度。资助或发展机构和东道国当局的投资目标要服务于其一致的结果要求。在动态情况下，项目通常是一步一步地向一致的社会和经济目标前进的。

根据作者的专业经验得出的结论与学术和商业研究的结果一致，项目管理在实际应用中通常会遭受失败。这是项目管理一个非常大的弱点。作为管理者和实施者，我们从计划、明确的目标开始，通过实施再到项目结果，在整个过程中都会遇到困难。这一切限制了项目结果为最终用户带来的潜在价值。这一处理棘手问题的经历——承认问题、研究问题，以及集中精力解决问题——为我们展示了一条成功之路。

绩效驱动型项目管理（Performance Driven Project Management，PDPM）是根据组织理论和客户期望设计的，尤其是提供了用于达成项目议定成果、符合要求或标准的实用工具。同样值得注意的是，项目管理是将干预措施和行动计划转变为经济和社会发展成功的关键一环。

然而，在发展中国家，很少有项目管理人员接受过项目管理培训，更不用说以绩效为导向了。人们很少从绩效的角度去考量项目。在这种情况下，一位国际捐助者正在为北塞浦路斯小型企业和非营利社区的能力培养项目提供资助。对这些部门的初步评估表明，薄弱的项目管理技能是需要解决的跨领域问题。

PDPM适用于所有部门。绩效方法可以与任何专项技术援助相结合。PDPM可以打破竖井思维，避免最常见的错误，并通过加强项目规划和沟通，消除目标交叉的项目输出。使用绩效驱动方法的好处在于能为包括相关资源分配、项目的立项和设计、过程的跟进和反馈等在内的诸多方面的决策提供支持和帮助。另外，还有一个重要的关注点是迭代评估——识别关键措施的有效性、可持续性和所有权，因为风险很高。

正如在多个领域和观点的研究中所详述的那样，人们已经注意到PDPM的特点、工具及好处，该好处是由解决了传统项目管理失败的问题和不使用任何组织（系统）项目管理协议的问题带来的。

什么是PDPM

20世纪90年代初，世界上最成功、最赚钱的公司之一突然发现自己无法推出最重要的新产品。虽然项目受到了有效的监控，并且团队报告已使用可用的工具和方法，一切进展正常，但到了交付的时候，团队发现还需要更多的时间来完成产品。团队又花了好几个月的时间才弄清出了什么问题。最终，在极端的竞争压力和不断增加的不确定性（当启动项目时，你不可能知道完成项目所需要知道的一切）下，无论是经理还是团队成员，都产生了非生产性行为。

"按时"交付的压力太大了，其他的都不重要。人们不再致力于按时生产出优质的产品。他们得到承诺，不会因产品迟交而受到责备。这一经历促使相关人员重新审视项目管理是什么。

PDPM原则

- 关注结果而非行动；
- 团队参与；
- 详细的周期计划；
- 安排中期可交付成果；
- 个人承诺；
- 持续可交付成果的自我监控；
- 对于延迟的早期警告（无惩罚）。

分析揭示了对项目组织动力学基础的误解。项目在本质上是由个人与团队，以及团队成员之间的个人承诺组成的网络。不管项目计划多么出色，如果团队中的个人无法做出承诺或无法实现计划的要求，项目就会失败。这一概念为我们将组织从清单和猜测中解救出来带来了启示。然后问题就变成了，你如何创建一个由个人承诺组成的项目计划？下一个要考虑的就是绩效管理的基本原则：一旦制订了计划，如何进行监控，以促使人们预测和预防问题，而不是隐藏问题？

解决这些问题需要从新的视角来管理项目。绩效的视角关注组织的系统化和影响人类绩效的关键因素。不管团队成员／员工的技术多么熟练、知识多么渊博，如果没有频繁的、可靠的、关于他们的输出是否支持项目目标的反馈，他们仍然会失败。必须教授、实践和监控绩效驱动型项目管理的技能，并将其整合到业务流程中。清除无效的工作习惯。阻止"重返旧习惯"是管理层的责任。

综合了技术验证，并建立在PDPM各项原则的基础之上，PDPM诞生了。我们看到，成功且盈利的公司变得更加成功。偏离PDPM原则的情况也确有发生，这增加了时间和费用。监控项目和项目经理是否遵循这些原则至关重要。

PDPM原则已被证明能够在许多环境条件下，提高项目的速度、质量，降低项目成本。这个能力建设项目的参与者所学到的绩效驱动技术，用于创建项目计划，监控计划的绩效，并在整个项目中促进有效的权衡决策，以使项目保持在正轨之上。在实施并完成项目的同时，满足标准或规范。

通用项目管理	PDPM
- 任务与行动	- 可交付的成果/结果
- 时间估计	- 交付日期
- 经理人计划	- 团队参与
- 以终为始的计划	- 周期计划
- 追踪完成的百分比	- 完成/未完成
- 最后一分钟的延迟	- 早期预警
- 关注个体	- 显性的权衡取舍

PDPM看起来与通用项目管理不同。PDPM以"交付物地图"、可交付成果矩阵和绩效承诺对照（Performance-Against-CommiTMent，PAC）图（见图2-1），取代了任务网络图和甘特图。这些简单而有效的工具是为了确保每个项目团队成员都能得到他们成功所需要的信息：明确的期望、频繁的自我监控反馈和对资源的管控。这些要素必须满足项目过程中每个步骤所要求的规范/标准。

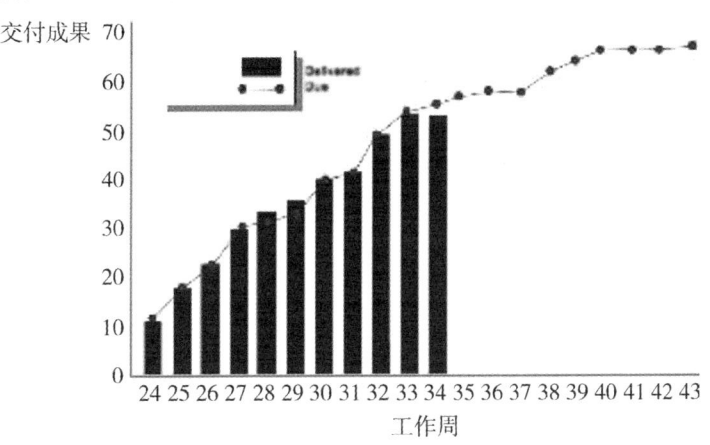

图2-1　绩效承诺对照图

最有效和最重要的技术之一是"地图日"（Map Day）（见图2-2），这是一个用于促进整个项目团队创建项目计划，以实现更高的承诺、更好的团队合作，并清晰列出项目交付物和结果的结构化过程。项目的所有参与者都要主持或参加项目的地图日会议，以使他们能够采用绩效驱动的方法。该方法包括界定交付物、标准、时间线，并达成一致，以及建立沟通和反馈的规则与流程（见图2-3）。

图2-2　地图日

交付物地图

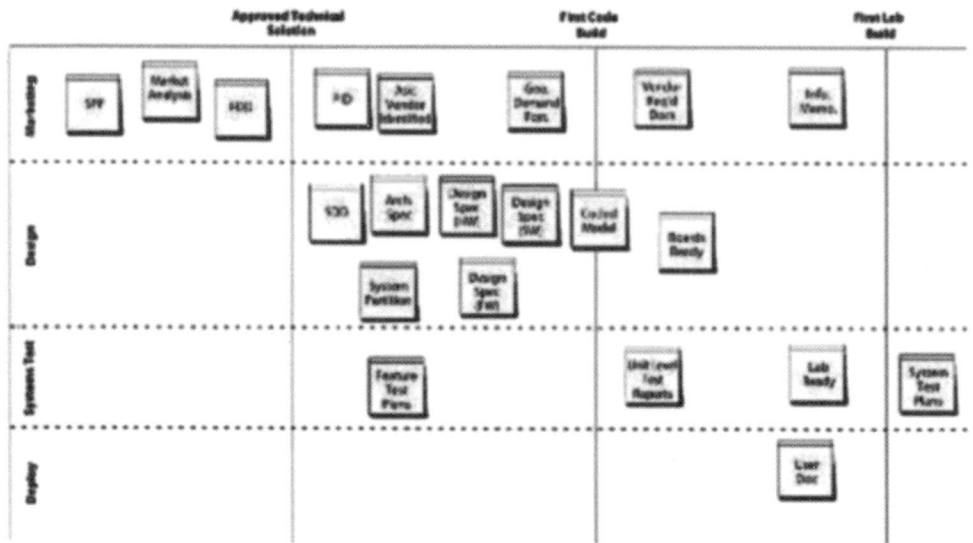

图2-3　高级别项目计划

案例讲述了在特定项目中工作的一个独特的故事。每个项目都使用了可交付成果矩阵和PAC图对实际数据进行监控。正是通过对这些PDPM工具使用的评估，项目专家才能确保并证明项目执行使用了PDPM，而且取得了成功。

案例描述

在复杂的环境中，同土族塞人一起管理项目，跨个人和部门之间的协调是一个挑战。PDPM在处理相互冲突的优先级的同时，仍然能够使项目按时、按预算完成，提供满足要求的可交付成果。速度和质量是互补的，速度源于第一次就把事情做对。成功取决于基于准确而非估计的信息及时决策，以便及早发现问题，防止问题发生或降低问题的影响，而非事后的补救。修复错误需要时间、金钱，并会削弱对承诺的信任。

PDPM计划的参与者包括高级管理人员、项目负责人，以及将项目管理纳入其工具包中的外部顾问。几周以来，这些参与者的反应都是非常积极的，并对能够参与项目表示感谢。厌倦了反复出现的无效项目，他们"从来没有"（用他们的话来说）得到过如此广泛的、实际的、有效的支持，以及可供他们继续使用的工具。

绩效驱动的项目团队经理需要在实践中落实的做法包括：制订有效的团队计划、进行较短的进度反馈循环和协商决策实践。不断增加的进度压力和不确定性已被证明很难用传统的项目管理模型来消除。通过使用囊括绩效管理工具和技术的工具包，如周期计划、每周可交付成果监测，以及用于建立信任的简单而重要的报告规则，PDPM避免了这一点（见图2-4）。PDPM允许根据可验证的数据与预先设定的指标进行适当的进度监测，也允许对未预料到的或新的问题，以及未预料到的结果进行及时决策，以保证项目的正常运行。

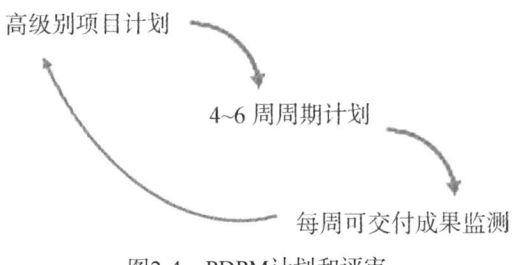

图2-4　PDPM计划和评审

同时，PDPM工具包可以有效地避免意外情况——通常被称为问题，而且能再一次让项目保持在正轨之上，同时创造一个更加相互尊重的环境和更加投入的项目团队。这对下一个项目来说是个好兆头，成功的可能性在增加。

所有这些方面都被认为是北塞浦路斯环境的决定性因素。考虑到人口稀少和持续的隔离状态，社区中的大多数企业是中小型企业。国际援助机构以短期和中期项目的形式为各种各样的部门提供了大量资金。考虑到这一背景，该计划的建立旨在促进与私营企业和捐助者资助的项目共同合作。

通过引入和嵌入新的方法与技术来改变机构的传统运作方式是一个挑战。在作者领导的培训和实施工作的推动下，国际专家、当地顾问和项目经理进行了实时的密切合作。先经过培训和咨询，随后进行学习和实践，以完成实际工作。举办一系列简短的、强制参加的讲习班，用于解释理论、方法和工具，然后穿插实际学习和职场应用。通过持续25周的现场和远程指导，价值得以增加，成功得以迁移和应用。

PDPM培训项目着重于项目经理的能力构建，目的是增加持续实践的机会，并不断取得更好的结果。因此，项目要超越仅限于新技术知识转让的范围，要确保新技能的实施，要理解在现实世界中应用所需的基本原理。实践！能力构建需要一些时间和反复的练习。

参与项目的经理会单独获得其所需的支持和咨询，通过在工作场所进行一段时间的实践，他们获得了使用PDPM工具和方法的能力。但绩效改进不是一件容易的事，也不是一次单独的工作坊就能做到的。PDPM培训项目的目标是培养参与培训的经理的能力，从基本的认知到中等水平的能力。这些项目都是真实且正在进行的，有时会对企业或社会服务组织的生存产生影响。另一个经常遇到的挑战是，在管理压力和需求紧迫时如何嵌入新的技能。"边飞行边造飞机"的比喻很贴切。所有的参与者都重新定义了这一共同的经历，即试图通过一个项目与他人一起完成某件事。

为了向参与者提供反馈并衡量学习进度，在工作坊期间进行了持续的前/后测试。然而，成功的关键证据是通过参与者的实际行动来衡量的：

- 持续使用交付物的跟踪软件和图表；
- 与团队成员进行"地图日"会议；
- 一系列旨在展示知识应用的项目更新简报；
- 尽量减少延迟和降低规格。

基于这些证据，项目参与者在构建项目能力方面取得了长足的进步，本案例研究对这些能力成功应用的结果进行了描述。

PDPM方法的一个重要组成部分是建立一个由当地顾问组成的核心团队，他们能够在正式项目结束后维持工作进展。由于专业人员人数不多，这个小组成员是经过精挑细选的，并得到了具有国际经验的专家小组的大力支持。所有当地顾问在管理或技术咨询等多个具体领域都有丰富的经验。重点是将PDPM方法嵌入他们现有的知识和技能组合中。

在项目期间，每个当地顾问至少与国际专家并肩开展3个项目。此外，全程还设有专门/高级绩效管理研讨会和远程教练辅导。除了面对面的工作坊和教练辅导会议，还使用交互技术来保持持续的互动。这让灵活的按需支持得以实现。此外，项目经理也得到了关注。项目设计必须平衡由范围、成本、时间构成的"项目三角形"，如图2-5所示。不合理或不匹配的期望和目标，会导致交付物质量差或项目失败。

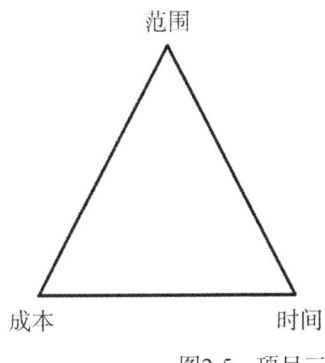

图2-5 项目三角形

PDPM博客有效地强化了学习，认可了经理的成功，并建立了学习支持社区。作为项目的产物，该网站今天仍在运行，每个月访问量达数百次。

执行该项目的国际专家通过PDPM，协助项目从起步阶段顺利地进入最后阶段。媒体宣传了技术支持的可用性。非营利性机构和小型私营企业都被鼓励应用。基于兴趣和精力投入的承诺，项目核心团队选择了具有代表性的客户样本。

在某些情况下，项目只是强化现有流程的一个中间阶段。但一些工作是长期的，在项目得到积极支持过后还要继续进行。总的来说，这些为经理和顾问提供了一个工作场所"实验室"，以提高他们在PDPM方面的技能。经理和顾问的技能的提高是能力构建结果的最终衡量标准，这一点在其他项目的成功指标中已有记载。

示例1：食品安全——改善社区卫生

北塞浦路斯有近1600家餐厅和小餐馆。其中，规模较大的餐厅已经联合起来成立了一个专业协会。由于新的法律规定了强制性会员的要求，这个协会正在不断扩大。

虽然存在竞争，但所有餐馆均须为顾客提供最优质的服务，并全面提高餐饮业的食品及卫生标准，这是业界的共识。即使抱有这些期望，协会本身也没有能力采取正式措施来提高标准。卫生标准由餐馆个体决定。虽然个别食品工程师了解标准，但需要对餐馆业主采取激励措施，以促使其始终如一地采用这些标准。

这些标准的主要目标是：

- 为越来越多外出就餐的人提供安全/健康的食物；
- 通过经食品安全认证的服务场所间接促进旅游业发展；
- 通过经标准认证的餐饮服务场所提供安全食品，提高顾客满意度；
- 通过获得认证的食品企业，塑造北塞浦路斯的正面形象。

为了实现这些重要目标，能力培养项目的资助者和管理者决心创造性地解决这一问题。因为土族塞人社区雇用的食品工程师在这方面拥有正规的技术教育背景和经验，所以与这些人合作是最好的决定，能帮助实现建立食品安全和卫生标准的目标。他们的当地经验为挑选人员组成一个小组来评估国际最佳实践并使其适应当地环境提供了机会。虽然项目提前拟定了主要里程碑，但目前仍不清楚是否有足够的时间和资源来实现这些目标。

在最初的PDPM工作坊（在项目启动后数周举办）之后，项目经理和顾问坐下来制作了一个详细的实现目标所需的交付物细分地图（见图2-6）。最初的里程碑包括以国际ServSafe®卫生认证和试点餐馆审核为导向的培训设计。这些工作将由经过认证的食品工程师完成。但是，在绘制交付物细分地图的过程中，项目经理和顾问很快就发现这些目标过于雄心勃勃——在没有额外的经费和6个月的延长时间的情况下。

图2-6 交付物细分地图

考虑到项目剩余7个月的时间，项目团队决定将重点放在两个方面：
- 与食品工程师合作，共同创建一套适用于土族塞人环境的卫生标准；
- 按照这些标准培训食品工程师，并着眼于未来的劳动力开发，将其中一部分人培养为当地培训师。

作为食品工程师的额外福利，项目聘请的国际专家是美国餐馆协会经ServSafe®认证的培训师／考官。

在30多名食品工程师的目标群体中，有18人承诺参与并自行选择加入该项目。虽然所有的食品工程师都有技术培训和学位证书，但是他们对获得国际认可的证书非常感兴趣。修订后的主要里程碑被划分为45个要落实的细分可交付成果。为了保持专注，交付物地图被挂在办公室的墙上，作为视觉辅助工具。

在项目整个期间，PDPM顾问持续提供现场和远程指导；在中间节点，主要对项目地图和细分可交付成果进行重新检查，同时有一些次要的日程安排的变更。这样，在兑现可交付承诺方面，项目取得稳定的进展。

4月，食品工程师参加了ServSafe®考试，这是美国国家标准协会（ANSI）——食品保护会议（CFP）的认证。由于他们利用自己的时间做了大量的准备工作，再加上专家的高质量指导，所有参与的食品工程师都通过了考试，并获得了ServSafe®证书。食品工程师在这次考试中获得了有史以来最高的平均分数。

与此同时，该项目继续得以实施并步入正轨。食品安全卫生标准定稿，当地培训师的培训如期进行。在第二阶段，知识和技能已为下一个挑战做好准备——培训当地餐馆和食品加工厂的工作人员如何在工作中执行标准。

示例2：重振销售

北塞浦路斯的家具市场竞争非常激烈。菲恩家具有限公司（以下简称"菲恩家具"）成立于1995年，是一个家具零售商，是一家企业的子公司。

重振业务

在运营的第一个10年，菲恩家具扩大了其零售业务，在主要的土族塞人人口中心尼科西亚和凯里尼亚开设了三个展厅（见图2-7）。在参与项目的前一年，由于需求和销售量有所下降，菲恩家具决定合并其在尼科西亚的业务。

图2-7 菲恩家具展厅

为什么对PDPM感兴趣

菲恩家具在其常务董事的倡导下,一直在寻找新的管理技术和可能的投资,以提高经营效率和销售量。在PDPM开始的时候,这位常务董事受到了来自管理中心当地顾问的鼓励,接受了培训和教练辅导。

这位常务董事不是简单地确定一个在公司内部进行的小项目,而是将公司扭亏为盈确定为一个持续时间10～12个月的项目。项目目标是:

- 制定用于营销和竞争分析的综合方法;
- 确定并实施策略,以提高菲恩家具在家具市场中的竞争力;
- 全面提升公司家具、健身器材、家用电器三大产品线的销售量。

几个月来,公司管理层一直在讨论如何解决这些问题,但没有采取任何具体的行动。问题的复杂性和多样性要求公司管理层果断采取行动。

PDPM被认为是一种在规划和执行过程中要遵循更多原则的方法。公司管理层的动机是能够根据当前的市场信息,通过使用PDPM实现市场营销和销售计划的预期目标。更重要的一点是,计划最终将得以实现。

一个两阶段的项目

在与PDPM专家和当地顾问进行初步讨论后,这位常务董事决定将项目分为两个阶段。第一个阶段是非常激进的60天计划,专注于对家具市场进行市场调查(包括对竞争对手的调研、客户焦点小组和访谈),并通过团队SWOT分析来评估这些市场调查信息。这个阶段的最终交付物是一个营销计划。第二个阶段是执行计划中确定的营销策略。该阶段将持续6个月,直到横跨春季和夏季的销售旺季结束。

在最初的PDPM工作坊之后，这位常务董事和顾问立即开始了教练课程，以启动项目。由于PDPM的重点主要是知识／技能的构建，对于顾问来说，不要陷入研究该项目的技术操作细节是至关重要的，其工作是与这位常务董事一起练习如何使用这些工具来管理自己的项目。参与项目的两位顾问都拥有营销方面的专业知识，能够在制订营销计划时提供建议，但执行的成功将取决于菲恩家具的内部资源。

在使用PDPM之前，菲恩家具内部的项目都是非正式的。会议开过后，公司有时会安排一些行动，其中大部分都是临时的，几乎没有承诺或纪律来保证项目的执行——直到它变得至关重要！在最初的交付物地图研讨会期间，这位常务董事和团队共确定了28个要在两个月内完成的具体交付物，包括可交付成果和相关的控制信息。

最初的成功有助于增强动机和建立信任

在6周后的第二次工作坊之前，远程教练辅导课程和与当地顾问的课程已举办了几次。所有指定的交付物都如期完成。管理团队正在研究营销计划草案。

在工作坊之后的教练辅导会议期间，团队完成了第二个阶段的交付物地图。这一次，营销协调员在多个雄心勃勃的战略目标领域绘制交付物地图时扮演了积极的角色。根据营销计划，营销策略的多个方面将被平行推进。这其中包括诸多问题，如树立企业形象和更新网站，以及在入夏前引入两条新产品线，并实现库存控制和销售跟踪的自动化。

所有这些都依靠增加广告投入来支撑，而广告投入是竞争对手分析中的关键。新的程序已经被用来跟踪竞争对手的活动，监控展厅的流量，跟进客户。这一计划定义了额外的40个可交付成果。由于员工人数较少，计划被分配到每个人身上，有时一个人要履行几个角色。重要的是利用每两周一次的会议来评审交付物的质量和成果，预测即将到来的任务（和潜在的意外），并庆祝里程碑式的成功。

整个项目的结果是在这6个月的支持下取得的吗？两条新产品线已经就位。自项目实施以来，店铺客流量增加了50%，并且在6个月中月销售量增长了100%。

示例3：语言中心——从危机中崛起

教授学生外语可能需要激情，如果你想通过创建自己的事业来实现这一点，那么这是一个有价值的目标。然而，如果你没有管理好自己的事业，那么机会和挑战就可能是"隐藏的"，也可能是不切实际的，即便你是一位技术娴熟的专业人员。阿波罗语言中心最初提出的项目目标是开发和实施一个营销／销售计划，以重振日益萎缩的业务。

一位企业家出现了，他将咨询／语言服务重新规划为一项持续发展的业务，并修订了业务目标和营销策略，最终的结果超出了销售目标。阿波罗语言中心负责人认为，PDPM工具和方法的引入是促成这一结果的催化剂。这要归功于管理团队，他们投入精力和专注力，并且愿意听取建议、提出问题，然后执行自己的计划。

是机会吗

业务计划需要一些准备时间。出乎阿波罗语言中心负责人意外的是，由于经济衰退，旅游业急剧下滑。旅游业直接或间接地为学生提供了服务国际游客的就业机会。这也是他们在塞浦路斯这个地区成立旅游／语言中心的长期目标的关键。带着希望和长远的眼光，负责人投资了两间办公室，并开始为教室配备设备。

虽然两位合伙人都有教学和咨询方面的经验，但他们缺乏管理企业方面的丰富经验。在关于项目管理能力培养项目信息中，有一个词吸引了他们——绩效。

虽然全球经济衰退冲击了土族塞人社区，但这并不意味着生活已经停止。即便考虑到经济衰退，负责人仍然认为有许多人需要语言培训。他们已经建立了教学质量声誉。现在他们需要寻找客户，并为他们的业务寻找一个新的概念。每个人都认为，第一步是确定一种新的营销方法，第二步是将精力投入营销。然而，围绕"计划"产生的任务数量超出了预期。责任落在其中一位合伙人身上。简言之，对一个人来说，工作量太大了。

典型的模式是，人们看到需要做的事情，然后就会去做。一定得做点什么！但人的时间和精力总是有限的。其中一位合伙人是一名建筑师，他对于把这项工作当作一个项目来运作有一定的了解。

管理的艺术和科学

管理企业的关键职责是配置资源，以便完成组织的优先事项，然而这个职责经常被误解或用错地方。要想有效地履行这一关键职责需要信息，因此必须审查信息的处理方式。

- 一个人对信息的掌握程度如何？
- 如何向员工解释清楚情况？

- 员工需要了解"大局"吗？需要关心运营吗？
- 他们是否应该专注于自己工作的质量？

绩效管理的原则（基于80多年来对最有效的组织动力学管理方法的研究和实践）为以上这些问题提供了答案。在能力培养工作中所涉及的绩效管理部分是以绩效驱动的项目管理。利用PDPM原则，项目负责人能够"管理"项目，包括员工和主要供应商。

这是一个迭代的过程

为概念建模不是一次性的工作，而是一个迭代的过程。时间、辅导和应用有助于提高员工能力，同时可增加组织可持续发展的机会。模型必须适合组织和将其作为工具的个人。熟悉和使用项目管理工具需要反馈和练习。阿波罗语言中心负责人知道这些，现在这已经成为他们项目的一部分。

项目成功的第一条原则是，必须对所有团队成员有明确的期望。如果构建期望的人不清楚他们想要的是什么，那么这一点是很难做到的。

阿波罗语言中心管理团队的众多优势之一就是，他们愿意听取建议，然后决定如何实施。对于项目负责人来说，项目的第一个转折点是决定分享"大图片"。他们的商业目标是什么？他们想要什么样的生意？是否每位老师和潜在的支持者（或供应商/承包商）都符合要求？管理层会向员工提供什么奖励，以认可他们的绩效？

选择的目标简单明了：在冬季学期将学校的注册人数增加到100人（见图2-8）。这导致了第一个重大决定。项目负责人设想的商业模式在经济周期的这个阶段是不可能的，而且他们手头上也不可能有所需的资源。风险分析和项目潜力是项目框架的一部分。

图2-8 阿波罗项目地图

项目定义是必要的第一步。从一开始，大多数项目因缺乏清晰度的定义，而把人们弄糊涂了。尽管绩效问题可能在牺牲了时间、金钱和质量之后才出现，但其根本原因是缺乏规范和共同的理解。营销计划必须与人员、时间和预算等资源相匹配。

竞争：内部和外部

人员、时间和预算都一如既往地受到限制，但阿波罗语言中心必须在合理的预算范围内迅速行动。

修订后的营销策略包括四种方法，两种传统的和两种新的：

- 报纸广告、横幅、传单；
- 业主与酒店/赌场客户的私人会议；
- 安排教学人员参加销售会议；
- 外包潜在客户会议清单。

这触发了其他一系列困难的决策，但这些决策实现了项目和业务的成功。在考虑一种新的营销方法时，很明显必须解决其他问题。公司的结构、政策和流程必须与目标保持一致。期望、技能和预算也是如此。

绩效管理的原则解释了原因，以及需要做些什么。简言之，"改变"必须与当前对其负责的个人或部门的工作流程、组织策略和工作动态相关联。这听起来合乎逻辑且显而易见，但实际上从未被人提及，尤其是在技术援助的背景下。使用PDPM的微缩版鼓励阿波罗语言中心管理团队通过改变期望、要求、奖励/报酬，甚至员工的角色，来改变内部运作。

阿波罗语言中心已不再是个人独资企业，而是一个正在改变其商业模式以适应商业环境并面临竞争挑战的小企业。人们清楚地认识到，这种情况下所需要付出的努力远远超过了一个人的承受能力。现金流——任何一个组织的命脉——必须迅速改善。

项目基础建立在业务需求之上。在当地项目管理顾问的大力协助下，对业务需求的研究和评估工作进展顺利且迅速。公司所有者经过用心考虑，充分地认识到了自己的责任和角色：这已不再是我一个人的事情了。对许多人来说，这是艰难的一步。

此时，立即出现了两个项目管理问题。

项目成功的一个关键因素是每个团队成员都要进行频繁的、自我监控的反馈。由此出现了第一个问题：什么样的报告反馈对管理人员才是有用的？

第二个是更基本的问题，必须由项目经理或公司所有者来解决：需要共享多少信息，以及共享什么样的信息？许多管理人员认为，每个员工只需要了解他们自己的工作内容。通常情况下，人们也会认为，给出"全局"或跨部门、跨单位的共享信息只会让人感到困惑或沮丧。使用PDPM和绩效管理原则可以解决这些问题。团队的每个成员都必须知道项目要达成的目标，也就是"全局"。此外，了解工作流程，清楚团队每个成员的贡献，以及对过程的期望（满足过程所需条件）和时间安排也非常重要。

团队成员了解每个步骤的标准或要解决的问题是至关重要的，并由此定义每个可交付成果的标准。对于每个团队成员来说，准确地了解他们的表现是否符合预期（作为PDPM的核心元素），以及如何实现项目的预期结果至关重要，因此，要共享这些信息。然而，项目团队和监督人员总是趋向于"完成"一些与项目约定的结果或输出截然不同的事情，由此偏离正轨，项目管理的"薄弱环节"也在于此。

为了重申关键点，执行者需要在两个级别上得到反馈——是否在每个级别上都做对了且输出的结果正确？是否对项目的预期结果有贡献？

事态的发展促使管理团队关注以下这些问题。首先，公司所有者确实分享了信息，并在规划讨论中包括了员工和主要承包商，也确实就预期达成了一致，并且开发了自我监控反馈工具。下一步是要开发管理监控工具。

俄罗斯有一句谚语："信任，但要确认"。绩效管理，尤其是PDPM被称为"承诺管理"。做出对可交付成果和项目目标的承诺需要信任和责任。管理人员必须掌握信息，以便能够恰当、有效地分配资源。在团队中有一个人产生了犹豫，理由也很充分。她没有任何销售方面的专业技能，也没有接受过培训、指导或训练。她是一名语言教师，非常优秀，是一名很有价值的工作人员，不能因为销售不出去而受到责备。在对这个问题回避了几天之后，管理人员在一次咨询会议上发现了这个问题，并对人员安排进行了调整。这样就避免了一个潜在的问题。

本应该打了一系列销售电话的外部承包商没有打电话，并且该承包商还承诺要指导和监督教师在销售时的表现。然而，他们什么都没有做。承包商根据项目做出了承诺，但没有兑现。在没有得到反馈的情况下，管理团队开始进行查证。承包商没有履行合同，于是管理团队决定扣减他们的佣金。现在管理团队有了另一个决策依据。这些事情带来了项目管理、业务或生活的另一个方面：风险。

风险和成就

任何项目都存在风险，包括：

- 未知解决方案的问题或对新技术的需求；
- 不好的事情发生的可能性；
- 团队无法按计划执行的概率。

然而，还有一个更大的问题：一开始就选择了错误的策略。

公司所有者遇到并处理了前三种风险问题，现在他们遇到了策略问题。如果策略失败了怎么办？阿波罗语言中心的所有者承认，他们的策略可能会失败。他们可能没有招到足够的人数，所以无法提供必要的现金流。通过情景假设和应急计划，他们开发多个收入来源/受众群体来转移风险，使项目得以在他们的控制、预算和时间框架之内。

所有的精力都花在了销售和准备上，招生开始了。早期的招生进展缓慢，学生数量不足，让人有些担心。在把注意力集中到计划的各项任务之上后，项目产出了满足要求的可交付成果。几周后，注册人数开始增加，学生人数也在增加。冒险得到了回报！他们超过原定目标的120%，并开辟了新的细分市场。项目的可交付成果产生了一个激发兴趣和提醒协同的创造性解决方案，以满足客户对语言培训的需求。项目、公司、所有者都取得了成功。

结论

以上简要介绍的例子证明，使用PDPM的能力可以通过教授习得，也可以通过学习习得。管理人员选择利用所获得的知识和技能来实施他们的专业项目。他们知道，自己需要通过实践和迭代来掌握知识和技能，也知道为什么这种方法在项目的可持续性、后续策略，以及实施有效性方面会产生不同。最终，社区的生活质量得到了提高。

能力培养不能仅仅依靠知识和技能的传授，必须进行第二阶段的学习，以掌握概念和技术如何适用于特定的环境，以及如何克服潜在的障碍。真正的危险是，一旦培训人员/顾问离开，项目就会消失，能力培养也会突然停止。这里有一个错误的假设，认为第二阶段的学习很容易，任何人都能轻松完成。本篇案例研究证实，第二阶段学习的复杂性和价值在于将时间和预算的投资转化为结果的回报。通过适当的项目设计和资金，就可以实现增值。归根结底，能力培养是参与者在教练和顾问离开后做出的选择和承诺。

这个绩效改进项目的设计考虑了参与者对未来的选择。请注意，PDPM是一种基于承诺的项目管理方法，并且只有在有选择的情况下才可能做出承诺。这个能力培养项目的参与者正在学习如何通过与他人合作来完成任务，以及如何与团队合作。任何项目的项目团队成员都可以选择如何执行，这是一种共识。首席顾问以结果为考量，为参与者设计了项目管理能力培养计划。以任何其他方式进行培养风险都太高了。

PDPM在流程设计上有一个独特的方面，就是在每个参与者第一次和第二次使用PDPM方法时，对其进行教练辅导。当做得很好的时候，教练可以帮助个人意识到他们正在做出的选择，而不是为他们做出选择。教练将观察团队会议的状态，并提供有关情况的反馈。在这种情况下，参与者由当地顾问进行教练辅导，这些顾问接受一些更高级的培训，并由国际专家担任教练亲自指导。项目的目的不仅是在项目管理中嵌入PDPM的知识和技术，同时帮助他人增强学习和实施PDPM的能力。而且，这些专业顾问和管理人员在项目中也能够相互学习，彼此强化。

这样，在没有国际专家直接参与的情况下，参与者的PDPM能力也可以继续提高。绩效管理是一项主要技能。通常情况下，流程设计者和资助者都希望没有经验（从来没有接触过理论或实践）的顾问能够从手册或演示文稿中挑选信息。你要小心，文献研究显示这样的项目成功率很低。PDPM是一种通过理论和实践来理解的古老技能。工作任务必须被正确地设计和实施。

我们不能保证一定成功。利益相关者将监控项目，以及项目过程和输出，并评估结果。在这个PDPM项目的结尾，有一些非常令人鼓舞的前期指标。首先，建议当地顾问继续学习PDPM，他们将培训他人或与其他人一起合作。这需要每个当地顾问在导师的指导下做相当多的准备工作。作者设计了实习课程，让参与者在持续反馈和指导下练习教授和实施PDPM。

复杂的解决方案并不是一次性的快速尝试。

从那时起，当地顾问（在当地PDPM项目经理的协助下）将所提供的PDPM材料翻译成土耳其语，进行了两次完整的团队演练，并为他们所谓的"第一次"PDPM工作坊招募了超过目标人数的与会者。另一组参与者，包括一些当地顾问，他们提出了一项寻求资金建立当地"PDPM俱乐部"的建议，期望参加在伊斯坦布尔举行的关于项目管理的国际理事会会议。

其中一些想法是由PDPM顾问提出的，参与者负责在最少的外部支持条件下落实这些想法。同样重要，或许更重要的是，许多参与者正在为他们自己的工作，甚至个人生活做出选择。一些参与者已经开始在PDPM计划范围之外的项目中实施PDPM。任何能力建设项目的希望都在于将改进（更强大的方法和工具）嵌入组织运营或顾问工具包中，而且不会重新回到过去不那么有效的旧习惯中去。作为能力培养和其他绩效改进干预措施的长期实践者，本项目的顾问对所做出的选择和取得的成果感到非常满意。参与者和项目经理对北塞浦路斯PDPM能力的未来负责，而这也正是责任所在。

作者已经成功地与不同地区的其他群体进行了合作。获得结果（从计划到实施，再到完成）是一种有价值的能力。文献中阐述了对失败识别、结果不足、成功因素清单，以及低水平绩效解释的研究。没有结果就没有任何东西，这是必要条件。如果我们得不到结果，那就浪费了资源、时间、积极性，以及对人力资源的能力开发。这一切都是因为我们没有投资于项目管理的培训和准备工作，项目管理是由绩效驱动的。

关键术语和定义

协商决策：团队成员参与并提供项目计划变更的输入，但最终由团队领导决定；团队成员提供有价值的输入，因为他们必须知道交付的是什么，交付的规范是什么，在过程中的某个时间要交付什么结果，交付给谁，交付的目的是什么，等等。

标准／规范：过程的每一步都是一个完整的可交付成果，为了确保质量，有必要对要求进行描述。

反馈：对个人或工作团队的反馈有三种。关于前两种的流行语是"做正确的事"和"正确做事"。第三种反馈事关效率和有效性，是关于团队成员的沟通及对团队其他成员的尊重的。这会从根本上影响为下一个项目或任务做准备。

地图日：管理具有绩效概念的项目的关键因素之一，需要关于任务的信息（准确且共享）；关于标准的谈判，障碍／变化，项目三角形平衡的变化；承诺按照规范完成可交付成果；对步骤、优先级和并发步骤等达成一致。

绩效驱动：绩效是集成在一起以产生输出的复合体，它以有效的方式满足其实施的标准和规范。生产力和能力是要素，还有行政和管理职能的支持，这些职能的作用是合理分配（和调动）资源。绩效需要一定程度的一致或计划，以及一定程度的"恢复"或结束，并为下一个挑战/项目/任务做好准备。

项目管理：为用户产出有价值的交付成果的工作。与进行中/重复的过程管理相比，项目有一个起点和终点。虽然过程可以被分解为项目，项目也可以是过程的元素，但项目是通过分配资源、指定时间框架，并建立质量/标准的明确工作。

第二阶段学习：考虑行动的后果，整合到话题或行动中，拓宽视野来完成这一目标。

竖井思维：一种一阶思维方法——不考虑跨职能的工作流程、规范、时间、资源和吸收能力。孤立地行动。

权衡决策：通常被称为项目三角形，它被标记为范围、预算/成本和进度/时间。这些因素必须处于平衡的框架中，并且这个平衡必须由项目经理来维护。平衡是关键，但经常被忽视。你不可能在不影响预算和/或时间的情况下持续扩大范围。当不使用以绩效驱动的方法时，这种平衡很容易被打破。因为承诺会变得不清晰，并且范围也发生了变化。当项目经理单独重新安排工作计划时，平衡被打破的可能性很大，"按时、按预算、按范围"完成的可能性大大降低。

问题

1. PDPM和以前传统的项目管理之间的关键区别是什么？如何在项目中使用它们？

2. 文化在适应新的管理方法中有多重要？有些方法超越了文化界限吗？

3. 在某种程度上，所有项目都将成为变革管理工作。成功的组织变革的关键因素是什么？

第3章
改进学校系统

约瑟夫·卡斯蒂利亚

> **概要**
>
> 自从2002年美国《不让一个孩子掉队法案》和现在的《每个学生都成功法案》开始实施以来，成绩不佳的学校一直承受着提高学生学业成绩的巨大压力。这种改进的责任在于学校领导，即校长。美国各州的学校改进过程各不相同，改进形式也多种多样，这就意味着学校的"转型"正在成为校长应该履行的一项职责。因此，成绩不佳的学校的校长必须熟悉"转型校长"的专业角色和责任，以便在自己的学校取得成果。本案例研究采用HPT方法来揭示一所学校是如何成功地提高学生准时毕业率的：先聘请一位转型校长，再聘请一位维持校长来维持成果。

组织背景

位于美国西部州的Anyplace高中是一所乡村公立高中,可为大约2 000名学生提供服务。整个地区包括多所中学和小学。虽然从学生人数来看,这个地区相当大,但周围的社区有一种乡村小镇的感觉,居民主要从事农业相关的工作。学生群体正在增长:超过90%的人是西班牙裔或拉丁裔,超过6%的人是白人,其余的是非裔美国人和其他种族。有20%的人属于英语学习者,近80%的人生活在低收入家庭,15%的人是"移民"(许多家庭为了季节性的农业工作而搬来搬去,有时一年要搬好几次)。

自20世纪90年代以来,为了贯彻美国2002年颁布的《不让一个孩子掉队法案》,Anyplace高中经历了各种各样的挣扎。从历史上看,帮派活动在当地很盛行,这些帮派以年轻人为目标,迫使他们加入,这直接或间接地对学校的风气和文化造成了不利的影响。反馈表明,学生对学习的投入不一致,许多学生以惊人的速度挂科。学生参与课外活动的热情减弱,观察员很难在学生群体中找到普遍的自豪感。运动队的长期连续失败,进一步影响了学生的士气和敬业度。随着时间的推移,这所学校赢得了"危险场所"的名声,Anyplace高中的学生被草率地贴上了"坏孩子"的标签。许多教职员工,无论是教师还是后勤人员,似乎也认同这个标签。尽管大多数工作人员也希望为学生提供"更好的"东西,但许多人在如何实现真正的变革方面感到气馁或无能为力。由于他们的努力乏善可陈或根本没有努力过,学生、工作人员和管理人员之间的信任水平下降了。最令人担忧的是,数据显示,在9年级的入学学生中,只有不到50%的学生能在12年级毕业。

奠定基础

随着《不让一个孩子掉队法案》的实施,Anyplace高中只有不到50%的高中生真正获得了文凭,这一现实比以往任何时候都更加公开化。芬德尔博士(化名)是Anyplace学区的前负责人,他观察到,尽管教职员工和学生都付出了努力,也取得了微小的进步,但结果仍不尽如人意。当州政府贴出学校的成绩单,所有人都能看到学校失败的数据时,这只是证实了许多社区成员对Anyplace高中的感觉或看法。

然而,随着数据越来越公开,人们的思维模式开始出现变化。随着时间的推移,学区开始吸引愿意采取大胆举措、大幅改善教学效果的学校领导,即使这些策略违反了当前的规范。

到2009年，Anyplace高中已开展了大量工作，并取得了一些积极的成果，但学校仍然需要进行巨大的转变。经过认真思考，芬德尔博士开始围绕如何提高学生在高中阶段的毕业率营造一种新的紧迫感。

根据《不让一个孩子掉队法案》，Anyplace高中需要改进。更具体地说，这所学校之所以成为改进对象，是因为它的毕业率排在该州最后的5%。通过在地区层面的合作，芬德尔博士获得了联邦学校改进补助资金，以支持Anyplace高中的学校改进。拨款附带的要求之一是，学校需要实施一项全面的改革计划，其中包括更换学校人员。在Anyplace高中的改革计划中，其中一项是以临时转型校长来接替现任校长，负责提高学校的毕业率。

就这样，一位非常忠诚、可靠、勤奋的校长被替换了。他的名字叫弗罗宁（化名），他始终把学生放在第一位。他对教育充满热情，这体现在他对最佳教学实践的广泛了解上，并且他在选择课程和领导制定教学进度和顺序方面很有技巧。他非常熟悉学校运行所必需的制度和流程，他一直遵循用新理念服务学生。弗罗宁先生曾经是Anyplace高中的一名教师，获得了工作人员、学生和社区的积极肯定。因为弗罗宁先生是团队中一名忠诚的成员，芬德尔博士将弗罗宁先生安排在学区领导职位上，担任教学主任。最终，弗罗宁先生成为学校改革计划的一线设计师，这一计划也使其校长职位被替换。表3-1描述了Anyplace高中地区的组织级别。

表3-1 Anyplace高中地区的组织级别

级别	解释
一级——学区领导	包括学区总监办公室。这一级别包括负责学区内所有学校特定领域的主管
二级——学校领导	包括负责监督及领导学区内特定学校的校长及副校长。这个案例研究涉及Anyplace高中的校长和副校长，也涉及向Anyplace高中提供生源的初中与小学的校长和副校长
三级——学校教职员工	包括教师、支持人员、文书人员、保管员、食堂员工等

芬德尔博士面向全国招聘学校转型负责人，并且在招聘启事上特别注明，该学区特别寻求一位变革型领导者，以提高学校的毕业率。面试小组由学区领导人、副校长、教师、职员及学生组成。经过大量的沟通交流和密集的面试，面试小组最终选择了谢泼德（化名）先生。

谢泼德先生是一位对教育环境有深入研究的经验丰富的校长。在接受这个职位时，他就清楚自己将为这个学校服务一到两年，以引领变革，同时，他也知道学校还需要找到一个代替他的人，来维持他即将发起的改进。作为接受临时转型校长一职的条件之一，谢泼德先生要求授权他在认为必要的情况下，可以自主做出任何改变。芬德尔博士和学区领导人都同意谢泼德先生可以按照他认为合适的方式对Anyplace高中进行改进。

案例描述

对学校改变持悲观态度的人都认为谢泼德先生承担了一项艰巨而不可能完成的任务。从担任校长开始，他就很清楚自己为什么会在这里——为了提高学校的毕业率，也很清楚自己将如何做到这一点——解决学校的风气和文化问题，以更好地支持学生和教职员工。澄清一下，"风气"是指人们在校园中对学校的感受，而文化是指人们作为学校一员的行为。这一区别对于全面评估需求非常重要。

谢泼德先生打算与他的新团队一起全面评估需求和选择改变，但他知道，选择干预措施的类型没有选择最有效干预措施的过程重要。在开学的第一天，谢泼德先生并没有带来一份列明他所期望的改变结果的清单，而是立即对整所学校的需求进行了评估。他明白，有无数的干预措施在许多学校都被证明是成功的，但并不存在一套在每所学校都行之有效的解决方案。简言之，学校转型没有"放之四海而皆准"的方法，甚至也没有"对大多数学校适用的"的方法。

干预措施是否被采纳，一定要建立在调查研究的基础之上，而不能仅仅因为它们被认为是最佳实践，或者在其他学校取得了成功。研究发现，在学校转型的不同情况下，干预措施和变革是不可互换的。这些发现证实了布雷迪（Brady）的断言，即"具体的干预措施并不重要"。重要的是正确地整合人、精力、时间和其他因素——尤其是学校领导力——这些因素有助于变革成功。虽然改进计划本身是学校转型的一项关键内容，但仅仅因为另一所学校具有共同的人口统计学特征，就对其改进工作进行模仿，是不会产生什么效果的。干预措施或改进需要根据Anyplace高中独特的社会文化背景来量身定制。

通过对学校需求的研究和评估，谢泼德先生和他的团队开始了他们的改进旅程。首先，他们选择以理论来指导工作。当他们试图基于正确的理论进行正确的调整时，霍斯特（Horst）提供了一个清晰的关于有目的的行为的定义："人的行为是有目的的，如果（并且因为）行为是目的的表现，那么目的是行为的原因。"许多学校改进团队的出发点是很好的，并且团队成员很快就着手调整系统性因素，或者根据过时的数据提供激励措施，或者实施花哨的赠款资助计划。然而，在数据收集和变革努力目的背后的方法至关重要，特别是在贫困和人员流动频繁的农村地区。与Facebook CEO马克·扎克伯格（Mark Zuckerberg）曾经信奉的激进变革哲学不同，在学校改进方面，"快速行动并打破常规"是不明智的。"看似"失灵的因素可能是无法识别的潜在因果关系的征兆。HPT为改革者提供了一个系统的过程，用以评估变革的影响，并在获得更多数据时做出进一步的调整。

HPT被比作行动研究，遵循一个系统的、数据驱动的过程，沿着有目的的轨迹走向可测量的结果。简言之，除非学校领导人能从各领域的利益相关者那里获得支持，否则他们无法做出任何必要的改变。来自HPT的行动框架理论不仅帮助谢泼德先生和他的团队减少了在短时间内进行广泛变革所产生的意外后果，而且让"一个人采取行动并不只是基于个人理由，还必须有采取行动的客观理由。需要有因果条件，才能避免将有目的的行为与意外巧合的理性行为混淆"的论断有合理的依据。为了避免这样的"意外"巧合，谢泼德先生和他的团队利用三个主要的行为理论来指导思考、计划和优先级划分，并以通俗易懂的语言传达给所有利益相关者。

为了在尽可能短的时间内取得更大的进步，他们将大部分时间分配给最细致入微的工作：建立组织信任。在建立信任之后，利益相关者就可以形成一个团队，在共同的使命和愿景下，忠实地履行系统支持职能并协同工作。相互信任以保持一致，并在需要时寻找或提供支持，一旦这两个方面到位，员工就会更有效地协作。相对而言，创建学术压力文化和提高跨学科的严谨性所需要的时间更少。Anypalce高中的行为理论如表3-2所示。

表3-2　Anypalce高中的行为理论

行为理论	解　　释
理论一：组织信任	首先有目的地列出此理论。在复杂的组织中，如果利益相关者之间缺乏信任，那么进一步的努力最终将受到损害，并且势头也将停滞
理论二：支持系统	学校里的人有许多任务、角色和目标，这些都要求他们能够在一个支持其成功的环境中发挥作用。如果支持系统不足，就会出现系统性障碍。相反，授权的支持系统提供了减少障碍的动力
理论三：学术压力	学校的主要功能是为学生提供学习经历，使他们能够顺利毕业，走向成功。这一愿景要求学校社区的每个人都要在思想和行为上感受到"压力"，可能包括教师重新考虑形成性评估的方法，沟通期望和标准，以及在课堂上展示教学实践

组织信任被有目的地列为谢泼德行为理论的第一个组成部分。这是基于史蒂芬·柯维（Stephen M. R. Covey）的书《信任的速度》，在这本书中，他认为"没有什么比信任的速度更快"。据他估计，信任是一种最高的品质，没有信任，组织就不能取得持续的进步和成功。此外，他还断言，当信任水平较低时，工作就会进展缓慢且成本更高，但当信任水平较高时，行动的速度会更快且成本更低。信任是买不到的，必须通过努力来赢得。以提高学校毕业率为交换条件来提供物质激励是不够的，也是交易性的。帕克（Parker）等人对"在设计和实施基于绩效的薪酬/奖励计划上花费大量时间和金钱"持批评态度。虽然对基于绩效的外部奖励来提升动机和绩效有多种实证支持，但在一些元分析中，没有发现这样的奖励能够产生效果或积极的影响。在吉尔伯特的行为工程模型中描述的影响人类绩效的环境支持因素中，动机只排在第三位。在考虑激励措施之前，环境支持因素中的"信息"和"工具"要求员工首先要清楚地了解期望是什么，并拥有达成这些期望所需要的工具。事实上，谢泼德先生和Anyplace高中的工作人员就提高毕业率所存在的困难与障碍进行了许多坦率的、以解决方案为重点的交流。阿巴奇（Abaci）和潘兴（Pershing）支持这一主张，他们指出"我们需要学者、从业人员、专业协会和企业之间进行更多合作，以创建一种参与文化，让所有人都参与到应用研究和理论开发的验证中来"。在Anyplace高中，经历多年的失败之后，教师和管理人员之间、教师之间、教师与学生之间，以及整个社区和学校之间的信任被破坏了。每次发生冲突时，问题的解决就会被许多无关紧要的细节所取代，真正的合作很少。谢泼德和他的团队立即意识到这一问题，并首先致力于在学校内外的所有利益相关者之间建立信任。

谢泼德行为理论的第二个组成部分是支持系统，以识别、消除阻碍成功的系统性障碍为目标。这些障碍随着时间的推移被保留下来，主要是因为人们总是说"事情一直是这样做的"。在整个需求评估阶段，谢泼德和他的团队发现有许多不利于学校改进的政策或程序依然存在。以Anyplace高中课程不及格的学生为例，在谢泼德刚入职时，如果学生有某门课程不及格，那么他就会在下一学年被要求重修该门课程，这使得他们获得足够学分按时毕业的可能性更低。一项能提供更多支持的系统是开设干预课程班，帮助学生在课余时间或在校期间获得学分和掌握课程内容（达到标准的熟练程度）。此外，与其让学生等到下一学年再重修，不如设计一个每年三学期制。这样学生就可以每年三次调整课程表，以缩短一门课程从不及格到重修之间的时间间隔。

学术压力是谢泼德行为理论的第三个，也是最后一个组成部分。"压力"这个词是特意选择的，因为它用了一种更积极、更有意义的方式来培养积极的成长型思维，从而激发他们付出最大的努力。学术推动有更强的指导意义，学术压力则是一种更优雅的方式，可以使个人（或人们）通过反思和行为做出反应，而不是代之以冲动或冷漠。从某种意义上说，学术压力是一种手段，用以质疑参与学校改进工作的所有利益相关者当前所共同面对的现实，然后做出改变，以尽快改善结果。

有了以上行为理论，谢泼德先生和他的团队开始了对学校的改进。肯齐奥拉（Kendziora）与奥舍（Osher）探讨了社交和情感学习（Social and Emotional Learning，SEL）对多个地区风气改善的影响，并承认"尽管联邦、州和地方教育政策正在改变，但这些改变尚未与SEL领域的基本见解保持一致。另外，公众对SEL的理解还存在一定的差距。为什么SEL对教育很重要，以及父母、民众和年轻人可以做些什么来成为有效的SEL倡导者和榜样"。肯齐奥拉与奥舍描述的行为理论与Anyplace高中的情况有一些相似之处，并且两者都可以用吉尔伯特的行为工程模型进行定性和定量评估。然而，对于寻找起点已经是一项艰巨任务的转型校长来说，肯齐奥拉与奥舍用模型跟踪学区进展情况的简短的开放式问题评估清单上，提出的问题可能比他们需要回答的问题更多。相反，吉尔伯特的行为工程模型是一个用户友好型工具，它区分了环境支持因素和行为支持因素，并从信息、工具和动机的角度进行探索，以找出在学校领导人影响范围内切实可行的改进领域。

在过去的10年中，针对SEL的研究呈爆炸式增长，而培养成长型思维、有意识地向学生传授自我调节和执行技能，是营造吸引人的学习环境的基础。在这种环境中，学生具有内在动机来取得长期的学业成功。

就SEL或学校转型与HPT之间的联系而言，HPT从业人员认识到，只有在对"人类如何在组织内部受环境、社会和经济现实限制的条件下工作和发挥作用"理解之后，才有必要进行干预。为了达成这种理解，Anyplace高中的下一步就是制订提高毕业率的行动计划。他们将如何建立信任？他们将如何创建系统来支持学校里的每个人？最后，表3-3描述了转型校长谢泼德先生和Anyplace高中工作人员发起的具体干预措施。

表3-3 转型校长谢泼德先生和Anyplace高中工作人员发起的具体干预措施

干预措施	解　释
系统支持	支持学生和教职员工的系统和计划已经就位。这一想法指导了本表格中许多干预措施的选择和设计。创建支持所有学生的系统，在Anyplace高中的转型中成为司空见惯的事情
"全体船员就位"	为了在行为理论方面支持学生，Anyplace高中设置了一个名为"全体船员就位"的学生咨询时间。在这个学生支持系统中，辅导员和教师一起工作，以跟踪和分析学生的出勤率、行为和课程成绩。这个咨询时间的设置是为了让学生和老师建立关系，以增强信任，这样他们就可以根据学生的出勤率、行为和课程成绩，讨论其当前的成绩与其应有成绩之间的关系
州考	该州规定学生必须通过高水平的考试才能获得高中文凭。当学生没有通过考试时，他们会在课程上得到支持以继续前进。许多课程是专门设计用来帮助学生提高他们所缺技能的熟练程度的。从技术上讲，这些课程是一种干预策略，已嵌入学生的日常课程表中
专业学习社区	专业学习社区是基于杜福尔（DuFour）等人的协作模型构建的教师协作模型。该模型通过一系列问题引导教师协作：（1）我们希望学生学什么？（2）我们怎么知道他们是否学会了？（3）如果他们没有学会，我们该怎么办？（4）如果他们学会了，我们该怎么办？教师团队以这些问题作为指导，通过数据来指导教学，共同提高学生的毕业率
出勤率	出勤率是公开分享的数据。学生在"全体船员就位"期间各自记录自己的出勤率数据
干预课程	干预课程的设计是为了帮助那些苦苦挣扎的学生，课程内容被策略性地排序，以便选择、评估、跟踪和重复最重要的标准和技能。干预课程针对的是成绩低于年级水平的学生，或者未通过考试的学生
颜色编码	推行颜色编码系统（绿、黄、橙、红），以协助学校了解及跟进学生的毕业进度。每个颜色类别的学生总数都会公开发布，以便对整个系统进行可视化描述。学生被单独地标出他们在系统中的位置。绿色表示"正常"，黄色表示"缺少学分"，橙色表示"只缺少州考"，红色表示"缺少学分和一次或多次州考"

续表

干预措施	解 释
"归属感"	学校领导人推出了"归属感"主题，该主题不仅主张每个人在学校团体中都有一席之地，而且每个人都应该有这样的感觉。学校鼓励每个学生和工作人员在学校的某个地方发挥某种领导作用，校长和组建中的管理团队不知疲倦地工作，以确保每个人都得到真正的重视和对待。让他们觉得"以自己不属于这里的方式"对待他人是不被容忍的
"吉祥物时间"	这是一个支持课程成功的系统。在午餐前的一段时间内，学生可以得到老师的帮助。在任何班级内，成绩为F或D的学生必须参加"吉祥物时间"。成绩为C或以上的学生被允许延长午餐时间。这个策略奖励那些保持良好成绩的学生，同时支持那些需要额外帮助的学生
数据	领导层致力于利用定性和定量统计数据来指导决策，并确定行动和投入的优先次序
专注于毕业	将毕业作为学生的最终目标，这一主题得到普遍认同。与毕业事项有关的标语和横幅在学校里随处可见
延长上课时间	在上学期间，上课时间延长了45分钟，这样一来，学生就有了额外的时间接受教育，教职员工也因为延长了工作时间而获得了额外的报酬
采用每年三学期制	这所学校从传统的两学期制转为三学期制。虽然学生每学期选修的课程较少，但所有课程的课时都延长了。此外，这一制度允许学生在全年学习更多的课程，包括新的选修课。学生在整个学年都有机会根据自己学习的需要调整课程表
内部专家	校长依靠学校教师来规划和提供专业发展，有意裁减外部顾问。在过去，人们有一种感觉，即外部顾问是学校聘请来"修理"他们的。这种新方法验证了教师的专业知识，并发挥了他们在学校改革中的带头作用
更换校长	学习教育主管最初是通过更换校长来启动学校转型的。在批判性研究提供的学校转型的例子中，没有一个转型不是由一个强有力的校长领导的。克利福德（Clifford）指出，扭转学校绩效的工作不可避免地落在当地教育工作者，特别是学校校长身上
形成性评估	教师团队共同设计形成性评估，使教师能够在整个教学和学习过程中评估学生的进步，并在进行总结性评估之前作为指导教学的主要指标

续表

干预措施	解 释
"数据仪表盘"	学校领导人在办公室的白板上及学校计算机网络的共享电子表格上保存了一组关键数据（如课堂随考及格率、基准测试分数、基本标准）。这些数据被用来为决策提供信息
特殊人群	对服务不到位的学生群体（如移民学生、西班牙裔/拉丁裔学生、接受特殊教育的学生和英语学习者）的数据进行了追踪。这种数据分类使领导层能够发现成绩上的差异，并促使更快的行动或干预
STAR协议	STAR协议是由BERC集团提供的一种课堂观察工具，BERC集团是一家提供非正式的、非评估性的课堂教学观察的商业公司。该协议用于根据对教师教学实践的观察，向教师提供反馈
数据公开	数据向学生、教职员工和社区公开展示
信念	在语言描述中强调了学校能够而且将发生改变的信念
内在满足感	人们从内部自我激励，积极的体验是影响激励的最佳方式
45天行动计划	每位学校领导人负责连续维持一个45天的改进计划
破碎三角形	一个用于提高出勤率、改善学生行为、提高课程通过率的模型，是转型校长用来衡量学生成功的三个标准

确定的干预措施总数：24项

任何作为学校一员的学生或工作人员都可能涉及表3-3中所列的一项或多项干预措施。虽然对表中的干预措施进行了有目的的组合，并根据结果数据进行了细微的调整，而且这些措施对Anyplace高中似乎是成功的，但这些干预措施并没有什么新奇或非凡之处。从HPT的角度来看，有趣的是，表中所列的大多数干预措施仅仅是对学校环境的改变。例如，老师记录学生出勤率数据已经有几十年的历史了，通常是出于与政府报告相关的深层次原因，或者是在姗姗来迟的铃声敲响之后，仅仅敷衍了事地检查一番。但在Anyplace高中转型之后出现了不同，出勤率现在成了一个可操作的数据点，可以在全校范围内进行跟踪、讨论和强调。经过这一转变之后，每个人都知道了出勤率，每个学生都知道了自己的出勤率，表现开始稳步提升。吉尔伯特的行为工程模型表明，组织中有价值的绩效可以通过对工作场所中信息、工具和动机的精心安排来实现。更具体地说，吉尔伯特向绩效技术人员提出了挑战，要求他们首先在工作环境中考虑这三个方面，然后再考虑与人相关的方面。关于这一概念的另一种思考方法是，在着手解决培训、能力和内在动机问题之前，需要像谢泼德先生那样考虑为学校提供数据、信息、工具和激励等措施。最终，谢泼德先生领导了学校的转型，他首先把影响毕业率的重要因素放在首位，然后利用现有的系统，根据数据对学校的环境进行了调整。

维持成果

在谢泼德先生的领导下，Anyplace高中取得了重大突破。2010年，谢泼德先生被聘为学校转型校长，由此带领学校朝着提高毕业率的方向前进，尽管当时学校已经习惯了（似乎也接受了）毕业率一直低于50%的事实。在他两年的任期结束时，该校的毕业率达到了72%。这个消息让Anyplace高中的教职员工和学生都感到兴奋，但谢泼德先生到了离开的时候。学区管理层很快意识到，聘请一个人作为维持校长与选择一位转型校长一样重要。

在谢泼德先生的领导下，学区管理层又开始在全国范围内寻找校长。结果，他们选择了泰森女士（化名），她是Anyplace高中的副校长之一，一直以来都参与了学校的变革。保持已实现的改进并继续提高，对学校的每个人都至关重要。教职员工已经从感到无助转变为拥有坚定的信念，现在他们比以往任何时候都更清楚自己想要一个什么样的领导人：一个能够继续推动学校前进并保持他们共同建立的信任的人，一个能够理解学校环境的重要性的人，一个重视人们对消除通向成功的系统性障碍的建议的人。此外，他们想要一个有知识、有领导才能、有风度的学校领导人来推动学术体系变得更好。

自从泰森女士担任校长以来，学校的教职员工和学生都认为她是一名高效、忠诚的学校领导人。泰森上任后不久，该校的毕业率就超过了该州的平均水平。在那之后不久，Anyplace高中毕业率成为该地区最高的，甚至排在整个州的前5%。今天，预计Anyplace高中每年都会有90%或更多的学生在四年内毕业。谢泼德先生在任期间实施的许多干预措施仍在继续，并进行了微调。最重要的是，教职员工和学生现在感到有能力规划、跟踪和创造自己的成功。

组织目前面临的挑战

自推行临时转型校长和永久维持校长以来，Anyplace高中的校领导层没有发生太大变化。副校长的变动在意料之中，因为副校长最终会成长为校长。领导层的稳定性及随后全校范围内的认同表明，通过建立和培育积极的体系会使人得到内在的满足。顺便说一句，Anyplace高中的毕业率一直保持稳定和可预测的水平，每年毕业率保持在90%左右。

诚然，90%的毕业率是令人钦佩的，但那10%没有毕业的学生呢？有些学生确实会在第五或第六学年返校完成学业，但也有些人中途退学。在学校转型期间，学校领导人鼓励教职员工将学校所有学生的毕业作为自己的事情，绝不放弃任何学生，也不强迫他们转到其他学校。这种态度被证明对大多数学生来说是正确的——大约90%的学生。现在整个系统已经稳定下来，学校还在继续努力让剩下的10%的学生毕业。

Anyplace高中领导层在学校转型过程中倾注了大量心血，为大多数学生（和特定的子群体）带来了显著的、切实的改善，但有些学生确实有自己的需求。重新审视最后10%的学生（大约50名学生）和他们认为的或实际的成功障碍，是Anyplace高中的下一个挑战。然而，这一次，他们可能不会局限于学校范围内的系统，或者更小的项目，来满足这个子群体的需求，而是以更加个性化的方式来满足这50名学生的需求。随着系统逐渐趋于稳定，大多数学生将成功地在全校系统中发挥作用，但领导层现在意识到，对于一小部分学生来说，全校系统仍然是不够的。

解决方案和建议

虽然HPT已经帮助一些学校实现了改进，但仍然没有在美国公立学校中被广泛采用。据摩尔（Moore）和卡明斯基（Kaminski）的观察，在利用HPT方面，学校一直落后于时代。他们指出，绩效改进从业人员"已经帮助公司和行业在全球市场上生存和扩张超过50年，现在是时候把它带到更高水平了，就在这里（学校）"。尽管Anyplace高中能够成功转型，提高毕业率，但许多学校和学校领导人都沦为无效观望的改革的牺牲品：改革在缓慢前进的过程中承受着集体怀疑的压力，然后停滞不前，甚至倒退。HPT可以帮助学校领导人认识到，选择哪些干预措施并不重要，重要的是在适当的时间，为适当的学校，采取适当的干预措施。

泰森女士在维持和稳定Anyplace高中的毕业率方面做出了杰出的贡献。随着转型在全校范围内推进，改革的速度更快，规模也更大。因此，每年全校约有50名学生无法按时毕业被列入议事日程。使用HPT方法，泰森女士将组建一个团队，通过挖掘这50名学生的差距、寻找原因来评估需求。接下来，该团队将设计、开发干预措施，并在较小的范围内实施，以测试其对这个较小的群体的学生的有效性，然后视需要再扩大规模——这一方法类似于使用手术刀而不是鹤嘴锄，所以任何进展都可归因于特定的干预措施。有些学区多年来一直在努力提高成绩，但可能没有这样的团队，因此协调日程和持续的会议可能会构成最初的挑战。

最后一个建议不仅适用于Anyplace高中，也适用于学区：考虑到学区层面对支持Anyplace高中转型做出的广泛承诺，这些努力应该在初中和小学进行差异化的复制。这所高中的转型可能影响了它的附属学校，有针对性地支持初中和小学进行转型可以为学生提供更好的开端。诚然，在农村地区，如果没有资金或支持，这些努力可能会受到阻碍。然而，从HPT视角进行的未来行为研究，可能会确定这些努力在减少12年级辍学学生数量方面的效果。

关键术语和定义

学校改进：学校通过变革管理以提高学生成绩的过程。虽然提高学生成绩是学校改进的目标，但学校改进过程中的干预措施实施往往集中在学校成年人的控制范围内。

学校转型：在全校范围内领导并发起的，将学生成绩不佳的学校转变为学生成绩优异的学校的改革过程。

维持校长：当聘请了一位转型校长之后，学校经常发现不得不聘请一位维持校长来代替转型校长。维持校长是代替转型校长的策略性选择，以维持改进的成果，并推动进一步的改进。

转型校长：当一所学校发现它整个系统都需要改进时，转型校长就是一位经过精心挑选来领导改进过程的学校领导。转型校长有时是临时的领导者，他们在规定的时间内被安排到位，同时评估学校的需求并实施变革。转型校长可能会关注具体的结果，如提高毕业率和学生考试成绩，或者改善学校风气与文化。

问题

1. 在这个案例中，你会给转型校长什么样的建议，让他能够在学校转型情况下运用改进理论？

2. 在这个案例中，你认为工作环境中最重要的因素是什么？为什么？

3. 在这个案例中，你认为执行者（教师和管理人员）的哪些知识是最有效的？为什么？

4. 在这个案例中，有哪些绩效评估的例子可以帮助转型校长？

5. 为什么衡量员工的具体行为对于一个转型校长来说很重要？学生的表现如何？

第4章

使用绩效改进10项标准指导战略的制定和实施

付庆波	美国密苏里大学圣路易斯分校
易 虹	华商基业管理咨询有限公司
郑 园	中国电信学院
李立丹	中国电信学院
王湘江	中国电信股份有限公司广东分公司
张秀梅	中国电信股份有限公司广东分公司

概要

该案例展示了由中国一家大型国有企业实施的屡获殊荣的绩效改进项目，该项目满足了绩效改进10项标准，并为组织增加了价值。在中国，由绩效改进专业人员开发的多种工具被用于制定和实施营销战略，实现扩大市场份额的目标。这些工具是基于绩效改进的文献，专门为中国市场设计的，并经过了实践的验证。该案例还展示了将绩效改进和营销管理整合使用的好处与挑战。

组织背景

中国电信集团有限公司（以下简称"中国电信"），是中国特大型国有通信企业。中国电信的企业使命是"让客户尽情享受信息新生活"，战略目标是"成为领先的现代综合信息服务提供商"。中国电信以客户为中心，追求企业价值与客户价值的共同成长。中国电信的核心战略之一是通过提高效率和降低成本来扩大业务规模，实现高质量的发展。

中国电信的子公司遍布全国各省、各大城市，在固定电话业务中占有50%以上的市场份额。2018年，中国电信营业总收入超过3 500亿元人民币。中国电信连续多年入选《财富》500强企业。面对来自中国移动和中国联通两大国有电信运营商的激烈竞争，中国电信一直致力于为中国、亚洲其他国家和地区、欧洲、美洲和中东的客户提供语音、数据和互联网服务。为此，中国电信建立了近6万个细分绩效评估单元，作为激励一线员工的手段。

这个案例聚焦于中国电信的一家子公司——中国电信中山分公司（以下简称"中山分公司"）。中山市是广东省的一个中等城市，常住人口300多万人。广东省是中国常住人口最多的省份（2019年）。经过几十年的快速增长，广东省2017年的国内生产总值约9万亿元人民币，接近韩国的经济规模。中山市位于珠江三角洲的中心，毗邻香港和澳门，是中国电信的高潜力市场之一。然而，2015—2017年的三年时间里，中山分公司均未达到移动电话服务市场的年度市场份额目标。在2017年和2018年，由中山分公司、中国电信学院、华商基业管理咨询有限公司（以下简称"华商基业"）等成员主导的绩效改进项目成功地提高了中山分公司移动电话服务市场的营销绩效，展示了绩效改进方法所创造的显著价值。

奠定基础

绩效改进是专业人员和顾问运用于各行各业，提高个人、部门和组织绩效的系统方法。这个定义反映了绩效改进的过程和结果。绩效改进包括不同学科方法的学者和专业人员为实现绩效改进目标而开发的方法、工具和技术。绩效改进源于20世纪20—30年代的教育技术和教学技术领域。在过去的几十年里，绩效改进已经被应用于多个领域，包括人力资源开发、培训和学习、组织发展、制造、研究和开发，以及质量管理。近年来，随着中国国内企业和在中国开展业务的跨国公司越来越多地使用这种方法来提高经营绩效，绩效改进在中国越来越受欢迎。有趣的是，在中国，许多绩效改进从业人员的成功项目都是在营销领域。

第4章 使用绩效改进10项标准指导战略的制定和实施

美国市场营销协会将营销定义为由一系列组织职能和流程产生的，为顾客、客户、合作伙伴、利益相关者和社会创造、传递和交付价值的活动。长期以来，营销一直被视为推动组织成功的基本职能之一。事实上，营销是组织绩效的关键驱动力之一。对于营销人员来说，营销战略是组织的长期行动方针，旨在以行动履行使命和实现绩效目标。实施是将战略转化为适当行动并实现预期结果的过程。战略制定和实施的过程对营销项目的成功是至关重要的。

美国公司每年都在各种营销项目上花费数千亿美元。然而，研究表明，超过一半的营销项目未能实现目标和交付预期的结果。这些失败代价高昂，浪费了组织宝贵的资源。营销人员可以通过改进营销战略、强化实施或同时采用两种方法，以提高营销项目的成功率。实现这一目标的一个行之有效的实践是将营销与绩效改进相结合。

当拥有绩效改进技能的营销人员和具有营销知识的绩效顾问一起工作时，整个团队会更善于制定和实施营销战略，更有效地指导工作和利用资源。在这篇文章中，我们提供的案例展示了在中国电信营销战略的制定和实施过程中，绩效改进是如何发挥作用的。该案例还强调了在营销人员和绩效改进从业人员之间建立伙伴关系的重要性。

为了给案例讨论奠定良好的基础，回顾绩效改进领域的一些基本原则和技术，并讨论如何将它们应用于市场营销将是有益的。例如，绩效改进从业人员使用绩效改进10项标准来指导他们的实践。前4项标准也被称为原则，因为它们是其他6项标准的基础。事实上，许多绩效改进从业人员认为，每个绩效改进项目至少应该包含前4项标准的某些方面。根据国际绩效改进协会（International Society for Performance Improvement，ISPI）的规定，前4项标准是关注结果、系统思考、增加价值、伙伴协作。

标准1：关注结果

绩效改进从业人员应该在整个计划和项目中关注结果，而不是倾向于采用一系列解决方案。在营销管理中，预期结果通常与财务和客户相关，如销售收入、盈利能力和市场份额，以及客户满意度。营销人员和绩效改进从业人员需要在他们的项目中牢记这些目标。

标准2：系统思考

绩效改进从业人员在进行分析时应该采用系统的观点。对于营销人员来说，这一标准建议营销人员在进行环境分析和其他分析时应该考虑社会、市场、工作场所、工作和员工的变化是如何影响项目预期结果的。

标准3：增加价值

绩效改进从业人员应该利用他们的专业知识来促进绩效改进过程，并以降低成本的方式产出收益，从而增加价值。在市场营销中，我们把价值定义为收益与成本的比值。增加价值可以通过增加收益或降低成本或同时完成两者实现。

标准4：伙伴协作

绩效改进从业人员应该与消费者、客户和利益相关者合作。营销人员需要与组织内外部的专家和顾问合作，利用他们的专业知识并获得支持。该标准确保团队成员对营销项目的成功承担责任，促进团队内部和团队之间的公开交流，确保以高效和可持续的方式满足客户的需求。

除了这4项标准，绩效改进10项标准还为绩效改进从业人员提供了一个6步过程，用于分析绩效差距和机会、调查原因、设计和实施解决方案，以及评估项目结果。具体来说，这6个步骤用标准5～标准10来表示。下面将讨论这6项标准，以及它们是如何推动营销项目成功的。

标准5：确定需求和机会

绩效改进从业人员进行分析，找出实际绩效与期望绩效之间的差异——绩效差距，以及被忽略的成长机会。营销人员在市场营销中使用环境分析、市场营销审核和市场调查研究等常见的分析方法，可以达到这一目的。

标准6：确定原因

绩效改进从业人员对实际绩效与期望绩效之间存在的差距进行原因分析。在设计解决方案之前寻找根本原因。对于营销人员来说，差距可能是由于糟糕的营销战略或营销战略执行不到位造成的。

标准7：设计方案

确定了绩效差距和原因之后，绩效改进从业人员设计或选择解决方案来解决问题，以缩小差距。对于营销人员来说，解决方案可以是制订针对新细分市场的营销计划、推广新产品、增加新的分销渠道等。

标准8：确保方案的一致性和可行性

绩效改进从业人员监督解决方案的开发，并确保它们是可行的、可操作的和符合要求的。营销人员和绩效改进从业人员有时会使用试点研究或营销测试来达到这个目的，并根据试点研究的结果进行必要的调整。

标准9：实施解决方案

绩效改进从业人员制定策略、获取资源并协调支持以维持变化。在营销项目的实施阶段，为了确保营销项目的成功实施，财力和人力资源都是必需的。

标准10：评估结果和影响

绩效改进从业人员帮助客户衡量解决方案的影响，并将其与目标进行比较。对营销人员来说，影响可能与业务相关，如提高销售收入、市场份额和客户满意度评级。有时，营销人员会计算投资回报率，并评估营销项目的无形收益，如树立品牌和强化关系。

值得注意的是，尽管绩效改进源于美国，并主要应用于西方，但在2011年左右引入中国后，在中国市场取得了新的进展。中国的绩效改进顾问、学者和从业人员开发了新的工具、技术，丰富了绩效改进的知识库。这些工具专门为中国市场设计，但符合绩效改进原则和标准。下面介绍的中国电信案例将展示绩效改进从业人员和顾问是如何使用其中一些工具并取得重大成果的。

案例描述

作为中国快速发展的电信行业的领军企业之一，中国电信一直在努力提高其财务和客户绩效，强化其市场领导地位。管理层采取的一项主要举措是在整个组织中推广绩效改进。中国电信在公司和子公司层面的领导都认可HPT的价值。HPT是由ISPI开发并在2011年由华商基业引入中国市场的一套系统的方法。作为ISPI的战略合作伙伴，华商基业是中国领先的绩效改进咨询公司。多年来，华商基业为多个行业的客户提供培训和管理咨询服务，其中包括中国电信的多个分支机构。

从2016年到2018年，中山分公司的高管与华商基业和中国电信学院的顾问、讲师一起，发起了一个绩效改进项目，成功地提升了该分支机构的营销绩效。中国电信学院是为中国电信全体员工提供学习解决方案的内部培训机构。在这个项目中，中国电信学院和华商基业分别作为中山分公司的内部和外部顾问合作伙伴。

该案例包括两个阶段。2016年年末至2017年年底，中国电信学院协助中山分公司进行营销战略开发项目。作为该项目的成果，中山分公司发现了一个潜在的有利可图但被忽视的细分市场，这是一个增长机会。然后，在2018年1月至6月，中山分公司针对这一新的目标细分市场实施了一系列营销战略，提高了该细分市场的市场份额，并完成了重要的战略和组织目标。在接下来的章节中，我们将把营销战略开发称为第一阶段，随后的营销战略实施称为第二阶段。在第一阶段确定了一个重要但被忽视的细分市场，在第二阶段则将中国电信在该市场的份额提高了一倍以上。这两个阶段都是项目的关键组成部分。

第一阶段：营销战略开发

2016年9月，中山分公司高管邀请中国电信学院设计并实施一个绩效改进项目，帮助中山分公司发展其核心业务。2016年9月12日，中国电信学院的高管和顾问成立了一个由郑先生（项目总监）、李先生（项目经理）和8名中国电信学院培训师组成的专门小组。中国电信学院的专门小组与中山分公司的总经理王先生和市场总监张女士，以及华商基业的绩效改进顾问组成了一个联合项目团队。

组织分析

2016年9月至10月，中国电信学院项目总监、项目经理、业务专家对中山分公司进行了广泛的组织分析，并提交了报告和项目建议书。同年10月，中山分公司总经理王先生和市场总监张女士会见了联合项目团队，讨论了项目的范围、预算和总体目标。重点是在管理人员之间达成战略共识，使营销项目与组织战略相一致，并促进战略实施。按照绩效改进的标准1，项目团队在讨论过程中关注产出和结果。他们确定该项目的总体目标是提高中国电信在中山市手机服务市场的份额。

环境分析

为了进一步了解情况，项目团队进行了环境分析。这种方法使项目团队能够采用系统的观点，这与绩效改进的标准2是一致的。该过程类似于许多营销人员所熟悉的在世界、工作场所、工作和员工四个层面进行的环境分析。如前所述，这四个层面涵盖了对营销绩效有重要影响的外部和内部因素。

首先，在世界层面，项目团队关注社会和市场层面的因素。这一层面的因素通常与消费者、竞争对手、政治、经济、社会和技术相关。这里的政治因素是指与定价、产品、分销等法律、立法和政策相关的因素。经济因素包括整体宏观经济状况、收入增长、通货膨胀和失业率等。社会因素是指与人口变化和文化变化相关的因素。技术因素是指来自工程和应用科学方面的发明与创新及其对消费者价值和营销实践的影响。这些因素通常是市场营销人员无法控制的，但它们的影响往往是强烈和重要的。例如，许多好的营销项目会在经济衰退时失败，而新技术，如互联网和人工智能，可能会彻底改变一个行业。

项目团队分析了2014—2016年中国手机用户发展报告（由中国工业和信息化部提供）。报告显示，2014—2016年，中国手机用户的年平均增长率为12%；其中，西部和中部地区的年增长率为27%，东南部地区的年增长率为3%，全国人均手机数量为1.13部。报告还显示，中山市的手机用户增长率低于全国水平。这是因为中山市发展迅速，每个成年人已经拥有至少1部手机，由此导致市场空间不断缩小。此外，该报告还指出，在过去的3年，中国手机用户使用的数据增长了132%，这表明手机用户的消费模式已经从语音转向了数据，数据消费正在快速增长。同时，项目团队对中山市2015—2020年短期发展规划进行了分析，规划指出，2020年中山市常住人口将达到435万人左右。项目团队从分析中得出结论，中山分公司具有发展手机用户业务的市场潜力。

在世界层面，分析的焦点应该是消费者。为了了解消费者，项目团队对中山地区的手机用户进行了调查研究。根据调查，92%的手机用户更关心手机数据套餐的可用性和价格。此外，72%的手机用户认为他们目前的数据套餐不够，价格太高。用户在数据套餐上的平均月支出为86元人民币，而预期支出为40～50元人民币。在抱怨数据套餐不够或价格过高的72%的手机用户中，有60%的用户使用的是中山分公司竞争对手提供的服务。在技术方面，尽管无限量数据套餐在市场上越来越受欢迎，但许多用户并不知道这个选项。

在工作场所层面，中国电信在固定电话服务市场有很强的代表性，市场份额超过50%。与其他两家主要竞争对手相比，中国电信与许多不同级别的政府机构和大中型国有企业的联系也要紧密得多。然而，这些联系主要是在企业对企业层面，在政府机构工作人员和企业员工的个人层面却没有太多的联系。中国电信也缺乏营销资源，以及专业的知识和经验，无法将其政企客户的员工发展为一个消费群体。

在工作层面，数据显示，在过去两年中，中山分公司主要通过分销合作伙伴的零售渠道发展其手机服务业务。具体来说，73%的手机用户是在其代理商和分销商经营的手机零售店注册的。然而，竞争对手A在中山市的零售渠道占据了主导地位，其门店数量是中国电信的三倍。消费者也可以通过电子渠道购买，但在中山市，该渠道被竞争对手B所垄断，中国电信在该渠道的份额有限。分析还揭示了另一种选择，即开发第三个渠道，这意味着通过消费者的雇主、企业和政府机构向消费者推广移动电话服务。这一渠道没有那么拥挤，但中国电信在这方面的专业知识和经验有限。

在员工层面，项目团队采用分层抽样的方式进行了内部调研，发现中山分公司有85%的员工对业务结果、手机业务的推广方式，或者两方面都有不满意的地方。具体来说，78%的人对产品设计不满意，69%的人对促销手段不满意。虽然有不满意，但员工说他们没有更好的选择。此外，项目团队还对中山分公司的总经理、副总经理及营销、零售和渠道、行业客户等部门的经理和主管进行了一对一的访谈。从这些访谈中，项目团队了解到中山分公司所采用的竞争策略、产品策略和渠道策略，以及中山分公司高层对于手机服务用户市场发展的现状、机遇和挑战的核心观点。在访谈中，总经理、营销总监等管理人员都认为，在未来几年这个市场将继续快速增长，关键问题是如何利用这一趋势，并制定必要的营销战略和行动计划。

绩效差距和目标

根据现状分析和环境分析的结果，项目团队确定了多个有意义的绩效差距和潜在的机会。其中之一是中国电信没有充分利用其与中山市的企业和政府机构的良好关系，未能在这个高潜力的市场建立竞争优势。为此，项目团队为中山分公司制定了三个具体的衡量业务的指标：手机用户总数、市场占有率、手机服务业务销售总收入。这些目标指导了营销战略的制定和实施过程。

新的营销战略

基于这些分析，中国电信项目团队达成了一个共识，即实现市场开发的关键是找到一个特定的目标细分市场。他们通过努力找到了一个被忽视的细分市场，即政府机构工作人员和企业员工。这一决定是基于细分市场的规模和增长速度所带来的高额潜在收益，以及中国电信与中山市500强企业和政府机构的良好关系所带来的相对较低的营销成本做出的。这一选择符合绩效改进的标准3，因为这将为中国电信增加价值，价值被定义为收益与成本的差。

项目团队还对营销组合要素提出了建议。营销组合要素，也被称为4P，是营销人员为了实现组织目标和营销目标而必须做出的决策。通常是指营销项目的产品（Product）、价格（Price）、促销（Promotion）和渠道（Place）策略。

- 产品：中山分公司对产品进行改进，将数据套餐从6G大幅提升至20G，以满足新目标细分市场的需求。
- 价格：中山分公司将无限量数据套餐的月费下调至80元（无合约）和45元（一年期合约），价格低于竞争对手。
- 促销：中山分公司向与中国电信有良好关系的企业和政府机构的员工或个人推广新手机套餐。

- 渠道：中山分公司培训并激励其渠道合作伙伴共同开发这一新的目标细分市场。渠道合作伙伴是指与中山分公司合作分销其产品和服务的个人和企业，通常包括分销商、零售商和代理商。

在整个营销战略制定过程中，中国电信学院项目团队与中山分公司的管理团队、职能部门、业务专家、顾问和销售经理紧密合作。他们因一致的目标结成了伙伴关系，这与绩效改进的标准4是一致的。

第二阶段：营销战略实施

在营销战略开发阶段，中国电信学院项目团队确定了一个重要但被忽视的细分市场，并修改了与产品、价格、促销和渠道相关的营销战略。为了达到绩效目标，营销战略需要得到实施。自2017年年底起，中山分公司与来自中国电信学院的内部顾问，以及华商基业的外部顾问，针对新的目标细分市场推出了一项营销绩效改进项目。与第一阶段类似，项目团队在第二阶段使用了绩效改进10项标准作为指导方针。这些标准确保团队成员在项目管理的主要方面达成一致，获得利益相关者的支持，并为项目的成功做出贡献。

标准1：项目开始时对第一阶段取得的成果进行了全面回顾，并针对新的细分市场进行了深入分析。项目团队发现，中山分公司在2017年企业员工细分市场的份额仅为10%，比中山整体电信市场份额低6%。这一分析证实了在第一阶段发现的差距。同时，项目团队将业务流程和绩效指标与其他公司或其他分支机构的最佳实践比较，进行了标杆分析。在这个特殊的案例中，项目团队对比了中山分公司和中国电信西南公司广西分公司的绩效和做法。广西是中国西南的一个省份，广西分公司是中国电信旗下绩效良好的省公司。基于这些分析，项目团队为中山分公司制定了具体的市场份额目标，即增加在中山市500强企业中手机服务市场的份额。

在2018年上半年，企业市场的份额达到20%，这一努力确保达到了所有利益相关者所关注的期望结果和目标，并与绩效改进的标准1保持一致。

标准2：为了确保观点的系统性，项目团队再次进行了环境分析，这次特别关注了影响中山分公司在500强企业市场份额的因素。在世界层面，该团队认识到，尽管无限量数据套餐的平均价格昂贵（每月超过199元人民币），但随着新技术的突破和消费者偏好的改变，无限量数据套餐的需求正在增加。在工作场所层面，该团队发现，中山分公司过去主要是对政府机构的工作人员做促销，而不是企业员工。在工作层面，项目团队对中山分公司的促销过程进行了分析，发现其促销过程主要分为三个阶段：促销信息传播、购买意向登记和交付。在员工层面，该团队发现，大多数中山分公司的销售人员在线下销售时感觉很顺利，但缺乏利用社交媒体营销的销售经验和专业知识。

标准3：正如我们将在后续部分中讨论的，项目团队根据他们的分析确定了3个可能的解决方案。项目团队依据有效性、效率和潜在风险3个标准选择了最终的解决方案。这个决策过程增加了价值，因为选择的解决方案比其他方案提供了更多的收益，花费更少的成本。这种做法符合绩效改进的标准3。

标准4：类似于第一阶段，在第二阶段的营销绩效改进项目中，我们看到项目团队与中山分公司管理团队、市场部经理、人力资源部门、财务部门和信息技术部门、产品经理、客户经理，以及来自中国电信的内外部绩效改进顾问密切合作。项目得到了中山分公司和中国电信学院高层的支持。中山分公司的总经理和来自中国电信学院的讲师积极参与了项目的设计、分析、实施和评估过程。伙伴关系使项目团队能够协调工作，并获得利益相关者的支持。利益相关者包括内部同事和外部合作伙伴。这些做法有助于获得资金和人力资源，因此对项目的进程和结果产生了积极的影响。

标准5：使用第一阶段的结果作为管理期望和组织目标，项目团队进行了多次分析，以充分了解情况。首先，项目团队分析了外部因素，如政治、经济、社会和技术因素，以及内部因素，如资源、专业知识和组织战略。这些分析导致了细分—目标—定位—差异化策略的优化。细分和目标策略是分析和确定目标客户群体，而定位和差异化策略是与选定的目标群体进行沟通，以便在他们的头脑中创造一个差异化和优越的位置。团队还进行了SWOT［优势（Strengths）、劣势（Weaknesses）、机会（Opportunities）和威胁（Threats）］分析。SWOT分析是不同行业的营销人员常用的一种方法，用来了解内部与外部因素对营销绩效的积极和消极的影响。

基于这些分析，他们制定了具体的绩效改进目标，即2018年上半年将中国电信在中山市500强企业手机服务市场的份额提升至20%。500强企业是根据员工总数来定义的。为了更好地了解新的细分市场，项目团队使用焦点小组、访谈和调查等方法收集数据。来自细分市场18家企业的近800名参与者完成了抽样调查。项目团队还查阅公司文档和记录来查找销售数据。然后，他们利用这些数据进行了关键价值链分析。

关键价值链分析是由华商基业开创的，专门用于分析绩效差距，以便更好地探索原因和寻找解决方案。该方法不是将组织作为一个整体来看待，而是将重点放在组织开展的独立活动上，并识别痛点。这些痛点可以是存在的差距，也可以是被忽略的机会。受迈克尔·波特价值链框架的启发，华商基业认为，仅从整体上看，人们不可能分析公司的全部业务，而专业人员应该专注于公司开展的独立活动，并分析每种活动如何为客户价值做出贡献。多年来，华商基业及其客户的管理人员已经在数百个项目中使用了这种方法，并在中国市场的诸多行业成功地提高了绩效。

图4-1显示了中山分公司项目团队关键价值链分析的结果。作为分析的一部分，项目团队进一步将细分市场分为三组，并确定将企业员工作为分析的重点。如图4-1所示，关键价值链分析发现的痛点之一是企业的员工有效接触率过低，只有20%。这个比率被定义为中山分公司销售团队接触的员工数除以企业的员工总数。这表明在中山市500强企业中，中山分公司销售团队实际上只接触到20%的企业员工，明显低于50%的目标。项目团队认为，如果他们能够缩小这一差距，就能够完成在新的细分市场将市场份额提高到20%的项目目标。

标准6：项目团队随后进行了原因分析，找出了中山分公司的痛点（员工有效接触率低）存在的原因。具体来说，他们使用了由华商基业创建的五步原因分析方法。第一步，项目团队集思广益，罗列出潜在的原因。第二步，使用原因转换工具，将不可控的外在原因转换为可控的内在原因。该工具还将与他人有关的原因转换为与自己有关的原因。华商基业专门为中国的绩效改进从业人员开发了这个工具，以避免一些常见的错误。第三步，项目团队使用吉尔伯特开发的行为工程模型（Behavior Engineering Model，BEM）对原因进行分层和扩展。吉尔伯特被认为是绩效改进领域的创始人之一，他的模型一直是该领域许多分析工具的基础。具体来说，该模型将潜在原因分为六个层次，其中，三个较高层次的原因与管理期望、资源和激励有关，三个较低层次的原因与个人的技能、知识和动机有关。根据该模型，从业人员应该先从与较高层次原因相关的因素着手，然后再处理与较低层次原因相关的因素。第四步，将确定的原因与从文献著作中总结的典型原因进行比较。第五步，删除不太相关或不受项目团队控制的原因。这种方法使项目团队能够关注导致员工有效接触率低的三个主要原因：①缺乏资料，对目标人群了解不够；②缺乏向目标人群宣传的资源和工具；③缺乏激励措施来激励中国电信的销售团队和渠道合作伙伴向目标人群进行推广。渠道合作伙伴包括与中国电信合作向客户分销其产品和服务的企业与个人。

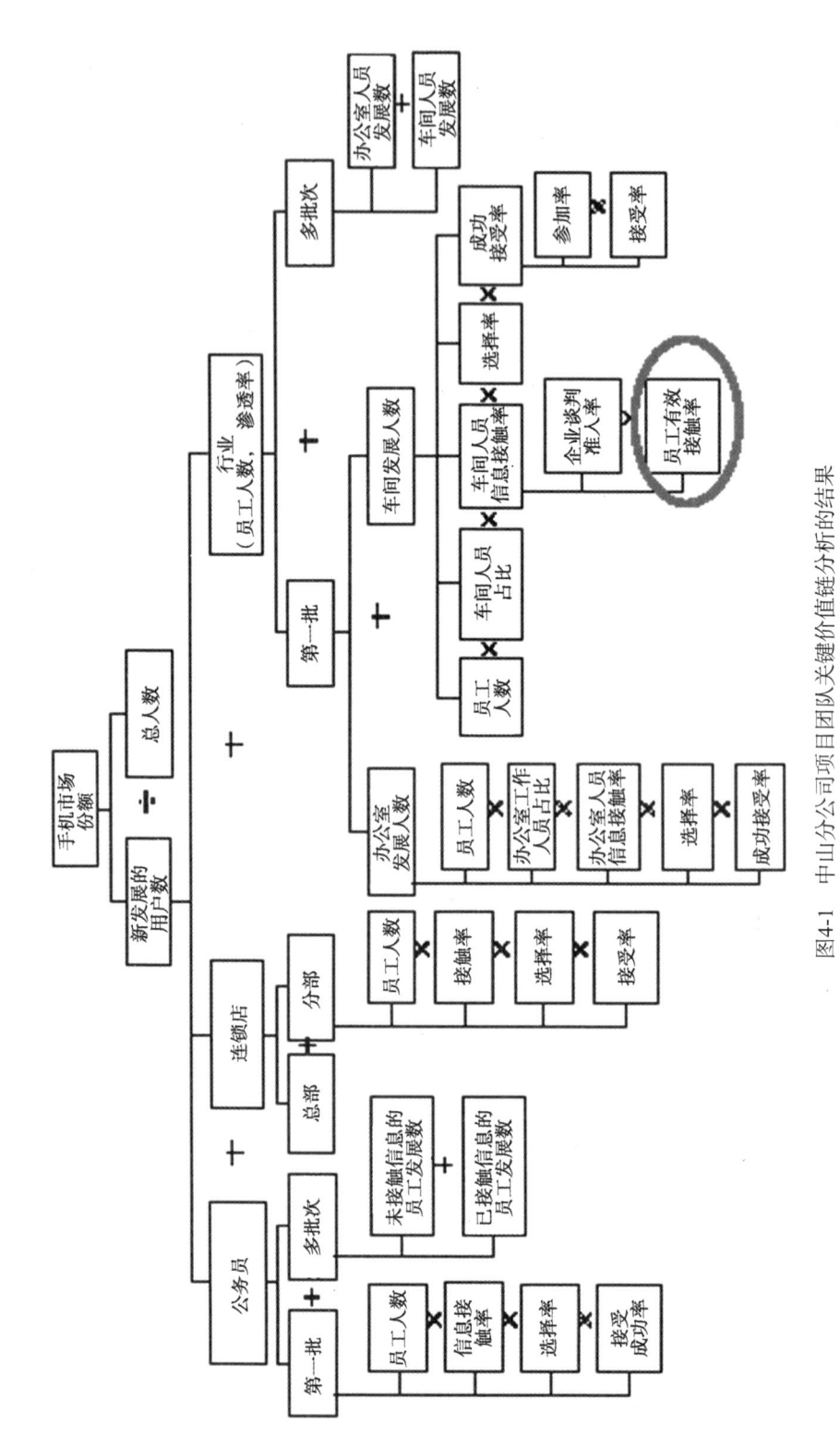

图4-1 中山分公司项目团队关键价值链分析的结果

标准7：项目团队专门针对这三个原因，开发了多个解决方案。然后，他们使用三个标准来最终确定解决方案的开发过程。如前所述，这三个标准是解决方案的有效性、效率和潜在风险。针对第一个原因，项目团队决定要求中山分公司的客户经理收集中山市500强企业的组织结构和员工的基本信息。针对第二个原因，项目团队采用了两个工具。第一个是用来吸引客户的社交媒体营销系统工具——微信。第二个工具是一种系统化的方法，将中国电信的产品信息嵌入企业客户的新员工入职流程中。针对第三个原因，项目团队设计了激励方案来激励渠道合作伙伴和中山市500强企业的决策者。为了确保项目的成功实施和评估，项目团队还制订了行动计划，包括先导指标、数据收集和衡量计划。

标准8：确保解决方案是可行的、可操作的，并能实现预期的目标。中山分公司的管理人员选择和培训有能力的专业人员组成一个开发团队，并进行调查和焦点小组研究，以确保解决方案易于理解，并被员工充分采用。他们分配资源和开发工具，以帮助销售团队收集数据，并与目标群体沟通。此外，他们还进行了一项小规模的试点研究，从目标细分市场中随机选择了三家企业，并根据样本的响应进行必要的调整。

标准9：项目团队采取了几个步骤来确保解决方案成功实施。第一，他们对营销人员进行培训，并为他们配备工具，使其具备相关知识和技能，以实施解决方案。他们还保持沟通，并定期提供反馈。第二，他们制定了策略，以了解关键人员的需求和关注点，并以适当的方式回应他们，同时利用这些关键人员的影响，以获得组织的支持。关键人员包括市场部人员、政府和企业部人员、销售经理和分销代理商。第三，他们每月举行一次会议（线上和线下），回顾和分析市场和销售数据，并做出必要的调整，以确保解决方案按计划实施。第四，项目团队与中山分公司高管进行联合销售拜访，直接从企业客户那里收集信息。第五，在整个过程中，通过微信等社交媒体工具，确保各利益相关者之间充分沟通，共享进度数据。

标准10：6个月后，解决方案消除了绩效差距，并产生了预期的积极结果。评估是通过衡量和比较项目前后的市场份额数据，以及从公司记录中收集的纵向月度销售数据来进行的。此外，项目团队衡量并比较了实施干预措施前后的差距。结果表明，绩效改进方案成功地弥补了差距，并显著提升了中山分公司在手机服务市场的占有率，完成了项目目标。

具体来说，员工有效接触率从20%提高到55%，超过了50%的目标。简单来说，就是中山分公司能够有效接触到中山地区500强企业55%的员工，向他们推广中国电信的手机服务和数据套餐业务。如图4-2所示，绩效差距问题的解决使得中山分公司在手机服务市场的份额从2018年1月的17.38%上升到6月的25.19%。这个结果超过了项目团队设定的20%的市场份额目标。市场份额的提升显著增加了额外的用户和新的销售收入，证明了价值的创造，并表明营销战略实施的成功。

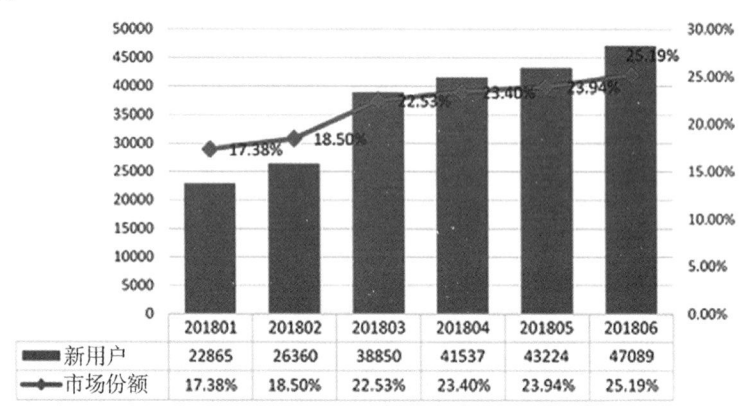

	201801	201802	201803	201804	201805	201806
新用户	22865	26360	38850	41537	43224	47089
市场份额	17.38%	18.50%	22.53%	23.40%	23.94%	25.19%

图4-2 中山分公司市场份额显著提升

组织目前面临的挑战

营销绩效改进项目的结果是积极和显著的。然而，对于这个营销项目，一个典型的挑战是如何证明价值确实是由这个项目创造的，而非其他。毕竟，影响营销绩效改进项目结果的因素既有外部因素，也有内部因素，大部分因素都是项目团队无法控制的。此外，中山分公司还面临第二个挑战，就是如何保持解决方案所产生的积极影响并持续改进。虽然该项目取得了令人满意的结果并达成了目标，但不确定的市场环境、不断变化的用户偏好，以及激烈的竞争给营销人员和管理人员带来了压力，使他们不得不继续维持这些令人满意的变化，并不断增加市场份额。

如何在中国电信这个庞大而复杂的组织的其他分支机构复制中山分公司的成功，也是中国电信面临的严峻挑战。虽然各分支机构之间存在着相似之处，但每个分支机构都面临着独特的市场环境和不同的竞争。员工的能力和可用的资源也因分支机构的不同而不同。因此，对中山分公司有效的解决方案对其他分支机构可能有效，也可能无效。因此，开发一套系统的和强有力的方法来提高营销绩效、增强竞争优势和保持行业领先地位，对于作为一个分支机构的中山分公司和作为一个组织的中国电信来说，都是一个机会。

解决方案和建议

中山分公司并不是唯一面临第一个挑战的组织。许多行业的营销经理和专业人员都发现，很难证明营销项目的价值。2016年，营销领域的主要学者总结出了导致这一挑战的三个原因。首先，营销人员在态度、行为和财务层面缺乏可靠的绩效指标来衡量营销项目的影响。其次，营销项目和绩效指标之间的因果关系很难评估。最后，营销人员未能进行有效的沟通，向利益相关者展示营销项目的价值。

为了帮助营销人员和绩效改进从业人员解决这些问题，研究人员开发了营销投资回报率方法论。从金融领域借用投资回报率的概念，营销人员几十年来一直试图证明营销是一种投资，应该评估其财务回报。与之前的模型不同，新的营销投资回报率方法论是利用一种系统化的方法来实现目标。新的营销投资回报率方法论基于菲利普斯的投资回报率方法论，建立在客户的反应、学习、行动，以及对业务结果影响的分析之上。这些嵌入营销投资回报率方法论中的工具形成一个影响链，如图4-3所示。这个影响链显示了营销项目是如何通过影响消费者的反应、学习和行动来实现业务结果和满足回报需求的。通过衡量消费者的反应、学习、行动，以及对业务结果的影响，营销人员能够找到足够的证据来证明营销项目的价值创造过程。此外，影响链使营销人员能够从整体效果中分离出营销项目的效果，从而提高了评估的有效性。

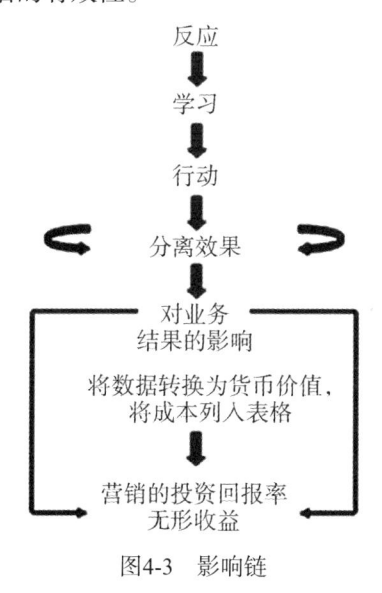

图4-3 影响链

营销人员也可以选择计算营销的投资回报率并评估其无形收益。所有这些都有助于确定和证明价值的创造,并帮助应对第一个挑战。

为了应对第二个挑战,中山分公司一直在采取行动,将正在进行的评估纳入绩效维持和持续改进战略。项目团队对行之有效的解决方案进行重新分析和总结,并在中山市的24个乡镇实施。中山分公司手机服务市场份额持续增长。截至2018年年底,市场份额超过30%,说明上半年的增长态势得到了保持。此外,中山分公司还设定了第二阶段的绩效目标,并制订了实现目标的行动计划。例如,他们决定为重要客户构建服务体系,以优化嵌入新员工入职流程中的促销内容,并提升客户经理的服务能力。

中山分公司项目的成功激励中国电信将中山分公司的做法复制到中国电信的其他分公司,以提高整个组织的营销绩效。在此过程中,中国电信的高管和营销经理认识到了以下有益的宝贵经验和教训。首先,尽管面临着不同的市场和竞争环境,中国电信的大多数分支机构都与政府机构和工业领域的客户有着良好的关系。中山分公司使用的目标策略能够被优化并复制到其他分支机构。其次,基于社交媒体的推广和嵌入客户新员工入职流程的解决方案也可应用于其他分支机构。最后,该项目代表了中山分公司、中国电信学院和华商基业之间的良好合作范例,并强调了营销人员和绩效改进顾问之间建立伙伴关系的重要性。随着中国电信开始在其他分支机构推广绩效改进项目,双方的合作关系仍在继续。

营销项目的失败对组织绩效构成了严重威胁。一些失败是由于糟糕的战略,而另一些是由于执行不力。这个案例强调了通过在组织中利用绩效改进10项标准来促进营销项目成功的多重理论和管理意义。这些意义与绩效改进从业人员、营销经理和企业高管有关。

(1)绩效改进10项标准使项目成员能够在整个项目中关注相同的目标。这些目标可能在组织层级、部门层级或个人层级,可能与战略的制定和实施有关。在项目的早期和整个过程中关注相同的目标,可以促进团队成员之间的沟通,确保适当的资源分配,从而创建更好的一致性,这些都是营销项目成功的重要因素。

(2)绩效改进10项标准要求项目成员进行系统分析,这有助于评估营销绩效问题,找出差距和根本原因。因此,基于这些分析的解决方案在提高营销绩效方面比其他方案更有效。

(3)绩效改进10项标准鼓励所有项目团队成员考虑增加价值,其中,价值被定义为收益和成本的差。通过同时关注提高收益和降低成本,项目成员能够提高营销项目的有效性和效率。

(4)绩效改进10项标准激励和奖励项目成员之间的伙伴协作。在许多组织中,特别是大型和复杂的企业,营销绩效改进项目涉及来自不同部门和具有不同专长的专业人员。作为合作伙伴,所有的项目成员都能够以自己独特的方式为营销项目的成功做出贡献,并共同提高组织绩效。

(5)绩效改进10项标准提供了一个系统的过程,并内置了分析原因、设计和实施解决方案,以及评估和维持结果的工具。它们还为专业人员创建了一个平台,以便其开发其他工具,并添加到工具包中。正如案例中所强调的,由对绩效改进方法论和组织需求两方面都熟悉的顾问和专业人员开发的,与文化、行业和市场相关联的工具特别有效。

关键术语和定义

绩效改进10项标准:ISPI建议有能力的从业人员在实践HPT时遵循这10项标准。前4项标准也被称为原则,因为它们是标准基础。标准5~标准10描述了有能力的绩效改进从业人员应该遵循的系统过程。

渠道合作伙伴:是指与公司合作,向公司的消费者分销其产品和服务的个人或企业,通常包括分销商、零售商和代理商。

关键价值链分析:是由中国的华商基业管理咨询有限公司开创的专门针对绩效差距进行分析的工具,目的是更好地探究绩效差距产生的原因和解决方案。该方法不是将组织作为一个整体来看待,而是将重点放在组织开展的独立活动上,并识别痛点。这些痛点可以是存在的差距,也可以是被忽略的机会。

营销组合要素:也称4P,是营销人员为了实现组织目标和营销目标而必须做出的决策。通常是指营销项目的产品、价格、促销和渠道策略。

营销战略:是组织的长期行动方针,旨在以行动履行使命和实现绩效目标。营销战略的实施是将战略转化为适当行动并实现预期结果的过程。战略制定和实施的过程对营销项目的成功是至关重要的。

问题

1. 绩效改进10项标准是什么？为什么它们对中国电信营销绩效改进项目的成功如此重要？

2. 为什么前4项标准被称为原则？请从中选择两个，并讨论为什么它们对于所有绩效改进项目至关重要。

3. 什么是关键价值链分析？项目团队如何在项目中使用此工具？

4. 什么是营销投资回报率方法论？项目团队将如何使用它来展示价值？

5. 描述你从这个项目中得到的两个收获。它们与你改善自己的工作绩效有什么关系？

第5章
利用在线论坛进行培训

苏·切罗普斯基

> **概要**
>
> 有证据表明，企业目前正在将在线学习用于企业培训。学术界的论坛，尤其是高等教育领域的论坛，被认为是一种有效的学习策略，被许多大学广泛使用。但是，美国企业界对论坛的接受度一直很低。虽然协作和讨论在学习过程中具有关键作用，但没有多少培训计划将论坛的使用包含在内。为什么公司不使用这种技术？将论坛纳入培训计划的阻力是什么？作者对琼斯公司（化名）进行了一项研究，以了解来自高管、经理和员工三个层次的阻力。

为什么这个案例很重要

在汉诺威研究公司（Hanover Research）2019年进行的一项研究中，有56%的受访者从其职业发展角度考虑，对批判性思维、数据驱动决策和沟通方面的培训感兴趣。要确定员工是否已经学会培训主题所培训的技能，一个简单的测试远远不够。

市场研究和预测显示，到2025年，在线学习的收入将是2015年的3倍，达到3250亿美元。支出如此庞大，企业和员工都希望获得投资回报。公司想知道其支出所带来的利益和结果是什么，员工则不仅想在当前的工作中，也想在其整个职业生涯中增长知识、提高能力，这与他们的个人利益息息相关。结果表明，业务熟练的专业人员最感兴趣的是战略规划、批判性思维、使用数据进行决策（数据驱动决策）、沟通、谈判和冲突解决。专业人员认为，电子授课或电子课程的以下3个特点，将帮助他们获得这些技能。

- 灵活性；
- 能够在有时间的时候参加课程；
- 方便。

这个案例提供了一种培训方法——论坛。虽然论坛在商业环境中不常用，但在学术环境中很有效。在学术机构文献中所记载的论坛的成功因素，为其在商业环境中应用提供了桥梁。大量研究表明，论坛会让学生在学习过程中更加投入。阿尔特豪斯（Althaus）发现，与传统课堂相比，课堂学习与在线学习相结合提供了更好的学习效果。海因（Hein）和艾尔文（Irvine）表明，讨论在理解物理现象方面是有益的和有用的，并且在讨论过程中，由讲师扮演角色，给学生建设性的反馈，能让学生更深入地研究主题。总结一下这些成功因素：

- 更多地参与学习过程；
- 通过课堂学习和在线学习进行高级学习；
- 反思性思考，以加深对主题的理解；
- 协同学习。

本案例表明，无论是利用政治形态还是利用影响力策略来提高个人或组织收益，都会遭到抵抗。还记得那些因为不理解而密谋反对使用论坛的管理者吗？如果学习和发展主管事先知道这些花样，他就可以在在线课程发布之前采取行动，向他们展示使用论坛的价值。这些知识可以帮助组织内的从业人员在其课程设计中加入论坛讨论活动，以满足个人和组织的需求。

综上所述，本案例可能有助于改变组织使用技术进行培训的思维方式。

组织背景

琼斯公司是一家有46年历史的分销公司，位于加利福尼亚州北部，其雇用的大约200名员工分布在美国西南部。2012年，琼斯公司被《硅谷商业杂志》（*Silicon Valley Business Journal*）评为硅谷最大的私营公司，并在2018年的《工业分销》（*Industrial Distribution*）50强中排名第46位。《工业分销》是一本关注各种规模的工业分销商，面向设施、运营、物流和供应链等专业人士的杂志。《工业分销》杂志每年都会选出全美最强的50家分销公司。这是一个令人垂涎的奖项，因为它可以作为营销工具，可能带来新业务。

硅谷位于美国加州北部旧金山湾区的南面。这个山谷被命名为"硅谷"，主要源于"硅"这个词，硅是一种制造半导体计算机芯片所需要的材料。在20世纪60年代末和70年代初，有许多半导体制造公司和创新者（如英特尔、思科、AMD和仙童半导体等）将公司的总部设在加州北部，由此，"硅谷"诞生了。在此期间，半导体被认为是高度复杂的技术领域，使美国拥有了相对于其他国家的竞争优势。

在过去的7年里，琼斯公司采取了收购其他分销公司的增长战略，这些分销公司的产品满足了诸如过程控制、流体处理、自动化、过滤和加热控制等工业部门的需求。1974—2019年，有超过28家公司被琼斯公司收购。该公司的座右铭是"如果它（产品）能通过管道，那么琼斯公司就可以监控它、控制它、加热它、冷却它、过滤它，让它自动化"。琼斯公司服务的行业包括石油和天然气、半导体、发电、制药、水处理、食品和饮料等。

琼斯公司将业务划分为五个主要的知识中心：自动化、过滤、过程控制、流体处理和加热控制。该公司主要是一家销售公司，只有少数设计定制解决方案的工程师。知识中心向特定的专业领域销售和提供支持产品。销售人员由知识中心组织管理。

琼斯公司有一个应用工程师团队，该团队致力于缩短项目从设计到原型制作，再到投入生产的时间。管理团队认为他们的应用工程师团队是客户设计团队的延伸，用以处理系统接口问题和产品选择的细节。这样，客户可以将精力集中在自己的核心能力上，而应用工程师则可以设计解决方案来满足客户的需求。

公司的组织结构是传统型的，CEO在组织金字塔的顶端，下面是副总裁、董事、中层经理、主管和员工。目标在职能级别上设置，职能之间几乎没有交义。拉姆勒（Rummle）和布拉什（Brache）把这种结构称为筒仓结构。由这种结构产生的企业文化迫使经理经常解决较低层次的问题，从而减少了对较高优先级客户和竞争对手的关注。从商业角度看，当部门或管理团队不与其他部门共享一致的目标、信息和优先级时，人们就会使用"筒仓"一词。筒仓心态被认为是对每个部门的局部优化，却可能导致整个公司的失败。例如，制造部门可能有快速生产并将产品推向市场的目标。质量部门则不希望产品有任何缺陷，所以希望放慢生产过程，这样就不会出错。质量部门可能会延长产品的生产时间，使生产赶不上计划进度。

奠定基础

2011年，琼斯公司采取了新的增长战略，即从零部件销售转向工程解决方案销售。虽然收入增长仍来自收购策略，但值得注意的是，为了让销售人员具备向客户销售工程解决方案的能力，销售人员需要在所有的五个知识中心领域都拥有更广泛和深入的知识。

学习和发展主管的任务是设计与实施培训计划，以满足销售人员的知识需求。她发现：

- 销售人员对自己所处知识中心有一定的认知，但是缺乏对其他知识中心的认知；
- 销售人员缺乏对流体、压力和液位测量等基础理论的理解，而这些是所有知识中心所共有的；
- 销售人员对整个知识中心的仪器仪表、安装和故障排除等方面知之甚少。

在管理团队的帮助下，最有可能缩小知识差距的两门在线学习课程得以确定。其中一门用于讲授流体、压力和液位测量方面的基础理论。另一门涉及文化转型，并教授如何销售工程解决方案，而不是零部件。学习和发展主管与绩效顾问为设计第二门在线课程开发了一个内容模型，如图5-1所示。

该模型展示了如何在应用程序中嵌入异步讨论，来构建销售理论课程的内容。背景定义了工作的环境。理论解释了产品为什么能起作用。应用展示了产品如何在不同环境中使用。

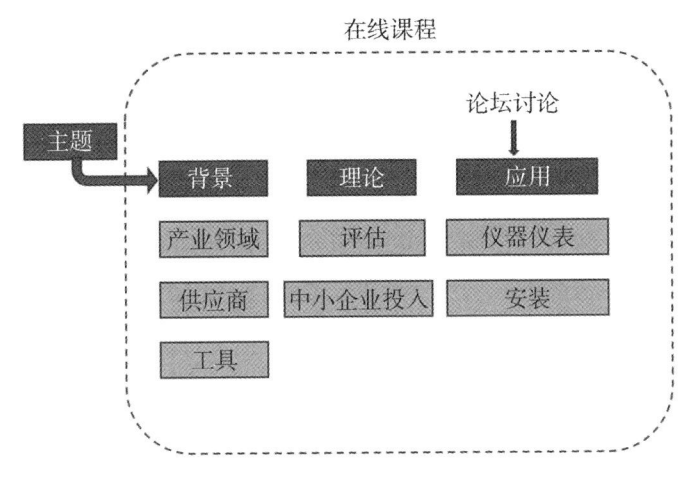

图5-1　在线课程设计的内容模型

文献表明，异步讨论对于提高学习效率是有效的，但商业组织很少将讨论作为其在线学习设计的一部分。也有其他研究表明，如果使用讨论，学习者将更多地参与到学习过程中去。

学习和发展主管发现，有证据表明，论坛在非正式学习中可以发挥作用。在2010年美国培训与发展协会颁发的2010年最佳公司的奖项中，位居前三名的公司都证明了这点。国际酒店集团提倡使用社交媒体对学习内容做出回应。印度通用电气公司内部的一个业务部门，在知识管理系统中提供了协同工具，供员工在需要时使用。农民保险公司是另一家使用社交媒体进行非正式学习的公司。学习和发展主管还发现，虽然探索正在进行，但仍然没有证据表明，企业正在把论坛作为学习策略和设计的组成部分。

格拉姆（Gramm）在其咨询博客中主张，应该在练习、反思、构建隐性知识、设计丰富反馈的体验中加入刻意练习。隐性知识可以定义为人们拥有但不容易表达清楚的技能或经验。

对于今天的学习者来说，学习是一种社交体验，是通过与同事、经理，以及在不同地点从事相同工作的人的分享来完成的。学习需要得到社交功能的支持，如论坛、博客。大多数学习管理系统都有一个论坛。通过对论坛的整合，可以帮助人们加快学习最佳实践，以及对如何解决问题的认识和讨论。

学习和发展主管发现，教育界的许多研究表明，论坛作为一种协同学习的方法，显示学生在学习过程中有更高的参与度。

并不是所有的研究结果都是正面的。虽然公司花费了数百万美元来开发培训的技术解决方案，但大多数项目在实施的第一年就失败了，而且从未制度化。这位学习和发展主管曾在前雇主麦德克斯公司（化名）尝试使用论坛。麦德克斯是一家医疗设备公司，尽管课程已被证明是一种增值技术解决方案，但在培训中仍没有将使用论坛制度化。麦德克斯公司曾在商业写作系列课程中的五门课程中尝试使用论坛，但最终都停止了。这位学习和发展主管在汇报论坛被删除的原因时，确定了几个与抵制使用论坛有关的因素。

- 被动抵制：管理人员没有参加，因为他们不确定是否可以教会另一个培训师来推动课程的发展，这被称为被动抵制；
- 压力和恐惧：时薪员工担心自己的工作跟不上月薪员工的步伐，时薪员工被人们普遍认为不够聪明，他们担心如果自己在工作时间参加，会受到惩罚；
- 组织的政治形态：组织中的政治是指使用影响力策略解决个人或组织问题的各种相关活动，在这个案例中，管理人员并不理解论坛所带来的价值，由于不理解，一些管理人员就会质疑在培训中使用论坛；
- 感知到的威胁：个体与职能部门之间不匹配，以及如何进行培训和培训职能之间不匹配；
- 个体抵制：参加课程的个体属性，最终导致在讨论中缺乏参与。

从麦德克斯公司得到的一个教训是，在课程设计中嵌入论坛的形式，并不会让公司在实际的培训中使用论坛。行为和文化的改变是一项软技能，是否使用新技术与社会和心理障碍有关。软技能可以被定义为个体属性，用来实现与他人进行有效、愉快的互动。

学习和发展方面的所有研究结果，再加上她自己的经验，让学习和发展主管相信在培训中使用论坛可以帮助琼斯公司解决知识差距问题。这位学习和发展主管还认为，识别引发抵制的原因可以为设计有效的在线课程提供线索，从而克服影响课程成功的阻力。

案例描述

本案例用于了解在公司社区中使用论坛的阻力。识别在公司可行的在线学习策略中不使用论坛的阻力因素，公司将了解触发这些阻力的原因，从而制订更有效的学习方案并提高绩效。因此，公司可以获取该案例所提供的信息，充分利用论坛设计在线学习，这将超出组织和参与学习的员工的期望。学习和发展主管希望解决的问题是：

- 高管团队对恰当使用论坛有什么意见？他们认为什么样的情境／环境是有用的？
- 中层管理团队是如何看待论坛对培训的价值的？
- 从员工的角度来看，他们抵制参与培训论坛的原因是什么？

技术构成及关注事项

学习和发展主管与两个外部供应商合作开发和设计了两门在线课程，并在课程中都使用了论坛。第一门课程是关于销售理论的，以解决由交叉销售不足而导致的销售绩效问题。交叉销售被定义为向现有客户销售不同的产品或服务。第二门课程讲述了文化的转型，从强调销售零部件到强调销售工程解决方案。课程的设计问题很广泛，这两门课程使用了不同的设计模型。

第一门课程采用了课堂培训与在线培训相结合的"混合学习"方式设计。课程被放置在供应商的网站上。学习和发展主管对参与者进行了一小时的面对面培训，教他们如何浏览网站。第一门课程的结构包括有关某个主题的阅读材料，以及关于这个主题的一组问题。这些问题被称为挑战。员工对问题做出回复，并判断回复的优劣。课程开始于2010年10月，一直持续到2011年1月。在这个过程中投诉很少。

学习和发展主管听到的不是抱怨，而是人们在相互询问是否进行了讨论，并提醒对方讨论的截止日期。尽管CEO为"最好的回复"提供了现金奖励，但员工是否有时间回复成了一个问题。

对于第二门课程，学习和发展主管计划先用一天的时间，面对面地介绍这门课程，以及为什么需要这门课程和课程中每个模块的基本原理。在为期一天的课程介绍结束后，有8个在线学习模块，在8周的时间内交付。每个模块持续30分钟，由员工自定进度。其中包含带有挑战性问题的论坛，参与者可以相互回答。学习和发展主管与不同领域的主题专家一起工作。这些主题专家都是工作中的行家里手或最好的员工，他们从其知识领域的视角使学习模块更容易。在线学习模块被放置在琼斯公司配有论坛的学习管理系统中。学习和发展主管与员工和不同领域的主题专家一起工作，指导员工如何使用这项技术，并提供网络研讨会和工作帮助，以便员工了解如何使用学习管理系统中的论坛。与第一门课程一样，参与论坛讨论的时间问题也浮出水面。

在评估案例的时候，学习和发展主管使用了一种流行的在线工具——"调查猴子"（Survey Monkey），用于进行调查和从学习管理系统中获取信息。这些信息是对主题和访谈的实际回答,被视为公司记录。学习和发展主管与人力资源团队合作,通过使用论坛作为培训策略来设定主题,以得出所面临的挑战和问题。

当前的挑战和问题

根据克维尔(Kvale)的观点,"对模式、主题进行分类,查看其合理性,以及聚类,有助于确定模式和主题可以配对或互补的地方"。这些出现在调查、访谈和公司记录中的主题渐渐浮出水面。表5-1显示了主题是如何出现在每个数据源上的。

表5-1 数据三角验证法

调查主题	访谈主题	公司记录
公司培训理念	公司培训理念	人员使用率的百分比
时间	时间	时间
恐惧	恐惧	安全书写/文本剪切和粘贴
对课堂培训的偏见	对课堂培训的偏见	
讨论线程的结构	讨论线程的结构	写在错误的位置
参与不等于讨论	参与不等于讨论	帖子中的单词数量有限,做最少的工作,或者没有回复
增值	增值	实质性帖子

公司培训理念

第一个主题是琼斯公司的培训理念。琼斯公司相信培训,只要员工没有因为培训而耽搁工作,公司并不关心培训是否在工作时间完成。管理层规定培训是强制性的,但没有告诉员工要花时间参与论坛讨论。一位中层经理说:"诸如培训之类的组织要求是你要腾出时间去做的事情,因为这是对成功的期待。"

时间

时间在早期是一个障碍,现在仍然是一个大问题。没有足够的时间进行培训,工作压力和太多的工作使得优先参与论坛讨论变得很困难。一名员工说:"人们不想一天工作12小时,大多数人都想在回家的时候关掉电脑,做些家务事。"学习和发展主管意识到,调查中50%的障碍是由于时间造成的。

恐惧

有3种形式的恐惧浮出水面。第一种是担心。员工担心如果在经理眼中自己的回复不好，会遭到经理的报复，并且担心其他员工也会因自己不好的回复而产生个体的对立。第二种是威胁。一些员工觉得自己的回复不如同事的好。第三种是由于书面回复而被取笑。学习和发展主管听到有员工试图取笑在论坛上发表某些内容的人。因为在论坛上所写的内容而被取笑，是一种欺凌和骚扰。当这种情况发生时，应该记录事件，包括日期、时间，以及任何新的骚扰形式，并与主管或人力资源专业人员讨论。

对课堂培训的偏见

被称为"婴儿潮一代"的老一代（1946—1964年出生的人）更喜欢课堂培训，而"千禧一代"（1981—1996年出生的人）则更喜欢在线学习。

讨论线程的结构

学习管理系统中讨论线程的结构导致参与者难以跟上，并使人们不得不阅读所有内容来关注讨论。因为人们很难跟上讨论线程，这对参与讨论起到了遏制作用，并由此形成一个问题。一位经理告诉学习和发展主管："当在论坛上发布帖子时，我是在寻找对我的帖子做出回复的人。我想知道人们是否会对我的立场产生争论。我不可能每天登录学习管理系统并浏览300个帖子，查看与我写的内容相关的内容。"

参与不等于讨论

有些人认为讨论不够充分。这种体验更像做家庭作业，虽然给出了答案，但并没有经过充分的论证。

增值

从员工的回应中可以明显看出，他们认为论坛是传统培训和自定进度的在线学习的一个不错的选择。经理们认为论坛可以作为学习和技能迁移的一种度量标准。这些高管表示，他们认为作为协同学习的论坛验证了知识迁移的发生。另一条评论是"论坛让我有了更广阔的思考空间"。新员工喜欢听取经验更丰富的员工的观点，并从他们的经验中学到知识。他们对产品在不同知识中心的可行性应用有了自己的理解，由此感到自信。论坛甚至带来了新的思考。员工正在意识到自己工作绩效方面的差距。

学习和发展主管从数据中还了解到，在琼斯公司，CEO的指令确立了培训的重要性，并为参与培训（不考虑授课方式）的员工设定了期望。由于公司的政治形态，员工努力让争论远离CEO。为此，如果员工认为他们说的话CEO不喜欢，那么他们就会放弃自己的想法，改为附和CEO。最后，员工会以安全的方式参与讨论，不会有任何争论。

从技术的角度来看，在使用学习管理系统中的论坛进行讨论时，由于结构的原因造成了一些障碍。学习管理系统的接受率高于预期。一些员工表示，当他们试图回应另一个问题时，他们觉得自己的工作量增加了一倍。

有趣的是，高管认为论坛作为一种独立的体验会很有用，如阅读一本书和回答问题。他们还认为，可以将论坛设计在把课堂培训与线培训结合在一起的混合培训的前期或后期使用。最后，高管认为这些讨论对于新人也是合适的，并且为他们提供了一种团结新员工的方法，使他们专注于某个特定的方向，并帮助新员工了解琼斯公司是如何协同思考与工作的。

通过浏览员工的回复，管理团队看到了一个有形的度量工具，以确定是否有学习和行为改变的发生。通过回复文本和讨论的深度，他们可以看出哪些员工只是重复阅读任务中的内容，哪些员工为讨论付出了努力。

论坛被嵌入学习计划的执行中。尽管学习和发展主管认为，学习是参与论坛讨论的直接结果，但没有任何调查结论使她确信这一点。然而，有足够的结果表明，学习因为论坛的使用增强了。

80%的培训参与者认为在线培训中的论坛是传统培训的一个很好的替代选择，因为把人们集中到某个地方进行课堂培训很难。75%的培训参与者表示，他们于在线培训中相互学习，强化了协同学习的概念。50%的高管认为论坛上帖子的回复水平可以作为衡量工具。75%的员工认为论坛为如何解决问题提供了一种不同的思考方式。50%的员工表示，他们通过对别人留言的思考加深了自己的学习，因为他们可以反思并试图理解不同的观点，帮助自己在知识中心更好地解决类似的问题。

解决方案和建议

期望和反馈

为了让培训干预措施发挥作用，既要设定期望，又要给出反馈。这两个行为都是必需的。在这个案例中，CEO为参加培训的人员设定了期望，强制进行培训，这产生了负面影响，导致了员工的恐惧心理。高层次的行为目标被设定为"增加交叉销售"，但这个目标太宽泛了，与课程、讨论的问题和绩效目标没有任何联系。请记住，交叉销售是一个专业术语，指的是销售来自所有不同知识中心的不同产品的做法。

在使用论坛之前，需要清楚地表达和定义期望，每个员工都需要知道参与论坛讨论与他们的绩效目标之间的联系。

哈拉（Hara）和克林（Kling）的一项研究显示，学员希望从其指导老师那里得到及时的反馈。没有及时获得反馈会造成学员的困惑、焦虑和沮丧。根据问题的数量和进行引导的工作人员的工作量，员工需要知道他们将在什么时候得到多少反馈。员工还需要知道所期望的主题，或者知识中心最擅长销售的员工在促进讨论方面受过何种培训。重要的是，反馈要以一种不具威胁性的方式给出，而且要能激发参与者在讨论中做出回复和互动。

工具和资源

在这个案例中，学习管理系统中讨论线程的结构不利于论坛的使用。如果所使用工具的设置方式不便于员工使用，那么领导层就应该考虑使用另一种工具，或者修改现有工具，使其便于员工使用。如果不能修改学习管理系统中论坛的设置方式，那就提前培训员工，告诉他们如何解决该问题来节省时间，如在回复之前复制粘贴最初的帖子。

引导师是资源。使用与主题符合的引导师，而且要对他们进行引导艺术方面的培训。他们需要知道如何回应，何时回应，并采取一定程度的亲昵行为，如使用一个人的名字来回应，以建立与员工的联系。管理人员需要意识到，引导师在课程期间承担了额外的工作，因此在论坛进行期间，应做出适应性安排以减轻其工作量。

后果和激励

后果和激励也需要讨论。对于第一门课程，CEO为"最好的回复"提供了现金奖励。他这样做只是为了让第一组完成整个课程。然而，第二组没有得到同样的待遇。给第一组提供现金奖励而不给第二组提供产生了负面影响。受到激励的参与者花了大量时间反思、撰写和重写回复，导致他们离开工作岗位，销售绩效下降。在激励措施被取消后，第二组抱怨他们没有得到公平的对待。因为没有激励措施，他们不太愿意参与活动。如果提供现金奖励，那就要公平。学习和发展主管建议不要为参与讨论提供现金奖励。如果需要激励，那就要让所有参加培训的人得到一致的激励。

在这两门课程中，都没有给出不参加论坛的后果。如果将论坛作为培训的组成部分，那么给出不参加论坛的后果是有好处的。可以考虑在绩效考核中给出相应的分数。

如前所述，有管理人员认为，可以将帖子的质量作为是否进行了学习的衡量标准。注意，使用帖子的质量作为衡量标准可能会产生误导。教学设计人员需要在教学设计的层级上解决课程参与者能力差异的问题。那些不太了解论坛的员工可能很难在同一级别参与讨论，这可能使衡量标准产生误导，更不用说增加恐惧了。

技能和知识

使用论坛的参与者应具有基本的知识水平，这样他们就能够分享自己的知识和经验。花些时间来评估谁会在论坛中出现，以便每个人都可以做出贡献，这将有助于消除恐惧和威胁。

确保所设计的主题要适应参与者的水平。在使用论坛是一个新概念的情况下，要教会参与者如何进行协作。通过在培训课程中设计对话，可创建用于非正式学习途径的扩展学习网络。在组织中培养能够产生有意义对话的能力。

选择和配置

布鲁菲（Bruffee）将协同学习定义为一组学习者共同理解当前的主题。对于新加入论坛的员工来说，学习如何协作会让他们受益匪浅。在培训中添加对话设计，可以创建扩展的学习网络，并扩展到不同的地点。这些学习网络反过来又可以催生基于共同基础的、有意义的小组学习。组织需要构建为产生有意义的对话而设计情境的能力。团队学习的原则是从对话开始的，学习者有能力抛开假设并共同进行真正的思考。

动机和偏好

卡尔·宾德（Larl Binder）将动机和偏好定义为一种态度的集合，这种态度是关于个人对工作的看法，以及在员工工作绩效体系中提高员工满意度的所有其他因素。本案例研究的最初动机是CEO的授权。在培训中使用论坛之前，要首先考虑所有的环境因素。需要考虑更多的变数和条件。很明显，虽然有效的培训可以影响人类的绩效，但它很少单独起作用。吉尔伯特的行为工程模型或卡尔·宾德的六个盒子®（Six Boxes®）模型作为一个框架，用来研究其他可能影响培训的领域，以及培训是否能够持续地影响工作绩效。宾德的六个盒子®模型更易于使用，增强了其原有的功用。这将在消除恐惧方面产生更大的影响。如果考虑了模型中的所有其他因素，动机就会自动产生。

不管培训是如何进行的，培训干预措施都会对人类的绩效产生影响。卡尔·宾德说："虽然有效的培训可以影响人类的绩效，但它很少单独起作用，这一点已经变得很明显。"宾德的六个盒子®模型可以作为讨论实践和研究的意义的框架。这个框架不仅使用户在在线课程中使用论坛，还能让用户看到更广泛领域的变量，这让在培训中使用论坛能更有效地带来所期望的行为改变。

六个盒子®模型

为了理解宾德六个盒子®模型的来源，我们需要先看看吉尔伯特的行为工程模型。在这个模型中，六个模块被分成两部分：环境和人。在环境的部分，有三种类型的行为影响因素：数据、工具和激励。在人的部分，三个模块分别被标记为知识、能力、动机。这个模型是根据斯金纳（Skinner）的行为模型和影响行为的变量构建的。尽管吉尔伯特的模型很强大，但在语言使用上经常让非专业人士感到困惑。宾德对语言进行了简化并经过了用户测试，直到他认为可以介绍给人们，并且人们几乎不会再犯任何分类的错误为止。第一部分，环境仍然被命名为环境。第二部分，人（Person）被更名为员工（Employee）。在环境的部分，数据被更名为期望和反馈，工具被更名为工具和资源，激励被更名为结果和激励。在员工部分，知识被更名为技能和知识，能力被更名为选择和配置，动机被更名为动机和偏好。这些术语使模型的语言简化了，以供从业人员使用。六个盒子®模型使人们能够理解和规划行为的影响，以优化结果。诸如期望、反馈、激励等对行为的影响，会驱动产生工作结果的行为，进而推动业务成果。据说，如果你管理好一至五号盒子，那么六号盒子就会自动运转。如果你没能管理好一至五号盒子，那么六号盒子就会成为一个长期的问题。

环境	（1）期望和反馈	（2）工具和资源	（3）结果和激励
员工	（4）技能和知识	（5）选择和配置	（6）动机和偏好

图5-2　宾德的六个盒子®模型

结论

今天，公司正努力使培训更具互动性、更易获得、更具合作性。在业务培训中使用论坛是很有价值的。论坛可以提供一种手段，使全体员工团结起来，朝着一个特定的方向努力，并使公司内部运作的情况一目了然。

虽然本案例讨论了两种不同的干预措施，以展示如何将论坛嵌入培训中，但重要的是要了解在实施变革管理的过程中存在哪些阻力或障碍。

学习正从个人的体验转变为个人和社会的体验。员工通过与同事、经理和导师分享经验来学习，通过跟随他人或看到他们分享的东西来学习。论坛有助于满足个人和社会需求。

关键术语和定义

异步讨论：参与者在不同的时间和/或地点独立进行的讨论。

协同学习：一群人通过分享知识和技能并以经验为基础共同学习的情况，有时也称社会学习。

交叉销售：琼斯公司中使用的术语，指销售来自所有知识中心的产品。既涉及产品线中的产品数量，也涉及产品在不同工业部门的应用。

论坛：进行讨论的在线平台。可以嵌在学习管理系统或电子邮件中。

在线课程：通过电子技术授课的课程。

在线学习：知识和技能借助电子技术（计算机和/或网络）实现迁移（参见基于网络的学习）。

知识中心：琼斯公司中使用的术语，表示公司的组织结构，以及那些在特定供应商及产品线方面很有经验的员工。公司里的其他人在知识有限时可向知识中心寻求销售支持。

学习管理系统：是一种用于计划、实施和评估学习过程的应用软件程序或基于网络的技术。典型的学习管理系统提供了创建内容、提供培训、提高学员参与度和评估学员学习的方法。

主题专家：通常是指在其领域/工作中的专家。设计培训的人会请一个主题专家来帮助他们开发培训内容。

基于网络的学习：基于网络的知识和技能的迁移。

问题

1. 为什么公司不把论坛作为培训设计的一部分？
2. 员工不愿意参加论坛的原因是什么？
3. 在业务培训中使用论坛的好处是什么？

第6章

评估成员在专业和学习网络中的价值

伊丽莎白·卡特

➡ **概要**

想象一下，有这样一个组织，每个员工／成员／学生都全身心地投入工作，充分发挥自己的潜力，提升个人和职业价值。这是如何发生的？是通过精心设计的能够使个人同时获得共同利益和达到目标的工具实现的。目标是提升个人技能，并达到个人和职业发展的新高度。本案例描述了一种以低成本驱动发展、绩效改进、投入和价值提升的非常有益的教育环境。

组织背景

该组织由这样一群人组成，他们有共同关心的话题或对某个话题充满热情，并通过不断地交流来加深在这一领域的知识和专长。这类团体被称为实践社群。常见的实践社群包括特别兴趣小组、专业协会、家长和教师协会、俱乐部等。企业环境中的例子包括员工网络、业务资源小组、多样性和包容性网络，以及学习社群。

实践社群的特征不同于作为团队运作的小组。温格（Wenger）等人将差异描述为三个基本元素的独特组合：定义了一系列问题的知识领域；一群关心这个领域的人；正在发展的有效的共享实践。沃特兰（Watland）、哈伦贝克（Hallenbeck）和凯西（Kesse）已经识别出了实践社群不是团队的原因：实践社群中成员关系持续的时间比团队长，成员是自愿的。只要有价值，成员就会持续互动。价值被定义为对收益和成果的认识，以有形或无形的方式提供改进，对组织和/或个人及个人环境与职业环境产生积极的影响。

实践社群是一个被新认可的解决方案，用于提高个人和/或组织的绩效。绩效可以是有形的，如财务状况或盈利能力，也可以是无形的，如信心或地位。当范·蒂姆（Van Tiem）、莫斯利（Moseley）和德辛格（Dessinger）在2012年更新了2000版的绩效改进技术模型时，他们添加了专业实践社群作为个人发展的解决方案。他们认识到，个人发展不仅发生在一对一的互动中，如辅导或引导，在同伴环境中的群体反馈也能促进个人成长和发展。

由于术语比较新，人们可能还没意识到组织中的小组或团队有可能是实践社群。为了帮助确定一个团体或团队是不是实践社群，组织可以比较成员加入的原因。实践社群的成员聚集在一起"分享他们的知识，参与创新思维活动，开发创造性的、有意义的方法来解决问题"。实践社群以多种方式为组织增加价值：帮助推动组织的战略方向，快速解决关键问题，转移最佳实践，发展专业技能，并帮助招募和留住人才。温格等人指出了个人加入实践社群的原因：扩展技能和专业知识，提高职业声誉，获得职业认同感，提高市场竞争力和就业能力。

人们通过社交和专业网络参与实践社群。表6-1提供了一些具有实践社群特征的团体的示例。初看起来人们可能无法确定这些团体到底是不是实践社群。

表6-1　具有实践社群特征的团体的示例

团　体	实践社群特征
专业协会团体，如行业协会、劳工团体、亲和力团体	代表成员与他人分享知识并建立联系，他们通常通过月度/季度例会、正式大型会议等聚集
社群团体，如55+团体、女童子军/男童子军、青年队、特定兴趣小组	成员加入是为了扩展关系网络、满足社交需求，并与志趣相投的人互动
宗教机构，如圣经研究小组	团体实行责任制，建立联系，促进社群发展，并提供激励
医疗支援小组，如药物支持团体、匿名戒酒会等	团体提供了一个场所来应对问题并成为社群的一部分，成员分享相同的担忧、症状或情况
教育者、学生和领域专家组成的小组	每个小组将探索社群参与学习的理论和实践，每个月开会讨论阅读材料、专题和挑战，并与社群合作伙伴一起拓展教学和研究的意义。项目和计划的多样性将促进丰富的对话与合作，并将为学员和社群合作伙伴带来重要且积极的收益
非营利性组织、社区成员和当地专家的合作社群	参与者有共同的义务：致力于改善公民的生活，并认识到更有效地利用数据和证据可以帮助他们实现目标

在更好地认识到大多数团体聚集的原因类似于实践社群的情况下，对社群的目的和价值进行重新评估可能是有益的活动。

这里用雷斯塔姆（化名）举例说明一下实践社群。雷斯塔姆是一个沟通和领导力发展的组织。它的成立是因为人们需要学习如何演讲、主持会议、制订计划和在协会中工作。自20世纪20年代早期成立以来，组织中的男性和女性成员已经遍布全世界140个国家，达到了350 000名，他们都希望获得"促进自我实现、增强领导力、增进理解并促进人类进步的重要技能"。

雷斯塔姆是一个为个人发展而组织的专业实践社群。作为一个实践社群，其通过社会参与促进学习，成员加入学习并结识其他专业人士，提高自己的能力，最终帮助沟通及实践其对社群的核心意义。这个组织的成员每月至少以社群（俱乐部）的形式聚会一次，以提高演讲能力和领导力，为未来做好准备。雷斯塔姆计划是一种结构化的计划，它遵循你自己的节奏，这在个人发展中创造了灵活性，"由个人承担自己的成功或失败"。每年的会费不到100美元。低费用加上同伴学习的环境使之成为一个低投资且具备巨大潜在回报的个人发展解决方案。

2017—2018年的统计数据不错，但离非常好还有一段距离；成员增长率不到2%，每年的留存率在50%徘徊，平均年龄是X一代（虽然近年来对千禧一代进行了有针对性的吸收和招募），成员加入的最主要原因是改善沟通、增强信心、获得专业发展。

与温格等人定义的实践社群相比，雷斯塔姆适合作为案例研究的原因如图6-1所示。

- 专业实践社群
  - 分享：通过演讲
  - 热情：为个人成长
  - 深化：沟通与领导力知识
  - 互动：每个月一次、两次或更多次
  - 持续进行：只要需要
- 为什么属于实践社群
  √ 拓展技能与专长
  √ 提高专业声誉
  √ 提高市场竞争力和就业能力
  √ 专业认同感

图6-1 雷斯塔姆适合作为案例研究的原因

实践社群定义中的关键词符合雷斯塔姆的结构。成员加入该组织是为了提高沟通和领导力技能，以最终实现这些结果。

奠定基础

实践社群被用来提高工作和个人生活的质量。向有远见的成员描述收益和成果，有助于"推销"某个特定的团体或组织，回答成员"为什么"应该加入及期望"什么"。"为什么"通常是发展的一个术语，如为了学习或扩展一项技能，解决一个问题，提高市场竞争力或扩展人际网络。"什么"应该提供成员为实现其目的需要做什么的期望，例如，参加会议，准备做贡献，向同行提供反馈。个人的价值来自提供的利益是否与他们的需求和结果相符。

温格等人描述了使用实践社群作为组织改进业务结果的短期价值，例如，它是解决问题的场所，能改进决策质量、缩短时间和降低成本，以及提高承担风险的能力。对组织的长期价值包括发展组织能力，执行战略计划，提高人才保留率，提供针对业内其他组织进行"标杆分析"的论坛，以及提高利用新兴市场机会的能力。表6-2提供了实践社群对组织和社群成员的短期和长期价值示例。

表6-2 实践社群对组织和社群成员的短期和长期价值示例

受益者	短期价值	长期价值
组织	• 改善业务结果 • 提高声誉，增加信任，更好的商业结果和创新	• 发展组织能力 • 提高人才保留率 • 提供针对业内其他组织进行"标杆分析"的论坛 • 提高利用新兴市场机会的能力
社群成员	• 增加工作经验 • 获得与同事共处的乐趣及归属感	• 促进专业发展 • 保持学科领先地位，提高专业声誉 • 获得对自己专业知识的信心

为了获得上述的价值指标，需要有证据来支持价值描述。这是通过描述组织或成员展示的成果来完成的。确定成果的最佳方式是通过有形收益，也就是我们可以量化、触摸或看到的收益。

文献提供的信息包括组织的有形成果、个人的有形成果，以及个人的无形成果。成果示例如表6-3所示。

表6-3 参与实践社群的有形成果和无形成果示例

受益者	有形成果	无形成果
组织	• 施耐德电气的销售营业额以每年20%的速度增长 • 斯巴鲁车主忠诚度指数+和忠诚度指数分别增加了6.1%和10.8% • LPL Financial增加了新客户推荐和渠道引流（产生收入），并改进了供应商培训计划，从而为公司节省了成本	• 施耐德电气社群成员获得了同行的认可 • 惠普创建了新的服务目录、经验教训兴趣小组、内部支持小组
社群成员	• 93%的学员不间断地完成了所有课程，75%以寻找新工作为目标的学员成功地找到了新工作	• 参与度与个人绩效提高 • 信心和信誉提升 • 动机改变

基于文献中的发现，本案例研究试图发现成员加入实践社群的原因、获得的

收益和成果，并回答以下问题：专业实践社群的成员如何描述他们参与雷斯塔姆计划的感知价值？研究的参与者包括两组。

成员推荐：36名成员曾接受过雷斯塔姆的员工访谈，并在网站上分享。

成员访谈：来自美国西部某俱乐部的13位高级俱乐部会员。雷斯塔姆高级成员被定义为已经（至少）完成了计划中第一个指示。这些成员已经对计划做出承诺，并且大多数在项目中取得了更大的进步。

案例描述

在伊丽莎白·卡特的案例研究中，她为了理解实践社群成员如何描述价值，利用上述两组信息来回答这些问题，在社群中：

1. 当成员加入一个专业实践社群时，他们的期望是什么？
2. 成员在参与专业实践社群中获得了哪些收益？
3. 成员在参与专业实践社群中获得了哪些成果？
4. 成员在参与专业实践社群的过程中对感知价值的收益和成果的贡献分别是什么？

本案例研究采用了范·蒂姆、莫斯利和德辛格定义的理论框架——绩效改进/HPT模型和吉尔伯特的行为工程模型。

图6-2以思维导图的形式提供了问题的可视化表述。

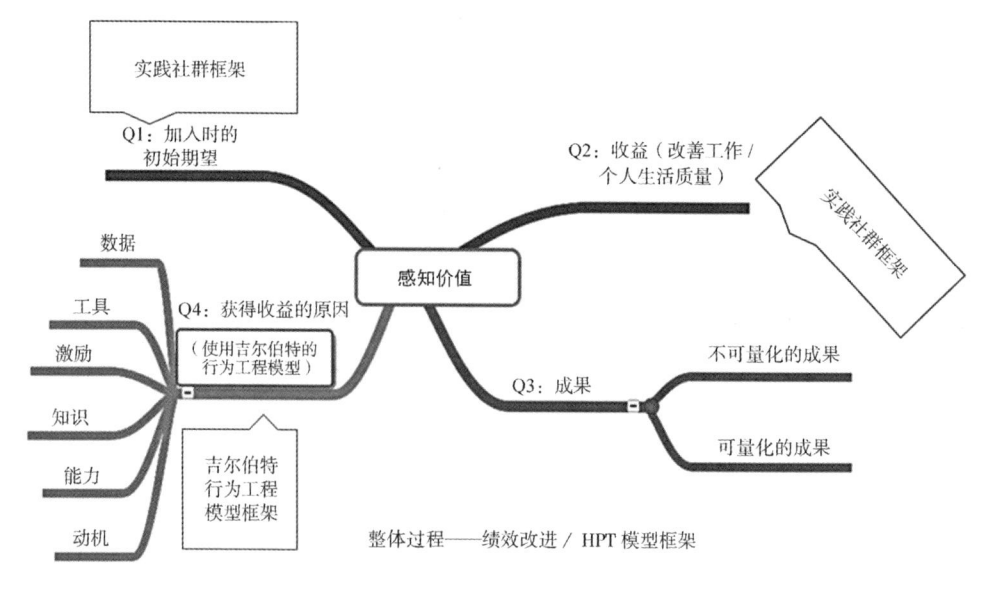

图6-2 思维导图

范·蒂姆等开发的绩效改进/HPT模型是培训和绩效改进专业领域的开创性工具。绩效改进/HPT模型是"改善工作场所绩效的诊断和战略工具"。该模型是在绩效改进先驱托马斯·吉尔伯特、乔·哈利斯（Joe Harless）、罗伯特·梅格（Robert Mager）和吉尔里·拉姆勒（Geary Rummler）之后开发的众多模型之一。模型的各个阶段为：绩效分析、干预措施选择、干预措施设计与开发、干预措施实施、维护和评估。绩效改进/HPT模型的绩效分析阶段的原因分析旨在确定绩效差距存在的原因，有几种方法可以用于这种分析，但大多数模型都认为，绩效问题是缺乏知识、技能、培训或管理的结果。在确定差距之后，结论包括确定和建议一种或多种干预措施。干预措施是一种"有意的、有意识的行为，有助于改进绩效"。这些干预措施可能针对组织、团队或个人。范·蒂姆等人指出，干预措施应该"根据结果或成果、影响、价值、成本和对组织的利益来选择"。实践社群是一种用于增长知识或提高技能的干预措施。

托马斯·吉尔伯特以其行为工程模型而闻名。这个模型提供了发现绩效问题（也称缺陷）原因的流程。吉尔伯特指出，问题可能由个人行为（人的因素）、支持个人行为的环境（环境因素）或两者共同造成。这种理论的结合也被称为管理定理，因为不管缺陷在哪里，"最终的原因都将在管理系统的缺陷中找到"。该模型揭示了六个方面的不足：数据、工具和激励（环境因素），以及知识、能力和动机（人的因素）。这六个维度让绩效改进从业人员可以使用这些分类来组织收集数据并在访谈和焦点小组中引导讨论。虽然行为工程模型通常用于发现绩效问题，但本案例研究采用了一种新颖的、反向的方法，并试图找到改进绩效的因素。文献综述提供了每个行为类别中的缺陷主题。在本案例研究中，这些主题塑造了反向的活动，这些活动针对指导性访谈问题的主题——与实践社群成员认为提供了价值的项目相关的——进行了分类。社群数据收集包括面谈，以面对面的方式收集丰富的数据，以及记录社群成员在该组织网站上以文本形式发表的评论。通过收集所有反馈信息并对数据进行分类来完成数据分析。

在面对面访谈中，前两个问题是成员加入时的最初期望及实现这些期望所需的时间。发展社群成员的关键因素是他们加入社群时的期望。如果社群营销不准确，那么用户留存率和好评率就会很低。每个人在其头脑中都有一个解决问题或加深知识的时间表。人们越来越注重速度，学习从"缓慢而稳定"转变为"现在就想要"。

样本组成员加入社群时，期望可分为基础和高级两类，区别在于成员在加入前的知识或专业水平。表6-4显示了期望级别、总体分类和详细分类，以及参与者共享的一些评论示例。

表6-4　加入实践社群时的期望类别

期望级别	总体分类	详细分类	关键字／评论
基础	获得舒适感	• 获得更多的信心 • 克服恐惧	• 安全的分享场所 • 无评判区域 • 讨论特定话题时获得舒适感 • 提高英语水平
高级	绩效改进	• 提高技能 • 促进事业和生活的转变 • 提升领导力	• 获得新领域的实践经验 • 扩展人际网络 • 走出舒适区

回到绩效改进／HPT模型，绩效分析阶段是对组织及其环境、绩效差距和原因进行分析的过程。分析中发现的原因可以分为两大类：环境因素和人的因素。这项研究关注的是个人的差距，因为它与沟通和领导力的技能有关。当雷斯塔姆成员被问及加入的原因时，他们的回答基于自我识别的差距（人的因素），或者与他人行为（环境因素）相比的差距。与这些类别一致的参与者的一些反应如表6-5所示。

表6-5　参与者加入雷斯塔姆的原因

类　别	原　因
环境	"同事们鼓励我加入" "同事们都有很强的表达能力，看起来很自信"
人	"站在观众面前，我被吓坏了" "我害怕在团队面前做演讲" "能够在一群人面前讲话而不出汗、不口吃、不颤抖、不脸红" "克服害羞"

同样，调查参与者的回答也可以与温格等人的实践社群元素进行匹配。表6-6显示了这些信息。

表6-6 温格等人的实践社群元素与参与者加入雷斯塔姆的原因进行比较

实践社群元素	参与者加入雷斯塔姆的原因
能够扩展技能和专业知识	"提高英语写作和口语能力" "培养沟通和写作技能" "培养领导力" "获得社交媒体技能的经验"
提高职业声誉的方法	"变得更有魅力"
获得职业认同感的地方	"充满创造力的场所"
能够提高市场竞争力和就业能力	"成为一名激励演说家" "实现未来的愿望" "在面试中表现得更好"

虽然成员加入是出于特定的原因，但他们的经验让加入社群的益处得以呈现出来。针对加入实践社群所获得益处的回答数量是加入原因回答数量的两倍。所有回答都围绕改进绩效这个主题。正如参与者描述的多重益处，超过一半的人表示他们最初的期望得到了满足，他们会继续参与并回馈他人。表6-7显示了加入实践社群的原因和益处。

表6-7 加入实践社群的原因和益处

类型	原因	益处	关键字／评论
基本	获得更多的自信 克服恐惧	自信	简洁地沟通想法 帮助自我
高级	提高技能 职业／生活转型 领导力	提高现有技能 可转移的业务和领导技能	批判性思维 问题解决 商业敏锐度 授权
其他		人际关系	新朋友 加强现有的个人和职业关系

为了确定价值，第三个研究子问题旨在发现成员是否能够清晰地表达具体的、可量化的成果。成员描述了他们认为是成果的情况和变化，但只有43%的回答提供了可量化的成果（见表6-8）。

表6-8 由于加入实践社群而获得的成果

总体分类	详细分类	关键字／评论
可量化的	职业转变 晋升 有偿的机会 认可	部门／角色／行业转变 薪水增加的新工作 创业 关于经历的演讲／写作 完成实践社群主办的项目可获得的奖金
不可量化的	认可 志愿者的机会	非物质奖励 赞美 利用新技能 主持活动 关于经历的演讲／写作 指导别人

当被要求提供可量化的成果时，一些成员感到他们的经历还没有达到这一点。也有一些例子，例如，虽然没有加薪，但得到了升迁。一些成员对他们的不可量化的成果感到满意，而另一些成员则认为他们获得的成果与他们在实践社群中的参与没有关系。

当成员加入实践社群时，他们希望缩小个人和／或职业差距。除了与其他有相似需求和兴趣的人互动，社群提供的项目还应该推动增长和改进绩效。虽然对于实践社群是不是成员生活质量提高的原因可能存在争议，但有足够多的评论证实了雷斯塔姆项目确实有助于缩小绩效差距。表6-9列出了绩效差距、知识／技能的变化及影响／价值。

表6-9 绩效差距、知识／技能的变化及影响／价值

绩效差距	知识／技能的变化	影响／价值
"领导力技能"	"更擅长管理会议" "有领导团队的经验"	升职
"变得更好、更优雅"	"可以做即兴演讲"	"成为一个更优秀的员工、家庭成员、社群倡导者"
"变得不那么紧张"	"把我的声音表现得更好、更富于变化" "多做眼神交流"	"多做志愿者，多督促自己，多参与项目" "从幕后走向台前"

续表

绩效差距	知识／技能的变化	影响／价值
"发表原创演讲的想法令我感到恐惧"	"我的态度完全变了，我变得更积极、更自信了"	"我不再拒绝演讲机会，我甚至寻找演讲机会"
"提高我的口头交流能力并测试我的写作能力"	"它教会了我如何写作，让别人听到而不是读到"	"我现在开设工作坊，教授各种技能" "我升职了，调到别的部门做培训师"

参与者被要求描述在获得的成果中最有影响力的实践社群项目的组成部分。表6-10显示了作为成员给出的评论。这些评论被分类并与吉尔伯特的六个影响因素（数据、工具、激励、知识、能力和动机）保持一致。此表显示了分组评论的标签，而不是影响因素的标签，因为这些术语与社群更相关。

表6-10 吉尔伯特的行为工程模型中成员的成果和感知价值

影响因素	维度	成员／评论
环境因素	与他人互动	• 从同事那里获得积极和建设性的反馈 • 通过实操学习最佳实践 • 成为热情、有爱心的人
	资源	• 提供手册——当情况发生时，提供了很好的参考资料 • 面对面的培训 • 特殊项目 • 领导能力 • 技术能力 • 支持环境 • 会议结构 • 时间管理
人的因素	知识网络	• 正式和非正式导师的使用
	安全感	• 参与社群环境之外的活动 • 有安全感，可以自由分享
	激励	• 态度——挑战自己，走出舒适区 • 被其他成员激励 • 不断尝试和重复

这项研究的结论使人们认识到，对于成员如何定义价值的问题并没有一个明确的答案。研究结果产生了三个主要的主题。第一个主题是，"感知价值"这一术语对每个成员来说都是非常个人化的。成员能够评估自己的参与，因为这与他的绩效改进有关（49名参与者中有41%的人能够表达出100多个成果）。第二个主题是，导致价值增加和个人改进的参与动机是不可量化的因素，如认可和外部机会，以及超出他们最初预期的益处。有人认为有形的、可量化的度量标准非常重要，但其他人可能不那么认为。最后一个主题是，尽管实践社群提供了许多很好的工具、项目、导师、机会和活动，但成员仍然不会把他们的进步归功于他们在社群中的参与。他们会把自己的才干、技能、人际关系和/或任职放在社群之前，作为自己成功的贡献因素。

组织目前面临的挑战

虽然本案例研究提供了加入实践社群的益处和成果，但在维持这种学习干预的作用和向前发展方面存在挑战。许多实践社群面临的主要挑战是，提供满足所有需求并让所有成员参与的工具和程序的欠缺。造成这一现象的原因有很多。

第一是社群成员的多样性。因为社群的每个成员在他们生活/职业的不同阶段加入，所以加入时其拥有的技能可能是不同的。这可能在成员之间造成不平衡。有些人可能觉得新成员和终身成员之间存在某种竞争。温格等人指出，一些成熟的社群将新成员视为交互模式的破坏者；新成员会"威胁到使社群具有吸引力的亲密感和认同感"。其他成员可能因为某些原因而被排斥在社群之外；这不仅减少了被排斥成员的机会和知识创造，也减少了所有成员的机会和知识创造。如果工具过于先进，有基本需求的成员可能无法跟上进度，而经验丰富的成员会对入门的工具感到厌倦。就像健身课程一样，团队应该将时间和精力分开，以分别支持每个类别的成员。

第二是距离。面对面的社群互动是最理想的，但在许多情况下不现实。虽然科技使得无论在哪里交流都变得更加容易，但在一些社群中，地理上的分散让许多成员感觉与他人隔绝了。时区差异减慢了响应时间。

第三是实践社群的声誉。成员加入社群都有其特定的原因。社群进步和发展的程度可以吸引寻求专业和质量的成员加入。如果社群看起来没有精心组织，没有强大的愿景、使命或目标，那么社群可能错过吸引能为学习环境增加价值的成员加入的机会。其他个人可能正在从成员那里寻求与社群的声誉、资质等有关的信息。如果社群不为人所知，同样也不会吸引有价值的成员。罗伯茨

（Roberts）指出，在一些组织中，"社群"一词并不总是被接受。社群在社会语境中的消亡，对于在商业环境中采用社群类型的组织结构并不是一个好兆头。

第四是信任。如果没有信任，实践社群的成员可能不愿意分享知识。在社群成员中发展起来的相互信任、熟悉和理解是隐性知识成功迁移的先决条件。

解决方案和建议

实践社群是具有共同兴趣的个人学习和成长的一种协作方式，有证据表明，社群对公司和个人都有益处，并能带来积极的成果。创建社群并非没有挑战。要经过深思熟虑，创造一个积极的和参与性的环境，消除以上障碍，可以通过下列方法实现：

- 留出时间进行社群发展、规范化和建立信任。
- 激发团队的责任感，确保新成员参与活动。
- 更多地关注"实践"而不是"社群"。
- 延长工作日或选择适合所有成员的时间。
- 创造组织或关系上的亲近感，这比地理上的接近更加重要。
- 对于具有多个实践社群的公司——实践目标相似，但运作方式不同——可以合并社群，或者更详细地描述它们之间的差异，或者举行联合会议。

当然，最好的解决方案来自成员的反馈。除了利用本章末尾的练习来重新创建案例研究，以评估社群、网络或协会的价值和挑战，卡特还分享了一些收集、细分和分析数据的其他建议。

- 根据人口统计数据审查结果，以确定在某些群体中是否存在更为普遍的特定需求。
- 注意社群成员的有效期；经验较少的成员可能还没有得到他们想要的结果。
- 选择一些成员，并通过基于时间的实验研究跟踪他们的社群"旅程"。使用技术，通过视频、博客或播客分享进展容易得多。这些生动的推荐有助于向外界推销社群，并激励新成员。
- 让成员的和非成员同伴描述成员的进步。通常情况下，局外人可以分享自己没有发现的观察结果。
- 如果需要货币价值，可以计算投资回报率。除了会员会费这个已知成本，无形成本和收益必须量化，以获得完整的回报率。成员可能被要求明确量化他们所获得每项收益（信息增强、技能迁移、认可等）的价值，描述项目中花费了多少时间（准备和参加会议，指导别人等），然后加上支付会费的年数，以计算投资或参与的回报。

> **关键术语和定义**
>
> **收益**：薪酬计划的非现金部分，旨在改善组织员工的工作和个人生活质量。在本研究中，收益涉及工作和个人生活质量的改善。
>
> **个人原因**：（也被定义为个人因素）个人特征或"一个人的技能、知识，以及做被期望事情的能力、愿望和动机"。
>
> **无形收益**：难以衡量的软性收益，如情感和内在感觉、士气、满意度、人际关系的改善。
>
> **成果**：某个过程带来的结果。
>
> **感知价值**：范·蒂姆等人的感知价值定义是"对积极影响客户、客户的客户和世界环境的结果和成果的认知"。在本案例研究中，定义被修改为对积极影响个人及其职业环境的结果和收益的认知。
>
> **绩效缺陷**：阻碍个人工作或发挥其最大潜力或实现其最大成就的问题。
>
> **有形收益**：对组织的盈亏或个人钱包、净资产近似或真实价值产生影响。有形物品有近似的或真实的价值，但有一个问题，即价值是否与金钱或其他的衡量标准有关。

问题

1. 为什么实践社群是提高绩效的可行选择？
2. 为什么很难对成员从参与中获得的价值做出明确的回应？
3. 还有什么其他挑战阻止成员加入实践社群？
4. 还有哪些其他类型的团体可以被视为实践社群？为什么？

练习：评估你的专业或学习网络

你的组织如何利用实践社群来增加价值？回答这些实际应用问题，为社群成员和组织识别、诊断和改进结果。

实际应用问题1：你的小组是实践社群吗？

你的小组是否表现出实践社群的特质？通过回答这些问题来检查：

1. 小组成员是否有共同的关注点或话题？
2. 小组成员对某个话题或机会有热情吗？
3. 小组成员是否希望提高他们的专业技能？
4. 小组成员是否愿意每月见面一次、两次或更多，以建立关系？

5. 小组是否承诺在不确定的时间内继续开会，并在现有成员实现其个人和职业目标时继续引入新成员？

如果你对所有这些问题的回答都是肯定的，那么你的小组就是一个实践社群。如果你对很多问题的回答是"否"，那么你的小组可能就是一个团队，应该被当作一个团队来对待。

实际应用问题2：你的成员的期望、收益和成果是什么？

你满足成员的需求了吗？通过回答这些问题来检查：

1. 当你的成员加入时，他们期望什么？
2. 你大力宣传的收益是什么？你多久对成员进行一次调查，看看收益是否符合预期？
3. 有多少成员承认他们得到的比他们预期的多？
4. 成员知道收益和成果之间的区别吗？他们能清楚地表达出有形的、可量化的成果吗？
5. 奖金的问题。基于到目前为止的收益实现，成员的进展比他预期的更快还是更慢？

如果你最近还没有从你的成员那里征求反馈，现在是时候这样做了。快速的问卷调查可以提供大量的信息。

实际应用问题3：获得成果和感知价值的原因有哪些？

在你的社群实践项目中，成员喜欢和讨厌哪些部分？通过回答这些问题来检查：

1. 这个项目的优势是什么？有哪些不足？
2. 成员是从资源和互动中发现更多的价值，还是从他们自己的内在激励中发现更多的价值？
3. 成员是否能够清楚地表达他们所获得的成果，并将其与项目的一个特定部分（或多个部分）相联系？
4. 成员向朋友推荐实践社群的可能性有多大？（净推荐者得分——非常流行的成员满意度测量指标）

这些答案也可以通过调查收集。虽然本章没有提供统计数据，但是，本案例研究和文献研究发现，59%以上的贡献来自环境支持（见表6-11）。这个比例并不意味着成员的成功完全依赖于社群管理人员和项目经理。成员仍然需要有某种动力和决心并积极参与（见表6-12）。

表6-11 将文献中的例子映射到吉尔伯特行为工程模型的环境维度

影响因素	维　度	吉尔伯特的标准	文献中的例子
环境	信息：数据	关于绩效描述充分性的相关和频繁的反馈，以及对绩效预期的清晰和相关的指导，以保证适当的绩效	典型绩效指引 普通绩效标准 如何给予即时和频繁的反馈 沟通技巧 提供清晰的方向 沟通做出的贡献如何影响公司
	资源：工具	根据人体的特点，经过科学设计的工具和材料	简化流程的工具 工作指南／时间管理的工作辅助 管理设备／用品 需与能力相匹配的工具 科技 职业培训 工作条件 已定义的流程和程序 工作环境
	动机：激励	基于绩效的适当的物质激励 非物质奖励 职业发展机会	奖励流程 晋升：向上或平级晋升 货币或非货币 奖金、加薪、奖励 表扬、职业发展、晋升和认可 行动和激励之间需要有直接的联系

表6-12 将文献中的例子映射到吉尔伯特行为工程模型的人维度

影响因素	维　　度	吉尔伯特的标准	文献中的例子
人	信息：知识	系统地设计培训，符合典型绩效的要求	入职 培训 指导／教练 组织结构 工作辅助 程序
	工具：能力	灵活的绩效安排，以匹配峰值的能力要求 假肢 身体塑形 适应 选拔	行为 视觉支持 工作站 情绪和心理能力 个人素质和社会技能 安全性
	动机：动机	评估人们的工作动机 招聘人员要符合实际情况	如何激励 允许灵活的时间安排 渴望得到奖励 利益满足 态度

第7章

通过辅导和领导力发展项目促进性别平等

辛西娅·西姆斯
安吉拉·卡特
阿雷利斯·摩尔·德·佩拉尔塔
阿琳娜·霍夫洛娃
斯蒂芬·布朗三世

概要

东南大学的新校长和教务长认识到女性和少数族裔教师的高流失率，因此实施了一项教师辅导和领导力发展项目，以促进美国大型高等教育机构中的性别平等。共有28名终身教职员工参加了这个为期9个月的项目，其中60%是女性。我们将该项目设计为一项组织变革干预措施，因此，这个教师辅导和领导力发展项目使用了HPT、逻辑模型和柯氏四级评估来进行设计和评估。该混合研究方法包括调查前和调查后（T1, $n = 26$; T2, $n = 14$），通过对参与者访谈，确定其参与的满意度和获得的知识，并评估其行为变化（$n=18$）。结果表明，HPT、逻辑模型和柯氏四级评估对设计和评估该项目是有用的。

第7章 通过辅导和领导力发展项目促进性别平等

组织背景

在美国，女性在高等教育领导岗位上的比例偏低。尽管大多数大学生是女性，并且越来越多的女性在职业生涯中取得了成功，但领导岗位上的女性比例在下降。这种管漏现象反映在普通高等教育机构中，特别是在科学、技术、工程和数学学科中。为了扭转这一趋势，美国国家科学基金会与高等教育机构合作，提高女性在科学、技术、工程等领域的代表性和地位，从而发展更多样化的科学和工程人才队伍。

这些性别平等的挑战在东南大学（化名）——一所能够授予博士学位的美国大学（按卡耐基高校分类标准，东南大学被列为R1类，可提供最高级的研究活动）——显而易见。2016年，大约有18 600名本科生和4 500名研究生入学于东南大学7所学院和40个系，其中21个系在科学、技术、工程和数学领域。当时，东南大学大约有1 237名教学人员，女性只占35%。女性在非科学、技术、工程和数学领域占38%，在科学、技术、工程和数学领域占仅19%。在212名没有教职等级的执行、行政和管理级别的高校员工中，女性占40%；教授级的女性共58人，占22%；在262个正式的大学领导角色中，女性占37%。2016年，在科学、技术、工程和数学系中，女性仅担任了2个常任主席／主任职位（9%），在包括科学、技术、工程和数学系的3所学院中，只有一位女性成了院长／助理院长（10%）。这些职位都不是由少数族裔身份的女性担任的。尽管大学被认为是领先的科学、技术、工程和数学教育机构，但在100多个大学研究中心和30个研究所中，只有6个由女性领导（4%），没有一个是少数族裔的女性。

在这10年中，新任校长和教务长加入了大学，然后与利益相关者——学生、教员、职员、大学理事和政府一同协作，构想大学的新愿景，支持包括对政策变化、程序创新、创建公平待遇及改进全体教职员工支持率的项目的需求。在对大学的历史、文化和环境进行了彻底的研究后，我们发现存在阻碍女性教师招聘、晋升和留存的障碍。报告指出，女性教师，特别是少数族裔女性教师被孤立，存在缺乏人际网络、教练、引导和赞助等问题。根据调查，在辅导和领导力发展方面，该大学在所有高等教育机构中一直处于最低的30%的位置。此外，女性教师在主席、主任、助理院长或院长等领导职位上的比例很低，尤其是在科学、技术、工程和数学领域，而且没有少数族裔女性担任这些职位。为了解决这些问题，东南大学申请并获得了联邦政府资助的款项和指定用途的大学资金，"以建立提高女性在学校领导角色中的代表性的渠道机制，培养致力于提高女性学者地位的领导者"。为了实现这一目标，学校启动了几个项目，本案例的重点是通过辅导和领导力发展项目来促进性别平等。

性别平等

由于这是一项性别平等倡议，因此我们首先对性别平等进行简要描述，其中包括平等和公平。平等确保男女"同工同酬、享有平等机会……"平等植根于法律，致力于创造一个公平的竞争环境。然而，平等不同于公平。公平，就是按照人们各自的需要来对待他们。"公平可能包括相同待遇或不同的待遇，但在权利、利益、义务和机会方面被认为是等同的。"许多工作实践，包括高等教育中的实践，都基于错误的观念——员工只专注于工作，没有家庭责任、社会责任或管理责任。性别平等纠正了这种错误观点，在这个人类绩效案例研究中，性别平等指的是确保女性教师获得辅导机会。

有两种理论有助于解释性别平等。第一，制度主义，是被动的、向后的思维。制度主义描述了为什么组织发现自己需要解决性别平等问题。第二，制度公民权，是一种积极的前瞻性思维，它注重公平，寻求公民的充分参与。我们将从制度主义理论开始，林肯（Lincoln）将其定义为"使社会结构和过程本身获得意义和稳定性，而不是作为实现特定目标的工具"。制度主义理论表明，高等教育机构的发展和组织是为了支持个人及其所处环境——迎合教授中的男性的系统设计。随着时间的推移，尽管当代证据表明这些传统实际上是性别化的，但学院的"结构、理论和仪式"却长期存在并被认为是中立和合法的。性别平等是对学术文化中发现的制度主义语境的回应。

斯特拉姆（Strum）提出了性别平等的补充理论框架——制度公民权，并使用了性别平等的"积极效价"：

包含充分参与、共同责任和共享利益等概念。它涉及创造条件，使各种族、性别和背景的人都能发挥自己的能力并充分参与社会活动。

制度主义和制度公民权的理论被用来解释ADVANCE项目中的性别平等。总之，这些理论增加了我们在实践中对性别平等的理解。性别平等可能是为了应对制度主义的结果——根深蒂固的系统构件已不能再满足学院成员、公民和机构的多样化需求，这为学院多员化的成员及服务的学生、组织和社区提供了一个积极的愿景。

导师制

导师制是"一个专业的工作联盟，联盟中的个体长期共同努力，以支持个人和职业的成长、发展和成功，并为关系伙伴提供职业和社会心理支持"。当导师提供知识、职业和社会心理支持时，导师与学员分享职业理想，学员尝试理解导师的"态度和价值观"。当学员尝试不同的职业身份时，他们的能力会得到扩展，对自己的看法也会改变。经过辅导后，在学员眼中，导师的意义会改变，学员通常开始将自己看作导师。因此，导师是角色榜样，而辅导学员的活动成为身份工作。当导师被视为角色榜样时，学员将从更大的自信、自我效能感和工作绩效中获益。导师制对导师的好处是提高认可度、工作绩效、工作满意度和领导力技能。在高等教育中，导师制是女性重要的职业发展战略，而缺乏导师制则被视为障碍。事实上，有导师的女性比没有导师的女性有更好的职业发展前景。

帮助女性获得领导地位的一种方法是为她们配备导师，另一种方法是让女性参加领导力培训项目。通常，正是通过这些正式的项目，那些对领导职位感兴趣的教师才能获得下一个职位所需的培训。这些针对女性的项目的风险在于，领导力发展项目只是试图"给女性提供装备"，而不是挑战继续边缘化和排斥女性的性别结构。如果做得正确的话，促进性别平等的领导力发展项目应结合人力资源开发方法，"提高期望值、发展技能和能力、获得导师和教练，并提供灵活的工作环境……"，从而改善整个组织。

案例概要及目的

本案例强调了一项组织变革的新方案，计划、资助和实施该方案的目的是在东南大学所有学院和院系（包括科学、技术、工程和数学领域）中增加女性领导者岗位。本案例中提到的教师辅导和领导力发展项目是在这所大学实施的制度改革的几项先进举措之一。

对于如何建立和评估促进性别平等的辅导和领导力发展项目的指导是有限的。由于该项目是组织变革新的干预方案，因此有必要采用系统的方法。我们使用HPT框架来设计和评估该项目。HPT已被证明对教育项目评估是有用的。为了确保组织变革新方案的战略计划被记录并被同意，我们需要准备一个逻辑模型。逻辑模型描述了项目输入、输出和结果之间的关系，也描述了预期结果和实现这些结果所需的资源。逻辑模型也被用来指导项目的评估工作。我们在HPT框架和逻辑模型中加入了柯氏四级评估模型。关于HPT框架、逻辑模型和柯氏四级评估模型的更多信息将在案例的后面介绍。

本案例适合那些寻求在学术环境中计划、设计、实施和评估促进性别平等的辅导和领导力发展项目指引的人。这也是为那些对如何增加导师角色的多样性、数量和提高技能感兴趣的人准备的。本案例关注的是一所大学的项目，在小组层面上分析，是对项目第一年计划和实施情况的总结。

针对案例的研究问题和活动进行指导

- 你将采取什么方法来开发促进性别平等的辅导和领导力发展项目？
- 应该包括什么类型的辅导？为什么？
- 你将如何构建该项目的辅导部分，以支持个人的成长？
- 你如何通过项目促进领导力发展？
- 如果让学员为他们所在学院和／或院系设计辅导和领导力发展项目，你会采取什么不同的做法？
- 你如何确定辅导在个人、项目和组织层面是否成功？
- 我们如何评估项目是否促进了组织层面的性别平等？

奠定基础

密涅瓦·星格平（化名）是一名人力资源开发教师，她拥有组织领导学博士学位。她接受了学校ADVANCE项目执行委员会的邀请，领导促进性别平等的辅导和领导力发展项目的规划、设计、开发和实施。虽然密涅瓦在行业领域有多年的专业开发经验，包括管理、领导力和辅导项目开发，但她在学术界和大学还是个新手。她用一年的时间来制订计划，该计划得到了大学ADVANCE项目执行委员会和国家科学基金会外部审查委员会的批准。为了深入了解美国其他获得高级别资助的高等教育机构在辅导和领导力发展方面取得了哪些成效，密涅瓦首先回顾了相关文献，以了解更多关于辅导和领导力发展项目的总体情况，特别是与促进高等教育中的性别平等有关的项目。

辅导和领导力发展项目旨在满足个人与组织的需求。如果是有目的和结构化的辅导，则会更成功。辅导还能提高参与者的互动和人际关系能力。这包括为个人提供如何辅导他人的必要知识、技能和鼓励。培训可能包括描述导师的角色、辅导阶段、如何设定期望、辅导应该做和不应该做的事情，以及对辅导会议的后勤支持。

密涅瓦博士在查阅相关文献及与该校ADVANCE项目执行委员会的会议中发现，学校现有各种正式和非正式的辅导项目。组织实施正式的辅导项目，以进一步实现入职培训和员工发展等具体目标，并可能在学术方面提高研究效率和促进发展。通常，正式的辅导项目会安排导师和学员配对，并基于正式的期望、会议频率、时间表和资源来组织导师与学员的互动。辅导还支持领导者和领导力的发展，它被认为是职业成功的关键。非正式或临时辅导是指导师和学员自主选择，并在正式结构之外建立辅导关系。非正式的关系会根据双方的需要而改变。

此外，还有几种不同的辅导形式，包括小组辅导、同伴辅导、网络辅导和分级辅导等。每种辅导形式都有优缺点。例如，在小组辅导中（一个或多个导师与多个学员互动），学员可以从观察同伴和导师之间的互动中获益。这种互动"可以促进学习、反馈和支持"。同伴辅导或近似同伴辅导（地位相同或相似的个体互相辅导）可以两人一组或组成更大的小组进行，这些人可以称为一个"圈子"。这些单独的分组可以按照议程、基本规则和被专业人员或同行导师推动的小组流程构建。同伴辅导的优势在于，它可以减少孤立感，同时提供社群和相互支持。同伴可以更自由地表达自己，因为他们不太关心是否需要给那些担任监督或评估角色的人留下深刻的印象。此外，个体无需组织干预即可维持同伴辅导。缺点是，同伴可能不像担任领导角色的人那样有丰富的经验和获取资源的途径。

在网络辅导形式中，学员负责创建自己的辅导网，其中包括导师、榜样、责任伙伴、潜在赞助者，以及那些能够提供情感支持和社群支持的人。网络辅导要求教师确定其独特的个人发展需求，并建立辅导网。网络辅导形式的优点在于它可以根据学员的需要进行放大和缩小；缺点在于创建和维护这个网络的责任完全取决于学员自己。

分级辅导，最后一种辅导形式，向教师引荐大学专家，由他们描述如何支持和加强教师的研究、教学和服务职责。这些引荐可以让教师接触到专业领域的专家，教师可以根据需要与他们进行后续交流。分级也指学员当前的能力与他们在他人帮助下高效、有效地完成事情的能力之间的差距。分级辅导的优点是，学员不必聘请专家，组织帮助他们聘请，并且学员能够选择与他们及其需求产生共鸣的导师。缺点是学员要自己选择合适的导师，建立和维护辅导网。在网络辅导和分级辅导中，参与者需要具有自我意识，并且有足够的能力来确定自己的需求，以及他们应该与谁合作来实现这些需求。新手可能没有关键的洞察力来构建网络以实现自己的期望。

像大多数事物一样，没有放之四海而皆准的辅导形式。不同的辅导形式，包括正式的、非正式的、小组的、同伴的、网络的和分级的，都有各自的优点和缺点，并或多或少取得了成功。应该由个人、团队和组织来决定哪种形式最能满足他们的需求，并能使他们的人力和其他资源被最大化利用。通过与大学的ADVANCE项目执行委员会的对话和查阅相关学术文献，密涅瓦完成了若干初步研究，她决定实施分级辅导和同伴辅导，并向项目参与者介绍网络辅导和小组辅导。在确定了该项目的辅导形式之后，密涅瓦的下一步是选择她为"性别平等倡议"开发辅导项目的方法。由于这是一个组织变革倡议，她决定使用一套互补的工具——HPT、逻辑模型和柯氏四级评估。这些工具确定了之后将在后面进行应用。

案例描述

管理层和组织问题

作为一名人力资源开发从业人员和学者，密涅瓦希望这个项目能够成功，她查阅了大量学术文献来帮助自己确定辅导项目开发和评估的方法。密涅瓦认识到，这个项目要想成功，需要的不仅仅是好的研究和设计，还需要在项目层面获得组织的认可和支持。作为一个只有一个人的开发团队，她需要决定如何最好地调动ADVANCE项目执行委员会、教务长及其办公室，以及其他组织利益相关者的积极性，以获得启动和管理辅导和领导力发展项目所需的资源。此外，密涅瓦需要克服与大学文化相关的惰性，这种文化阻碍了教师辅导和领导力发展项目。

技术问题

为了应对这些挑战，密涅瓦首先关注的是她将如何通过项目开发和评估来获得组织的支持。她认识到，一个组织要实现真正的变革，必须基于实证的问题解决方法来改进绩效。随着学科的发展，循证实践已经成为绩效改进领域的标准。人们认识到，如果将HPT看作一个学科，那么该学科必须以系统和科学的实践为基础，其中包括对结果指标的量化评估。随着时间的推移，各种HPT模型被开发出来。最终，密涅瓦选择了国际绩效改进协会的绩效改进模型来指导这个项目的开展，因为它囊括了先前模型的重要组成部分，已经成为评估绩效改进干预措施的标准，并且将评估整合到了绩效改进过程中的每个部分。HPT的阶段包括绩效分析，原因分析，干预措施的选择、设计和开发，干预措施的实施和维护，评估和变革管理。

技术组件

作为战略规划过程的一部分，密涅瓦建立了逻辑模型。逻辑模型为项目计划提供清晰的愿景，帮助确保所有利益相关者都清楚地了解项目的组成部分，并描述如何评估项目。一个构建良好的逻辑模型包括输入和输出。例如，项目在人员、时间、资源和活动方面投入了什么来服务其组成部分？输出是用于影响变革和呈现出对谁做了什么的程序设计组件。输出的例子有学习与发展干预措施和工具——学习活动、360度反馈、辅导、案例研究、体验项目等。最后，结果或影响是多层次的，包括短期结果和长期结果。这些结果可能包括学习活动的结果，如学习者满意度的提高、态度和行为的改变、应用所学的能力的提升，以及长期的结果，如成功的工作保留率，敬业度，个人、团队和组织层面的绩效和进步。

柯氏四级评估

由于采用了基于实证的问题解决方法来指导项目的实施，因此收集数据来评估项目的影响对于作为项目负责人的密涅瓦、ADVANCE项目执行委员会、大学及资助该项目的国家科学基金会都很重要。密涅瓦寻求建立柯氏四级评估模型来指导项目评估。四个层级分别是反应（学习者满意度）、学习（知识改变）、行为（应用）和结果（项目目标达成的证据）。令人满意的学习活动（第1级）会让学习者更积极地投入改变态度、知识和行为（第2级）中，进行前测和后测是评估学习干预措施实施后学习是否发生的一种方法。下一步，确定学习者是否能够应用学到的东西（第3级），代表学习者在行为上可被证明的变化。第1级、第2级和第3级评估与逻辑模型的短期结果相关。柯氏四级评估模型的第4级是结果，它评估是否实现了长期结果。

绩效分析

密涅瓦通过实施HPT的第一阶段——绩效分析来启动该项目，该阶段确定了绩效问题的性质。在这个阶段，密涅瓦首先阐明了项目的战略方向，以及可能促进或阻碍项目成功的绩效驱动因素。一个好的愿景陈述包括：应该做什么，如何实现，结果是什么，以及如何衡量成功。根据已接受的拨款提议，密涅瓦清楚了一个愿景元素，即"应该做什么"，那就是，通过辅导为教师发展提供机会。她需要把目标、结构和管理放在适当的位置，从而获得其他愿景元素。相对于绩效驱动因素，她比较了当前和未来的状态，以进行绩效分析阶段的标志性步骤——差距分析。

为了帮助制定战略方向，密涅瓦成立了一个由六名女性和一名男性组成的咨询小组来指导这个项目，为整所大学提供支持，并获得资源。这个小组还参与了校园内的其他辅导和领导力发展项目，可以帮助确保这个新项目不会重蹈覆辙或与其他大学项目重复。咨询小组每月召开一次会议，审查项目计划和进度，提供反馈，并根据需要协助规划和实施新项目。这个小组运作了一年。除了项目的咨询小组，密涅瓦还向大学的ADVANCE项目执行委员会和资助项目的教务长办公室汇报。董事会和教务长办公室促进了该项目与大学院系和学院的交流，并向组织领导、教授和实验室寻求支持。

为了确定绩效差距，我们以个人访谈和包括七名女性的焦点小组的形式收集了定性数据，七名女性是通过有目的抽样选择的，她们以前是教师，目前担任高等教育机构行政领导角色。研究旨在确定她们认为的重要的、有效的、可以改进的、可能阻碍他人成为高等教育机构领导者的能力。根据共同的主题和频率，我们总结了定性访谈的发现，以及文献中与高等教育机构女性领导力发展项目相关的主题。基于访谈和文献，我们开发并进行了一个更广泛的、跨部门的调查，调查涵盖了大约30名女性教师。此外，密涅瓦和其他推动项目的领导每半年就与外部的ADVANCE项目评估团队就辅导和领导力发展进行一次反馈交流。

在这个阶段进行的分析让她能够回答"如何实现"这个问题。她证实，这所大学缺乏针对教职员工的正式的大学行政管理人员辅导项目。此外，没有一个领导力项目可以让教师主动报名参加。因为案例研究中描述的项目试图建立一个通道，帮助教职员工成长为领导者，并增加女性教师的机会，它关注性别平等，所以被排除在企业和高等教育机构中的"迷你MBA"领导力发展课程之外。"迷你MBA"课程包括传统商业课程的内容，如部门和机构的财政计划和预算、战略管理、资源管理和分配、组织结构和动态、变革管理、谈判。

为了进一步明确项目愿景，我们确立了项目目标，并将其反映在逻辑模型中（见图7-1）。项目目标如下：①培养能够认可并应用领导力理论和技能的教师，在校园里成功地开展性别平等活动；②在本系和学院内为女性与少数族裔开展辅导、教练、赞助等活动和项目；③认可工作量的公平分配；④识别并减少性别偏见；⑤认可支持家庭的政策。本案例涉及目标②和目标④，文中使用辅导来解决性别偏见。其他目标在本文中没有提及，可以在相关的论文中找到。

该项目将在校园内推行，并由密涅瓦亲自负责。密涅瓦将继续担任项目负责人，协助并指导除签约（来自外部供应商并需要使用项目资金）之外的所有会议，从而确保项目不超出预算。一个面对面交流的校园项目将有助于节约预算，因为参与者不必承担任何差旅费用，也不会因此而增加已承担学术和个人责任的参与者的差旅负担。

第7章 通过辅导和领导力发展项目促进性别平等

开拓者：教务长对教师的辅导项目
逻辑模型：ADVANCE 开拓者目标 4：加强对教职员工的辅导和领导力发展培训

输入

投资了什么

- 导师：
  - 团队成员的执行导师
  - 团队成员
- 教职员工：
  - 团队成员
- 行政部门：
  - 校长及主任
  - ADVANCE 领导层、本科生、研究生 / 本科生助理
- 时间：2016—2018 年
- 资源 / 预算
- 材料：
  - 辅导工作坊书
  - 案例研究
  - 清单
  - 调查
  - 参与者的材料
  - 其他特定

项目设计

辅导形式	表现	交付
• 小组 • 同伴 • 网络 / 分级	• 辅导 / 配对 • 正式 / 非正式 • 个人或小组	• 会议频率 • 会议持续时间 • 会议持续期间的项目记录

2017/18	项目资源 / 专业发展活动
9/15	(a)(d) 领导者性别技视案例研究
9/22	(a) 辅导培训
9 个月	(b) 团队成员进行同伴辅导（每月日日会议）
10/26/27	(b) 借导师训练（性别歧视）
8 个月	(a) 分级辅导（午餐会议）
11/10	(a) DISC 概况
	(a) 个人反馈度
	(a) 360 度反馈度
12/8	(a) 网络 / 分级辅导（介绍分级辅导形式）
	牵头部门 / 学院网络辅导的 2018 工作坊计划
春天	(a) 开拓者们为了他们的部门 / 学院实施、主导一个辅导项目
1/12	(a) 性别平等工作力、工作坊
2/2	(a) 高等教育中行政管理部门的领导与管理变革
	(b) 高等教育中的规划和领导变革
3/16	(d) 谈判与冲突管理
4/6	(a) 导致形成了一种包容与公平的文化
	(b) 倡导对家庭友好的政策
	(c) 工作与生活的平衡 / 公平的工作负担
5/14	(a-e) 项目尾声

结果—影响

	短期	长期
目的		
教职员工	• 加强教师辅导和领导力发展（4和2） • 增加对女性和少数族裔教师者的招聘（2和4）和留用 • 通过提高认识和减少歧视，营造校园氛围 • 促进工作最组织机构的公平分配（3） • 拥护对家庭友好的政策 • 变革性的转变 • 持续不断的教师辅导项目	

目标 4，目的

建立一个通道机制，以提高女性在组织领导职务中的比例，并将养致力于改善女性者的领导地位的项目

a. 培养能够认可并运用领导力开展性别平等工作员工，以便在校园内成功开展性别平等工作

b. 为院系内的女性和少数族裔教师提供指导、教练

c. 认识到工作的公平分配

d. 识别并减少性别偏见

e. 倡导支持家庭的政策

项目评估

谁	什么	如何	产出
团队成员	参与度、项目活动的满意度	调查	参与度 满意度评分
团队成员其他人	在常见情景下，团队成员将（a）(d) 识别落实性别平等以及减少性别偏见所需的领导力技能（c）(e) 确定并接出解决方案以解决公平的工作量分配和家庭支持的问题	案例研究 前测与后测的领导力调查	增长分数
团队成员执行导师	(a) 分级辅导的满意度	月度调查	满意度评分 访谈
团队成员	(a) 2017 年春季、院系辅导参与度	计划	院系辅导计划
院系教职员工	(b) 执行院系辅导计划	文件	参考议程
院系教职员工	辅导满意度	调查 / 观察	满意度评分
学院	院系辅导计划	计划 18/19	院系辅导计划

图 7-1 逻辑模型

101

包括同伴辅导在内，该项目旨在让参与者接触到各种类型的辅导——小组辅导、网络辅导和分级辅导，以便参与者可以选择最符合自己、院系需求的辅导形式。因为该项目不希望增加教师的工作量，所以所有专业发展活动都需要在正常工作时间进行，并且在本科生和研究生的课程没有开始的时候进行。

仅确定绩效差距是远远不够的，还必须确定原因。原因分析确定在个人和环境中缺乏什么导致了绩效差距。咨询小组、教职管理人员和项目提案都表明，终身教员很少有机会获得正式的辅导并利用大学各学院的辅导网。最近有由教职员工委员会发起的为期一年的教师辅导项目，以及校长领导力发展项目，只有受邀者才能参加。简言之，该大学的教师辅导是排外的。此外，没有一个单一的实体负责指导有志于担任领导角色的教授的辅导和领导力发展。随着项目愿景——战略和绩效改进驱动因素的确立，下一阶段将讨论HPT流程，该流程确定了适当的解决方案来解决绩效差距问题。

问题

- 基于绩效分析，你会采取什么方法来确定干预措施的选择、设计和开发？
- 你如何看待密涅瓦促进性别平等的方法？它和"迷你MBA"领导力发展课程相比如何？为什么？

干预措施的选择、设计和开发

密涅瓦接下来的步骤是处理绩效差距分析的结果，并确定合适的解决方案。这类解决方案也称干预措施，种类繁多。最适合该项目的干预措施是学习（教学和学习管理系统）和个人发展干预措施（辅导）、个人成长干预措施（360度评估、能力和胜任力测评）和组织增长干预措施（领导力发展和职业路径）。密涅瓦开始关注学习和个人发展干预措施，然后是组织增长干预措施。

从最终目标开始，首先，该项目寻求通过辅导来发展教师；其次，使教师能够为各院系规划辅导项目；最后，交付辅导项目。同时，项目寻求能够支持这三个目标的操作指导。根据项目咨询小组的反馈，密涅瓦确定了一种体验、设计和提供辅导的方法。在体验模块，将向参与者提供辅导的定义和描述，以及对其益处的讨论，辅导者和被辅导者的角色，辅导形式——小组辅导、网络辅导和分级辅导，辅导计划的实施，辅导实践。为了获得辅导方面的经验，团队成员将被两两配对，并加入同伴辅导小组。由于辅导涉及一整套知识、技能和行为，因此采用胜任力方法通过前测和后测来评估参与者当前与未来的知识水平。关于评估模块的信息将在本案例的评估阶段进行详细讨论。

为了实现第二个最终目标，即能够设计一个辅导项目，参与者需要在项目的第一学期为他们的学院和／或实验室创建一个辅导计划。其目的是在该项目的辅导课程中告知参与者，并让他们实践不同的辅导方法，以便参与者能够为各自的大学设计一个项目。对于第三个目标——交付，参与者将在第二学期实施他们的辅导计划。实施辅导计划是参与者的辅导与领导力发展项目中的服务项目。通过辅导项目，项目参与者可以实践领导力，并进一步培养他们的辅导能力。主导项目的参与者要负责每个学院或实验室的辅导计划。项目总共选出了8个主导者，也就是各个学院和实验室分别有一个主导者。

为了实现这些目标，在第一学期的五次课程中有四次辅导课程。在半天的课程（第一节）开始后，下一节（第二节）将是为期一天的定制化的导师培训课程，其中有一小时的高管导师培训课程。培训的目标是介绍辅导形式，以及在高等教育、科学、技术、工程和数学领域进行辅导的最佳实践，练习一对一辅导、同伴辅导和网络辅导，并讨论如何确定部门的辅导需求，以及成功的辅导计划应该包括什么。在第三阶段，参与者将使用正式的指导进行同伴辅导。网络辅导（第四节）和分级辅导（第五节）将完善计划中的辅导课程。

在这个项目开始的时候，参与者被安排在分级辅导组合中，并与一位执行导师——教务长或他的直接下属——院长、董事、副教务长等配对。密涅瓦和ADVANCE执行总监根据学员的偏好进行配对。在整个项目期间，这两个人将被要求每月见面一次，每次一小时。学员将制定辅导目标，并与导师一起实现这些目标。

除了分级辅导，在前三次课程中，团队成员也计划参与同伴辅导。按照计划，团队成员将进行同伴辅导，然后与轮换同伴组成小组，参与项目活动，讨论性别平等或其他问题。此外，计划中还包括在午餐期间进行非正式的小组辅导。在每次课程开始前，项目组会为参与者提供午餐，并邀请执行导师出席。由执行导师和项目参与者参加的非正式课程九次中有八次是在餐桌上完成的。执行导师和特邀演讲嘉宾为学员提供了额外的益处，即女性榜样和职业路径信息，学员可以利用这些信息在大学里探索领导机会。

除了辅导课程，密涅瓦还计划了领导力发展课程，让学员参与其中。不同的教学方法包括案例研究、角色扮演、计算机模拟、实践复盘、个人和小组作业项目、特约演讲嘉宾和互动小组讨论。这些学习干预措施包括提供360度反馈（获得关于他们领导能力和沟通方式的信息，以及如何与不同风格的人进行互动）、谈判和冲突管理案例研究（消除性别偏见），工作与生活的平衡、管理变革、性别平等领导力课程和其他课程。

密涅瓦、ADVANCE执行委员会和该项目的咨询小组认识到，实施该项目需要额外的资源。通过与密涅瓦的大学合作，委员会聘请了一名每周工作20小时的研究助理（一名博士生），他将协助完成以下工作：建立项目申请档案、实施学习管理系统、购买材料、管理评估、邀请演讲嘉宾和举办会议。此外，大学的ADVANCE行政协调员负责房间的布置、采购、流程说明的复制、材料的分发，并与ADVANCE执行委员会共同推动项目。现在，密涅瓦已经选择、设计和开发了必要的干预措施，并招募了人员，以弥补绩效差距和实现项目目标，她开始实施计划。

干预措施的实施和维护

HPT的第四个阶段——干预措施的实施和维护，是实施计划和沟通计划的阶段。密涅瓦知道，为了实现项目目标，实施必须成功。她需要与教务长办公室、ADVANCE执行委员会和项目咨询小组的成员合作，共同实施该项目。好消息是，辅导和领导力项目是由教务长办公室与该校ADVANCE执行委员会负责的，因此他们从项目一开始就参与了进来。

为了推行新项目，教务长办公室批准并分发相关信息给院系／实验室的教职员工和领导。大学ADVANCE执行委员会的成员拜访了每个学院的院长和／或领导团队，描述了新的辅导和领导力发展项目，并要求他们确定参与项目的个人。他们直接向目标教师、女性和少数族裔教师发送电子邮件，邀请他们参与。此外，大学ADVANCE执行委员会成员亲自邀请教师成为该项目的参与者。最后，通过努力沟通，项目招募了潜在的教师参与者。为了申请参与这个项目，教职员工需要提交个人简历、参与辅导和领导力发展项目的理由，以及院系主任的支持信。

该项目包括两个为期一天的课程，分别是启动课程和结束课程，以及七个为期半天的周五课程，从10月到次年的4月，每次课程从下午1点到4点。课程为项目参与者、演讲嘉宾和执行导师提供午餐和茶歇。密涅瓦作为项目负责人主持每次课程，行政助理和研究助理协助并参加每次课程。

在实施过程中，来自7所学院40个系中的22个院系和实验室的28名教职员工参加了首届辅导和领导力发展项目。正如预想的那样，大多数项目参与者是女性（71%）。根据参与者的描述，年龄在40~49岁的占57%，已婚的占79%，白人占79%，有孩子的占72%。此外，除了一名参与者，其他所有参与者都拥有博士学位（93%），副教授群体人数最多（43%）。大多数参与者表示，他们拥有非常丰富的辅导经验（78%）（见表7-1）。

表7-1 辅导经验的平均值和分布情况

	辅导经验	
	T1	T2
数量	$n = 26$	$n = 15$
平均值	3.90	3.80
标准差	0.68	0.86
非常丰富（5）	5	4
丰富（4）	14	4
既不丰富也不有限（3）	7	7
有限（2）	0	0
非常有限（1）	0	0
缺失	2	13
总计	28	28

每次课程结束后，参与者需要完成一个满意度调查（柯氏四级评估第1级，反应）。此外，参与者被邀请通过Qualtrics（一个商业调查管理网站）访问T1（2017年秋季）和T2（2018年春季）的辅导和其他调查（柯氏四级评估第2级，学习）（这些调查在本案例研究中不涉及）。监控调查完成情况，并向未完成调查的人发送电子邮件，这些调查可以在30～60天内完成。本案例研究对象为卡内基R1类高等教育机构的终身教授，因此采用了弗莱明（Fleming）、豪斯（House）、汉森（Hanson）、于（Yu）、加布特（Garbutt）、麦吉（McGee）、克伦克（Kroenke）、阿比丁（Abedin）和卢比奥（Rubio）的研究学者工具——辅导胜任力评估自我评分工具，辅导胜任力评估由26个项目和6个子量表组成。最后，在2018年春季（$n=18$），项目参与者通过半结构化访谈的形式（柯氏四级评估第3级，行为）参加了个人面对面课程或虚拟课程。

评估

ADVANCE咨询委员会及ADVANCE评估人员的期望是该项目需要提供证据，证明它已经达到了目标。因此，密涅瓦选择了一种可靠的评估方法，对项目进行了评估，这是HPT的第五个阶段。密涅瓦决定在逻辑模型的指导下，实施形成性、总结性和确证性评估，并采用柯氏四级评估的四个层级。形成性评估在绩效分析，干预措施选择、设计、开发、实施和维护各阶段中完成，确定提高项目质量的方法，确保项目与大学的战略和绩效计划保持一致。对项目计划的反馈来自利益相关者设计的战略计划，利益相关者包括大学的ADVANCE执行委员会、项目的咨询小组、外部ADVANCE评估人员，以及目标受众的潜在参与者。总结性评估收集项目参与者的反馈，包括柯氏四级评估的第1级（反应）和第2级（学习）评估阶段，下文将对此进行讨论。当项目试图确定项目对参与者的影响时，就说明发生了确证性评估。柯氏四级评估的第4级（结果）评估是一种确证性评估。在前面讨论了逻辑模型之后，我们将注意力转向柯氏评估的四个层级。

柯氏四级评估第1级——参与者满意度

我们要求参与者在每次课程结束后都完成一个满意度调查问卷。完成满意度调查问卷的参与者的数量从4个到21个不等。由于最初在网络上的调查完成率很低，后来我们在课堂上提供了调查问卷，并在课堂结束后立即收集。提供纸质调查问卷提高了教学满意度调查的完成率。分数从平均值转换为百分比。教学满意度从最低76%到最高87%。有些分数相同，得到了相同的名次。根据参与者对"请评价你对辅导的总体满意度"这一问题的回答，辅导得分从高到低分别为：项目收尾/辅导（其他）（86.6%）、网络辅导（其他）（78.6%）和辅导（自我）（76%）。总的来说，大多数主题都很受欢迎，表明参与者对课程的评价从好到非常好。

表7-2 参与者满意度评分

日期	说明	编号	分数	百分比	排名
9/15	领导性别偏见，案例研究	5	4.2/5	84%	3
9/22	辅导（自我），定制工作坊	20	3.8/5	76%	7
10/26—10/27	倡导培训，定制工作坊	分数不能使用			
11/10	转变领导和行为沟通方式	10	5.3/7	75.7%	7
12/8	网络辅导（其他），定制工作坊	4	5.5/7	78.6%	6
1/12	领导包容和公平的文化，定制工作坊	14	5.8/7	82.7%	5
2/2	领导和管理高等教育变革，案例研究	9	6.0/7	85.7%	2

续表

日 期	说 明	编 号	分 数	百分比	排 名
3／16	消除性别偏见，谈判和冲突管理，案例研究	13	5.85／7	83.5%	4
4／6	促进和领导公平的工作量分配，案例研究	11	6.0／7	85.71%	2
5／14	项目收尾／辅导（其他），定制工作坊	17	6.06／7	86.6%	1

柯氏四级评估第2级——学习

尽管所有28个项目的参与者都完成了前测（T1），但其中只有14个参与者完成了后测（T2）（见表7-3）。调查参与者在辅导能力评估的所有26个项目的前测（T1）中平均得分为5.23，其中，1分代表没有技能，4分代表中等熟练，7分代表非常熟练。子量表中得分最低的是"与期望保持一致"（5.05）及"促进专业发展"（5.07），得分最高的是"培养独立性"（5.46）及"保持有效沟通"（5.39）。在T2中，所有项目的平均得分变为5.54，子量表中得分最低的是"与期望保持一致"（5.18）和"解决方法多样性"（5.18），得分最高的是"评估理解力"（5.95）和"培养独立性"（5.71）。

表7-3 人员统计变量、辅导量表和子量表

	T1 2017年秋季			T2 2018年春季			T2－T1	
	数量	平均值	标准差	数量	平均值	标准差	平均值变化	百分比
标题	28	2.82	2.6	21	2.95	2.84	0.13	5%
性别	28	N／A		21	N／A		N／A	
年龄	28	2.93	0.66	21	1.71	0.46	-1.22	-42%
种族／族裔	28	5.57	1.10	21	5.71	0.96	0.14	3%
你在多大程度上辅导过别人	26	2.08	0.68	15	2.2	0.86	0.12	6%

续表

	T1 2017年秋季			T2 2018年春季			T2－T1	
	数量	平均值	标准差	数量	平均值	标准差	平均值变化	百分比
辅导所有人（1~26）	24	5.23	0.79	14	5.54	0.49	0.31	6%
保持有效沟通（1~6）	24	5.39	0.74	14	5.64	0.54	0.25	5%
与期望保持一致（7~11）	24	5.05	1.05	14	5.18	0.66	0.13	3%
评估理解力（12~14）	24	5.19	1.18	14	5.95	0.81	0.76	15%
培养独立性（15~19）	24	5.46	0.97	14	5.71	0.80	0.25	5%
解决方法多样性（20~21）	24	5.16	1.05	14	5.18	0.99	0.02	0%
促进专业发展（22~26）	24	5.07	1.06	14	5.5	0.61	0.43	8%

从T1到T2，参与者辅导胜任力平均值的变化为6%。在辅导子量表中，参与者的变化从最小到最大依次是："解决方法多样性"（0%），"与期望保持一致"（3%），"保持有效沟通"（5%），"培养独立性"（5%），"促进专业发展"（8%），"评估理解力"（15%）。

柯氏四级评估第3级——行为

为了评估参与者应用从项目中学到的知识的能力，18名项目参与者回答了以下问题：在参与项目之前，你如何描述辅导？现在你已经完成了项目，你又如何描述辅导？成功的辅导对你来说意味着什么？在分析参与者回答的基础上，我们确认了该项目帮助参与者更新和扩展了辅导的定义，为他们提供了判断辅导是否成功的标准，并使参与者能够确定辅导策略。

柯氏四级评估第4级——结果

最终，该项目的目标是在院系内设计和实施教职员工辅导计划，并建立导师队伍。所有的学院和实验室都制订了辅导计划。大学决定将辅导职能从项目参与者的个人责任转移到任务小组，并最终过渡到教务长办公室。因此，参与者为他们的单位设计了辅导计划，但并不是所有人都这样做了。此外，28名参与者中有8人（28%）同意担任执行导师。

变革管理

变革管理是讨论的最后一个阶段，但在HPT中无处不在。在本案例研究中，实施的每个阶段都明确包含为了适应而设计的变革工作。来自绩效分析的数据推动了干预措施的选择、设计、开发及实施。此外，可靠的评估策略通过形成性评估和总结性评估为变革管理流程提供了有用的信息，这使得项目能够随着新信息的发布和环境的变化而不断发展。因此，项目管理人员能够在实施时重新思考整个项目。

项目负责人和项目干系人必须管理的具体事情是计划了什么和发生了什么。例如，关于项目的报名和参与者的出勤，很难让终身教职员工按照预期的每个院系一名教师的比率参加。该项目最初向女性和少数族裔终身教职员工发放了一份备忘录，也向各系主任和院长发出了提醒。最后，大学ADVANCE执行委员会成员和项目主管通过个人联系的方式，从7个学院和实验室招募了28名成员，他们代表了40个系中的22个。我们发现，许多团队成员手头有其他工作事务，不能参加所有课程。为了减轻他们参与辅导与领导力发展项目的工作量，我们要求其院系主任在他们参与项目期间给予支持，减少排课。只有很少的参与者的时间安排被释放出来，这部分参与者把参与项目作为包括教学、研究和服务在内的所有职责中的首要工作。

我们管理的另一个重大变化是，在第二学期，项目参与者没有按照计划在其院系中实施辅导。项目参与者希望获得额外的关于实施辅导计划的有针对性的培训，并且要求由外部辅导专家提供第二个半天的定制辅导课程。项目参与者并不认为他们可以在一个学期内就制订院系的辅导计划，所以我们同意将辅导计划的交付推迟到项目的第二个学期结束时进行。在最后一次课的上午，每个学院的主要项目参与者介绍了在他们院系内实施的辅导计划。

组织目前面临的挑战

综上所述，本案例适用于那些寻求关于如何计划、设计、实施、评估促进性别平等的辅导和领导力发展项目，以及如何在复杂的组织中促进辅导的人士参考。本案例关注的是一所大学的项目，在小组层面上分析，是对项目第一年计划和实施情况的总结。

该组织在实施促进性别平等的辅导和领导力发展项目时面临多个挑战，其中，最大的挑战是过于雄心勃勃。很可能是因为项目计划过于激进，包括我们想要处理的问题数量、参与者期望的结果，以及与管理和推动项目相关的努力。首先，参与者在课程之间、在辅导和领导力主题之间来回切换，他们希望能兼顾辅导和领导力，但又不能同时专注于两者。因此，在项目的第二年，我们只专注于辅导体验——分级辅导和同伴辅导。直到最后一次课，我们才着手设计和实施辅导计划。

事后看来，该项目最初的目标过于雄心勃勃——既要做辅导，又要为院系的辅导提供设计和实施交付。在绩效分析阶段，密涅瓦不应该将目标视为既成的事实，而应该将其推后，并收集关于启动项目方案文件中列出的项目可行性的反馈。这是一种合理的方法，因为设计该项目的人没有辅导和领导力发展的背景，所以他们不知道项目目标是否符合SMART标准——具体的（Specific）、可衡量的（Measurable）、可实现的（Attainable）、现实的（Realistic）和有时限的（Time-bound）。此外，在干预措施选择和设计阶段，先在一两个院系进行试点，再在整个大学推广该项目，这会使该项目受益。这些步骤将提供有价值的反馈，并帮助确保推行工作能够按照设计完成。

其次，我们认为可以在一年的时间内改善性别不平等现象。我们希望忙碌的教职员工在一个学期内学习并制订一个辅导计划，并在下一个学期实施。项目参与者表示，我们的期望是不现实的，他们要求有一整年的额外辅导指引来为他们的学院制订辅导计划。教职员工的时间不充裕，导致无法投入必要的时间在他们各自学院中开发和实施辅导计划。让教职员工有时间参与辅导和领导力项目仍然是一个持续存在的问题。我们希望将教职员工的招募提前到春季，这将使教职员工在秋季课程表确定之前能够积极主动地进行协商。我们也希望教职员工通过参与这一项目——促进性别平等的辅导和领导力发展项目——能够获得的正式的声望。

尽管存在时间问题，但值得称赞的是，大多数学院领导随后加入了一个由大学ADVANCE执行委员会成员领导的特别工作组，以协调和起草一项包含所有院系的辅导策略。工作组的目标是将辅导制度化，并同意由教务长办公室负责辅导工作。这种方法确保有足够的资源和管理来支持辅导工作，并在每个院系的执行层面建立辅导工作责任制。此外，我们建议最终设立一个专门的支付薪水的协调者职位，来管理各个院系的辅导工作。我们还提议在大学层面为辅导工作颁发年度优秀奖，以提高辅导工作的知名度，使辅导工作更加深入并融入大学教职员工文化中。

该项目的最后一个大挑战是管理和推动这个项目所花费的时间远远超过预期。该项目在第二年增加了一名联合领导者，以帮助在平衡时间上做出的承诺。

在第三年，该项目增加了第三名联合领导者作为替补，以帮助他们为明年的同类课程做好准备。我们还在开发培训师指南，以便没有正式领导背景的人也可以推动和管理该项目。因此，大学计划将该项目制度化，每年举办一次。我们认为这是成功的。

这个创新的项目是在高等教育机构设计和实施的。本案例来自学术界内部和外部的报告，而且辅导是跨行业的，因此，其他行业的组织可以从这个辅导和领导力发展项目案例研究中获益，尤其是那些关注性别平等的组织。

解决方案和建议

本案例为人力资源开发从业人员实施促进性别平等的辅导和领导力发展项目提供了参考蓝图。案例介绍了辅导的多种形式，提供了分级辅导、小组辅导和同伴辅导的实践。这个项目虽然计划了职业辅导，但没有为参与者实施。该项目的评估以HPT、逻辑模型和柯氏四级评估为指导，是一种可靠的混合评估方法，远超出了标准的参与者满意度评分，并提供了可证明的知识、态度、行为等方面发生的改变。最后，这种干预措施是出于国家和组织在职业发展方面男女平等的需要。我们希望这个案例能激发从业人员和研究人员考虑使用HPT、逻辑模型和柯氏四级评估来计划实施辅导和领导力发展项目，让其带来有意义的变化，让高等教育机构和工作场所随处可见性别平等的景象。

问题

1. 比较辅导的传统定义和当代定义：

（a）传统定义——一对一的关系，在这种关系中，职位较高的人为经验较少的人提供指导。

（b）当代定义——"一个专业的工作联盟，个体在职盟中获得职业和社会心理支持，与他人共同工作，实现个人和职业上的成长与发展，以及伙伴关系的成功"。

两种定义有什么共同之处和不同之处？

2. 描述不同的辅导形式（分级、小组、同伴、网络）。你个人经历过什么形式的辅导？在你的组织中使用什么形式的辅导？

3. 基于不同的辅导形式，选择其中一种，并描述为什么这种形式与传统或当代的辅导定义更接近？

4. 使用辅导可以达到各种目的。根据表7-4中"辅导策略和结果"下面列出的项目，在右边的栏中勾选：个人、团队或组织。在小组中，将你的回答与小组中其他人的回答进行比较。根据案例，给出理由，说明为什么你把项目放在一个特定的类别中。

表7-4 通过辅导和领导力发展促进性别平等

辅导策略和结果	个人	团队	组织
职业支持（a）			
一对一交流（d）			
绩效管理（g）			
提高生产力和效率（j）			
职业发展（m）			
战略目标达成（p）			
组织发展（s）			
人际网络（b）			
入职及培训（e）			
知识和技能迁移（h）			
小组发展（k）			
知识管理（n）			
提高声誉，招聘和留岗（q）			
情感/心理支持（c）			
正式指导/反馈（f）			
成本效益（i）			
文化发展（l）			
组织变革（o）			
360度沟通（r）			

问题4的示例答案：

个人（a，b，c，d）；组（e，f，g，h，i，j，k）；组织（l，m，n，o，p，q，r，s）。

5. 基于案例，请提供论据，说明为什么辅导是一种适当的组织变革干预措施。

第8章
一位非洲领导者的绩效改进创新之旅

露西·舒尔伊尔·纽曼

> **概要**
>
> 这个案例研究以专业的故事讲述方法，描述了一位非洲领导者从1999年到2019年共20年的领导历程，以洞察其作为非洲裔女性高管和职业母亲运用绩效改进和变革型领导概念所产生的影响。故事描述了她的领导力轨迹、她的领导力的影响，以及她认为有帮助的反思性问题，包括她在职业生涯和个人生活中如何应用绩效改进10项标准。本案例研究的目的是证明绩效改进创新原则除了适用于组织和系统中的绩效改进项目，也适用于个人职业生涯。虽然案例研究展示的是非洲经验，但这些原则的实际应用也可以进行跨文化和跨背景的探索。

引言

有一个关于专注的传统故事——"狮子的凝视",故事的大概内容是,当你把球扔给狗时,它会追着球跑;但当你把球扔给狮子时,它会一直盯着你。当我们讲故事时,"狮子的凝视"表达的是同样的意思——与我们的观众保持交流。

本章的标题为"一位非洲领导者的绩效改进创新之旅",介绍了一位非洲女性高管同时也是一位职业母亲,在1999年至2019年20年间的领导历程。本章的"狮子的凝视"是为了展示变革型领导力和其他绩效改进创新的实际应用,呈现作为女性高管案例研究对象20年的领导历程。本章的独特之处在于,作者用第三人称的专业故事讲述方法,描述了案例研究对象在其个人职业生涯中对绩效改进概念和标准的应用。

在结构方面,本章从概要开始,概述了本章的主要目的,其后是引言。有关更多背景信息,可以参照引言后面的个人背景部分,其中给出了广泛的定义和讨论,结合了对相关文献的回顾,介绍了本章的主要概念。概要、引言和个人背景为本章内容设定了边界,本章的主要焦点是讨论适用于本案例的问题、关于主题的争议和观察到的问题。本章最后顺带提出了解决方案和建议,供读者考虑和采取行动,以在实践中达到理想的改进水平。

作者希望通过使用第三人称的专业故事讲述方法来呈现案例,说明其作为领导者的影响,以及其为家庭、工作、社会做出的贡献。读者的"狮子的注视"是,员工、主管、专业的职业教练和新兴的绩效改进从业人员发现,案例研究对于如何规划将一些概念应用于他们对绩效改进创新的持续渴望中具有启发意义。

个人背景

"领导者不会使用成堆的数据来移动'大山',他们通过向观众献上自己的一份心意来做到这点。"

本案例研究以个人为研究对象,使用第三人称的专业故事讲述方法。因此,个人背景部分将从对案例研究对象的早期生活、教育、工作的概述和对案例研究对象的访谈开始。这样,读者就有机会与案例研究对象的情况建立个人联系。

早期生活和教育

本案例的研究对象出生在一个非洲混血家庭,有九个兄弟姐妹。她在维基百科上的资料显示,她在舍胡·加尔拜(Shehu Garbai)读完了小学,在卡杜纳的联邦政府学院读完了中学。图8-1说明了案例研究对象的教育和工作经历,从

第8章 一位非洲领导者的绩效改进创新之旅

完成本科学习到开始职业生涯，再到2019年探索新的领域。她高中就读于艾哈迈杜·贝洛（Ahmadu Bello）大学的扎里亚（Zaria）基础学院，然后在艾哈迈杜·贝洛大学攻读本科和研究生。为了获得更高学位，她前往美国亚利桑那州就读于凤凰城大学。她的学术生涯让她在不同的领域进行研究，包括本科阶段的财务管理、硕士阶段的国际贸易，以及更广泛的企业管理领域的领导力和绩效改进等，她发现绩效改进很容易应用。她从大学获得的理论架构，如变革型领导力、系统理论和成人学习理论，为她的领导历程提供了框架。她的混血家庭和非洲社会的大背景，帮助她理解考夫曼·梅加（Kaufman Mega）的思维理念。

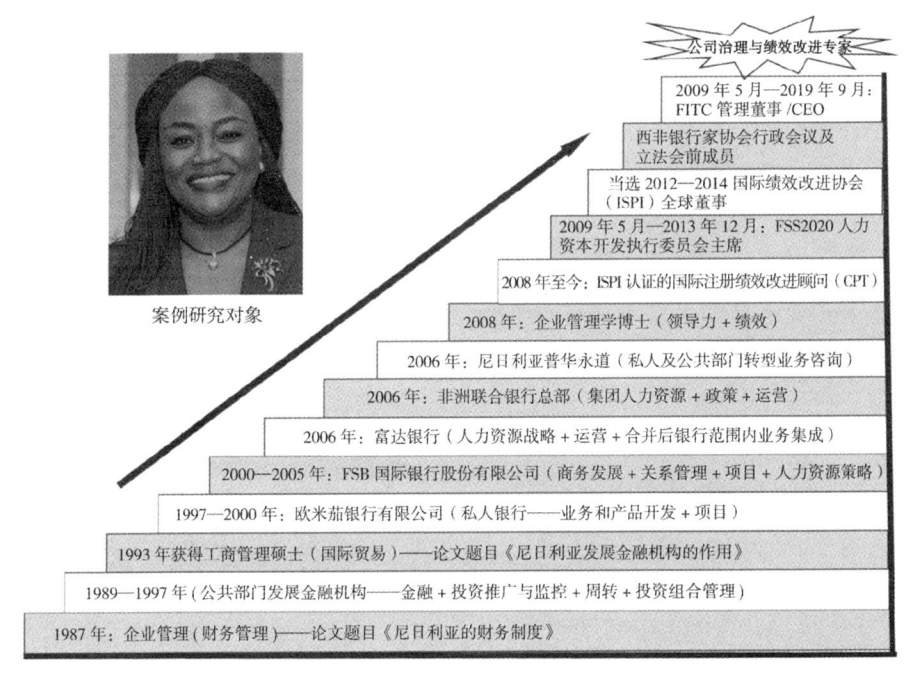

图8-1 案例研究对象的领导历程

工作

在经验和技能方面，案例研究对象拥有超过30年的行业工作和咨询经验，其服务的组织包括尼日利亚一家国有开发金融机构、四家尼日利亚商业银行、"全球四大"咨询公司之一和金融机构培训中心。她在银行和金融业方面的经验表明，私人和公共部门的金融服务是她的主要专业领域。其中突出领域包括金融发展、银行战略、产品开发、分行管理、重大资本合并和重组、对监管机构作用的认识，特别是对中央银行和金融系统内其他监管机构的认识。在其职业生涯中，她担任过银行职员、银行和监管机构的顾问，以及金融体系内的机构能力改进专家。她的工作和咨询经验包括战略概念化和实施、组织诊断、设计与开发、高管选拔、绩效教练和发展。她的工作还包括设计和部署公司治理系统、重大资本重组交易、提高个人与组织的绩效、改善公司的周转情况。这些领域涉及从基层到董事会层面，都在企业和系统改善的期望之内。2019年9月，她成功地获得突破，她的职业旅程过渡到第五阶段。她于2020年开始在一些跨国公司董事会中作为独立的非执行董事，并继续担任独立的绩效改进顾问、政策顾问等职位。

在客户多样性和经验广度方面，案例研究对象已为金融服务公司、银行、保险、资本市场监管机构、航空和卫生部门监管机构、国际制药公司、企业集团、专业网络协会、尼日利亚主要州政府、国有化肥公司、私营和公共部门的油气实体公司和两家尼日利亚电力输送公司提供了咨询服务。因此，她呈现的专业形象是金融发展、私营银行、监管、咨询和学术方向的融合。这些经历加深了她对系统理论的理解。系统理论作为一个概念具有多层次的适用性，从个人到公司、行业、部门、国家、地区和全球。她对系统理论的青睐也增强了她对不同维度的利益相关者的管理能力。她发现这对于在合作中提供适用于绩效改进的10项标准和变革型领导力很有帮助。

本章的个人背景部分到目前为止试图呈现案例研究对象的专业方向和领导历程。以下部分将重点探讨理论和概念，这些理论和概念帮助她在发展中国家成为一名绩效改进创新实践者，塑造了她的领导力观点。

柯林斯（Collins）引用纽曼所述：

我们已经知道了21世纪持久的伟大公司需要拥有与20世纪完全不同的结构、策略、手段和机制，然而，基本概念将更重要，它将作为一个框架来设计组织的未来。

纽曼引用雷恩（Wren）在《管理学的演变》（*Evolutions of Management*）一书中的描述：

在过去的实践中，有给未来的历史教训，连接昨天、今天和明天的是一连串事件和想法。在时间的长河中，人只占据了一点，我们可以清晰地看到遥远的过去，但当接近当下时，我们的视角变得不那么清晰。未来一定是一种投射，一种脆弱的投射。新的想法、主题的微妙变化和环境中新出现的事物都为不断演变的管理思想带来了新的方向。

站在类似的角度，富尔默（Fulmer）和戈德史密斯（Goldsmith）在他们的

第8章 一位非洲领导者的绩效改进创新之旅

《领导力投资》(*The Leadership InvesTMent*)一书中采用了1998—1999年的研究数据,涉及最佳实践从业人员和35个组织发起人。书中讲道:"聪明的CEO在领导力发展方面进行战略性投资,以确保他们的关键管理人员产生持续和积极的结果。"

纽曼撰写了题为《超越标志和颜色的品牌建设:FITC循证转型案例研究》(*Branding Beyond Logo and Colors: Case Study of FITC's Evidence Based Transformation*)的案例研究报告。它介绍了案例研究对象的前雇主对国际绩效改进协会的绩效改进10项标准的循证应用,以及其博士学位论文对非洲非营利性专业服务组织的理论见解。纽曼的案例研究为故事提供五年摘要,2009—2014年是领导力案例——非洲领导力绩效改进创新之旅的上半部分,使读者能与组织中明确提出的干预措施建立个人联系。在此分享的组织影响相关内容是纽曼案例研究报告的结果。本章的主题是:"一位非洲领导者的绩效改进创新之旅",它提供了关于领导者的"幕后"观点,这就产生了该组织在纽曼案例研究中所报告的观点。现在,我们已经具有1999—2019年两个十年的长期视角,接下来就请聚焦本案例研究的对象——领导者本人。

基本理论和概念

案例研究对象发现,基于对工作的评价,在她的职业生涯中,特别是在绩效改进领域,很容易从系统、影响和结果的角度进行思考。由于案例研究对象在本科和研究生阶段接受的教育、参与的各种各样的项目及国际绩效改进协会专业组织的进一步发展,她加深了对理论和概念的理解。适用于案例研究的理论和概念如图8-2所示。

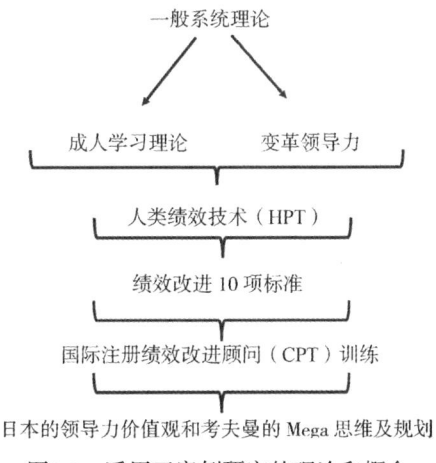

图8-2 适用于案例研究的理论和概念

纽曼在案例研究中引用了自己的理论框架，列出了贝塔兰菲（Bertalanffy）在库恩（Khun）模型背景下的一般系统理论，以及经斯佩克（Speck）扩展后的成人学习理论。一般系统理论和成人学习理论是指导案例研究对象的基础理论。

纽曼在讨论将一般系统理论作为绩效和影响的基础时表示："贝塔兰菲的一般系统理论把组织看作一个整体，并将系统定义为它们自身和环境之间相互关联的一组元素……为了推进一般系统理论的观点，库恩坚称所有系统有一个共同点，即了解系统的一部分就能了解另一部分，因此系统可以是受控的，也可以是不受控的。在受控系统中，变化是对信息改变的反映。库恩将其称为系统的探测器、选择器和效果器功能。探测器用于系统之间的信息沟通。系统中影响决策的规则被定义为选择器，而系统之间明确事务的方式被定义为效果器。库恩的模型强调决策的作用是使系统趋于平衡。"库恩对最初的一般系统理论的扩展理解，有助于对案例的研究，确定了他在组织、行业、系统和专业网络中的定位，以及对专业和社会的贡献，同时有助于个人的学习、成长及专业的发展。

案例研究对象发现，系统理论有助于对现有的、潜在的内部和外部利益相关者及潜在的合作伙伴的任务、角色、项目、组织和行业进行厘清。有了这些技能，她发现以一种最优的协作方式，更容易过渡到变革型领导力，应用Mega思维及绩效改进10项标准中的4项标准，这增强了人们的参与感和创新主人翁意识。有了这样的理解，就可以进行干系人分类，并按照干系人类别定制干系人该如何参与的策略。为了充分了解Mega思维和转型在绩效改进方面的作用，认识到系统理论有助于团队内部、团队之间、单位和部门之间和谐共处，以建立一个健全的组织，并在国家和全球范围内跨组织建立一个部门，是非常有必要的。案例研究对象掌握了这一点，并能够将她的角色完全投射到单位、部门和组织层面上。当成为CEO时，她申请将她的组织角色投射到金融及相关行业、部门、国家中。

纽曼借鉴了成人学习理论，认为"员工学习和发展的概念"与绩效领域相关。诺尔斯（Knowles）的人类学理论（成人学习理论）指出：（1）成人应该参与自己学习计划的制订和评估；（2）成人在社会生活中积累的经验为成人学习提供了丰富资源；（3）成人的学习材料应与他们的工作或个人生活直接相关；（4）成人更喜欢以问题为中心而不是以内容为导向的学习。斯佩克利用了成人学习理论的结论，为有效的成人学习提供了关键因素：（1）需要以一种能够得到同伴支持的方式来组织学习；（2）消除学习中的恐惧感非常重要；

（3）有必要让成人展示所学并定期获得建设性反馈；（4）为小组活动创造机会，使成人能够分享和反思他们的经验；（5）需要适应多样性，促进学习并提供辅导机会。

案例研究对象认识到，作为领导者，她在不同的工作场所和不同的职业中与成人一起工作，这些人组成了整个组织，组织本身就是一个系统，行业、部门、国民经济也是多层次的系统。在这个过程中，她也认识到，自己是一个终身的成人学习者。她不仅要在参与的每项工作中传递知识，而且要以团队成员的身份进行调查和学习，对团队成果负责。因此，她选择始终将成人学习理论和原则纳入自己的学习计划中，为团队、组织和组织的客户开发学习机会，与个人和组织的利益相关者进行互动，以共有的权利和利益为基础进行合作，用参与和包容的方式对她的角色和未来进行规划，以达成绩效所需的共识。针对案例研究对象观点的其他概念过滤器就是"变革领导力哲学"和考夫曼的"Mega思维及规划"，所有这些都已在图8-2中给出。

纽曼在设定关于绩效改进初始理论的主题时说："在工业革命时代的知识复兴中，大卫·麦卡勒姆（David McCallum）、弗雷德里克·泰勒（Frederick Taylor）、霍桑（Hawthorne）、埃尔顿·梅奥（Elton Mayo）和吉尔布雷思（Gilbreth）等学者出现了，员工绩效管理一直是组织领导层关注的问题。忠（Chyung）在最近的一项研究中将HPT从1911年泰勒的科学管理理论追溯到1978年吉尔伯特的行为工程模型，并指出，尽管弗雷德里克和吉尔伯特相隔多年，但他们在系统分析和设计人类行为以产生理想绩效结果方面有着惊人的相似之处，这似乎很令人震惊。"在案例研究对象看来，这种观点与国际绩效改进协会的绩效改进空间及吉尔伯特的基础著作相吻合，适用于HPT实践。

因此，当案例研究对象在2019年美国新奥尔良召开的国际会议上获得国际绩效改进协会的托马斯·吉尔伯特奖提名时，作为全球领袖，她在全球舞台上获得了极大的专业成就感。她获得了国际绩效改进协会的最高职位，作为美国地区以外的国际绩效改进协会会员的她当选为国际绩效改进协会全球理事会国际理事，任期从2012年至2014年。2019年的托马斯·吉尔伯特奖使她在作为绩效改进从业人员的人生旅程中又踏上了一个新的台阶！在2019年新奥尔良国际绩效改进协会年会的颁奖典礼上，她说这个奖项对她来说是一个极大的荣誉，她承诺带着托马斯·吉尔伯特奖的荣誉，以其应有的尊严，以广受赞誉的"人类绩效技术之父"吉尔伯特博士为荣，让自己提供更专业的服务。她说，吉尔伯特的著作对她很有帮助，她和其他获得托马斯·吉尔伯特奖中的许多人成了朋友、导师和教练。

在基本理论和概念方面，案例研究对象还发现，考夫曼列出的取得持续成功的三个基本要素非常有帮助。这三个基本要素分别为：（1）社会增值的心态；（2）对前进方向和原因的共同决定和共识；（3）实用工具和基本工具的使用和一致应用。在此背景下，她于2001年加入了国际绩效改进协会，成为国际成员，并在几年后参加了她的第一次国际会议，她相信自己找到了一个非常有用的工具，并很快将绩效改进10项标准作为口头禅和部署方法。2008年2月，她获得了国际注册绩效改进顾问认证。

在尼日利亚，案例研究对象全面把握了个人和专业领域中的问题，这塑造了她对社会的贡献感。基于她在亚利桑那州凤凰城大学博士阶段的全球领导力课程学习，她发现，考夫曼提出的Mega思维及规划中对社会有最优影响的10个问题于她而言非常有用。考虑到她身处尼日利亚和非洲环境中，她的个人家庭背景，以及想成为有巨大影响力的领导者的愿望，这些问题对于她的成长意义重大。在她职业生涯的近10年中，她担任金融机构培训中心的董事总经理兼CEO，她能够利用该组织的平台和任务授权，将有关考夫曼的Mega思维及规划的10个问题付诸实践。在此期间，她领导同事和团队成员与尼日利亚金融服务部门及其他地区的1 570多个利益相关者组织建立了宝贵的关系。

对案例研究对象的访谈

在这次对案例研究对象的访谈中，她讲述了自己对绩效改进的看法、文化、作为一位非洲裔母亲如何平衡家庭和工作、在非洲生活和工作的经历，以及她经历的挑战及如何应对这些挑战的见解。这是否意味着案例研究对象在所有领域都是完美的？当然不是，在接下来与案例研究对象的讨论中，访谈将揭示出更多内容。

纽曼引用了查兰（Charan）在《经济不确定性时代的领导力：困难时期做正确事情的新规则》（*Leadership in the Era of Economic Uncertainty: New Rule for Getting the Right Things Done in Difficult Times*）一书中的陈述，作者列出了困难时期领导力的六个核心特质：

- 诚实守信。
- 激励能力。
- 乐观的现实主义。
- 与现实实时联系。

- 强化管理。
- 拥有建设未来的勇气。

这六个核心特质与案例研究对象的个人领导风格和核心价值观产生了共鸣，并让她坚定了她的信念。根据过去的各种访谈，尤其是纽曼的访谈，案例研究对象将自己视为艰难环境中的变革型领导者，并希望通过在自己的范围内发挥最佳影响力而将自己与同样位置的人区分开来。她将自己视为系统内一个有特殊目的的组织的CEO，承担对系统的使命，而不是担任工作角色。这种思维方式给了她极大的启发，使她不仅能够看到系统中的各类角色、机构和系统活力，还可以寻求贡献并创造新的智慧沉淀，而且所有参与者都能够参与其中。

图8-3介绍了适用于案例研究的理论框架、概念和技术过滤器，案例研究对象还发现了针对Mega思维及规划的10个渐进式和迭代问题，考夫曼的Mega思维及规划问题有助于反思她职业生涯中的每个关键的里程碑。在追求影响力和成为领导者的过程中，她还从10个问题中找到了大部分学习成果。因此，到目前为止，如果针对这10个问题她不能给出肯定的回答，她就不会接受任何工作邀请，或者工作超过6个月。

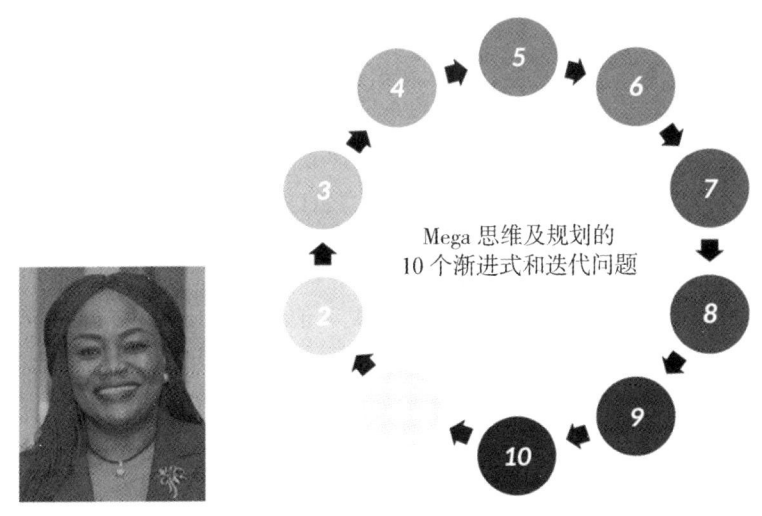

图8-3　Mega思维及规划的10个渐进式和迭代问题

综上所述，Mega思维及规划是关于共享成功、实现成功，并能证明成功的定义。它不仅关注一个人所在的组织，而且关注社会的现在和未来。它为所有利益相关者增加价值。它是对所有人负责的、反应迅速的、符合道德的增值服务。

如图8-3所示，以交互式连续方式编号的Mega思维及规划的10个渐进式和迭

进行认证申请。我需要经客户证明的5个案例，以证明符合绩效改进10项标准。但是，由于我已经将任务转换为项目，并且用户部门及我的主管是我的客户，所以即使我从未参加过任何认证准备的培训，我仍有很多案例可以提交，我在2008年年初就获得了认证。

文化

问题：你是非洲人后裔，在非洲出生并长大。你的文化是如何塑造、激励和支持你作为绩效改进领导者的绩效的？

回答：我对社区的责任感和对他人的责任感的文化使我对考夫曼的Mega思维产生了共鸣。我的家庭文化背景是寻求他人好的方面，女性会感到舒适，并且无论女性的文化导向如何被颠覆，我都可以自由地表达我作为女性的看法，这使我能在工作、员工和工作场所层面发表丰富的观点。作为当时在社区中享有良好社会地位的女人的孙女，她的两个儿子都接受了教育，我很幸运，拥有开明的家庭，让我作为女性可以生活在文化限制之外。因此，尽管到目前为止存在着种种生活挑战，但一直受益于富有建设性的内核和扩展的支撑系统，我得以茁壮成长。我也是一个乐观主义者。因此，这让我对持续改进空间及寻找下一个贡献和影响水平的看法改变了很多。

问题：你看到有哪些主要的文化转变使女性领导者和女性高管普遍受益？

回应：女性领导者越来越多地在技能方面将自己与男性领导者相提并论。现在，越来越多的女性领导者对自己的技能可以带来的价值有了更大的信心，并且明白技能有效并不意味着她们要变成男人。目前有很多支持女性领导者管理其生命周期的网络、平台和工具，而且不会妨碍她们在更大的团队、组织或系统中增加价值。这是人类历史上发展和优化女性领导力的一个鼓舞人心的时刻。

平衡工作与家庭

问题：你如何保持能量与韧性？

回答：我使用冥想、静默和反思来让身体恢复。我倾听自己的身体，当身体需要休息的时候，我就会"关闭"或"远离雷达"。通过健康饮食、锻炼、定期进行全身按摩、旅行等，我让身体始终保持最佳状态。我经常从电视节目中吸取经验，这些经验对我很有启发，所以我学到了很多。

在承担家庭和育儿责任方面，我培养孩子们在生活中的独立性，这样，伴随着他们的成长，我与他们在一起的时间变得更加充裕，我们可以讨论生活问题、学习新技能及旅行，而不是由我来照顾他们。在基于网络的育儿工具方面，我发现Skype和WhatsApp的即时消息及语音消息非常有用。

最后，积极思考，保持杯子半空状态，与我的孩子们互动和分享，使他们能够支持我，有目的地捐赠和参与慈善事业，这对激励人心很有帮助。

挑战

问题：你如何应对和消除某些观念，如"她是有孩子的人，所以不会完全专注于她的工作"？

回答：始终在团队中尽我应尽的责任，总是承担起个人的责任。不指望有任何特殊对待或不同的规则，如果家庭出现问题要及时告知，保持可交付成果或协商角色和时间安排，这一点很有帮助。如果需要，我在工作时会带着我最小的孩子，以及一些彩笔和剪贴簿。周末，我带最小的孩子到不同地方参加董事会和培训课程。我们喜欢一家人去旅行和探索文化，并喜欢在旅行中购物。因此，带孩子们去旅行始终作为对他们的奖励，我们通常会在旅行中观光和学习。我已经基于这样的安排，带他们一起去了尼日利亚的卡拉巴尔、哈科特港和阿布贾。我还带他们去了加纳的阿克拉、肯尼亚的内罗毕、埃塞俄比亚的亚的斯亚贝巴、迪拜和阿联酋的多哈，以及里诺和纽约的国际绩效改进的国际会议。这样，我就可以完成工作和学习任务，并且孩子们通过学习和接触其他文化，对作为全球的一员有了新的看法。

问题：女性可以拥有这一切吗？

回答：有时可以，但并非总是如此；"拥有一切"正在变得转瞬即逝，因此，应该从中长期来看，而不是从短期来看。从长期来看，拥有这一切需要努力工作、不断学习、付出、运气及在艰难时刻的强大的内心支撑。

问题：你的领导经历中有哪些可以观察到的挑战？

回答：处理看法和偏见。这是发生在家庭、文化、职业、国家和全球范围内的普遍现象。在博士课程中、会议中、高管计划中，甚至跨大陆航班的飞行中，我都经历过种族歧视！我已经在全球的专业团队中看到了这一点。在国内，人们在性别、部落和宗教方面持有不同看法和偏见。但是，从我注意到的那时开始，我就不允许让这些看法和偏见限制我，我会自信地做出自己的贡献并增加价值，我通常会获得接纳性回应！

为此，我必须感谢我已故的父亲！我的父亲在我小时候是一名专业护士，他于20世纪60年代初在英国学习,他让我们了解到,除了肤色,人体在构造、血型和内部器官功能等方面都是相同的。所有种族就像在一个被称为地球的巨大花园中的不同花朵一样,有着各种各样的颜色,每种都独特而美丽,它们共同构成了一个美丽的花园。这种观点对我的影响很大。所有人都是人类的一员,只是有不同颜色的包装,即肤色。我们都有类似的基本愿望和关切。这种观点帮助我坚定了在多元文化环境中茁壮成长为全球领导者的信念。

关于他人对经济上独立的职业女性的看法,还有一个问题——大多数非洲男性都是专横的、以自我为中心的,因此,受过教育和有经济能力的女性通常被视为威胁,在家庭、工作和社会中,她们可能成为男性侮辱和攻击的目标。但是,社会正在发生变化,例如,有些男性感觉在双收入家庭中越来越舒适,有些男性开始喜欢聪明、有魅力且在经济上独立的女性。可悲的是,有些男性仍然固守传统思想,对女性持有偏见。变化需要逐步进行,女性领导者要发挥更高的情商和智慧,在女性支持团体、专业网络及支持性大家庭基础上,以包容和协作的方式茁壮成长并持续取得成功。

本章重点

正如本章的摘要部分所描述的那样,本案例研究以专业的故事讲述形式提供了对研究对象20年领导之旅的洞悉,从案例研究对象的早期生活到其对理论和新兴概念的见解,通过访谈了解她在绩效改进创新实践的相关问题上的个人倾向。这是本章的重点,为案例提供了丰富的背景知识,旨在讨论适用于非洲绩效改进实践的历史背景问题,以及非洲绩效改进创新实践所面临的挑战。本节将重点关注案例研究对象应用绩效改进实践原则取得的成果,最后重点描述了观察到的挑战及如何实现成果。

纽曼的报告指出,非洲日益成为全球商业和投资的首选目的地,这得益于非洲大陆的经济转型和增长潜力,非洲在很大程度上仍未得到开发。世界银行在其最新版的《非洲脉搏》(*Africa's Pulse*)中也提到了这一点,《非洲脉搏》刊登了世界银行对非洲经济的评估,对撒哈拉以南的非洲地区进行了半年度分析,证实撒哈拉以南的非洲地区(不包括南非)2012年的经济增长率为5.8%,而发展中国家的平均增长率为4.9%。在5年后的2018年4月18日,撒哈拉以南的非洲地区的经济增长率却持续走低,发生了什么?

非洲绩效改进实践的历史背景

根据国际绩效改进协会"国际扩张10人特别工作组"的说法，其在2008年7月针对西非的提案及当时的国际绩效改进协会的战略计划的第三项指导原则是"促进多样性和包容性"，第四项指导原则是"保持全球化思维"。该协会在2007年8月的情况表明：

- 在过去10年中，该协会的总会员人数保持相对稳定（1996财政年度为4 000人；2007财政年度为3 750人），但会议出席率比"9·11事件"之前的数字提高了25%。
- 按国家和地区汇总的会员数据（包括截至2007年8月的三个月到期会员资格）显示，4 060名会员来自59个国家/地区。其中，有3 753人（占比92.4%）来自美国和加拿大，而有106人（占比2.6%）、80人（占比1.97%）和47人（占比1.16%）分别来自欧洲、亚洲和非洲。其余成员来自加勒比（5人）、中美洲（8人）、中东（14人）和大洋洲（36人）。

国际绩效改进协会董事会在2008年做出了两项重大决定，以促进其2007年9月会议中提到的战略计划的第三项指导原则和第四项指导原则，决定内容如下所示。

（1）建立一个国际工作组来直接吸引当前/潜在的国际客户，以便为可行的选择提供见解和建议。国际工作组受命审查当时社会的国际化工作，并就未来的、潜在的行动方针向董事会提出建议。

（2）为在美国和加拿大以外的候选人在协会董事会中提供一个董事职位，以迈出实现多元化和融入社会领导层的一步。

该案例研究对象与国际工作组的工作匹配度很高。她还担任了特别工作组的工作，根据已实施的第四项指导原则，她在2012年至2014年当选为国际绩效改进协会董事会的国际董事。因此，她成为非洲历史上第一位被选为全球协会董事会成员的人。在此期间，她代表美国以外48个国家/地区的成员。在担任这一职务期间，她根据个人决定自费参加了欧洲、中东和非洲在布拉格和蒂布利西举行的会议，以国际董事的身份参加会议并在会议上发表了演讲。在国际绩效改进协会董事会任职期间，她是董事会的卓越奖委员会、托马斯·吉尔伯特杰出专业成就委员会、名誉终身会员奖委员会、新兴专业委员会的联络员。在这段时间里，她赢得了国际绩效改进协会的两个拥护者——尼日利亚中央银行和尼日利亚存款保险公司，并且让来自尼日利亚的专业人士更加活跃。尼日利亚在那段时期，参加人数最多时有17位。自2001年加入协会以来，该案例研究对象的工作箴言就是运用绩效改进10项标准和

HPT服务雇主和客户。

非洲绩效改进实践的挑战

赛尔（Sell）和维尔梅特（Vielmetter）在他们的《领导力2030：领导你的公司进入未来所需理解的六大趋势》（Leadship 2030: The Six Megatrends You Need to Understand to Lead Your Company into Future）一书中指出，六大趋势为：① 全球化2.0是一种新的世界经济秩序，经济增长转移到了亚洲尤其是中国这样的快速发展的市场，从而摆脱了全球化1.0的影响，全球化是从西方这样的"旧"经济体转移到东方"新"经济体，因此，中产阶级将在这样的增长经济体中崛起；② 由于人类活动，关键自然资源变得越来越稀缺，气候变化带来更具威胁性的环境危机；③ 个性化和价值多元化在新兴市场的影响力中日益增强；④ 数字时代，在数字技术中生活和工作已成为常态，数字平台将权力从组织转移到"数字原住民"；⑤ 由于世界人口迅速老龄化而造成的人口变化，将对社会结构和福利制度造成压力，从而引发对人才的争夺和平衡多样化劳动力的需求；⑥ 技术融合，包括纳米技术和生物技术在内的科技进步改变了生活的许多方面，也带来了新产品和研发能力的压力。非洲大陆正如预期的那样，它是积极参与全球化2.0的新区域。

在这种背景下，就非洲绩效改进创新所面临的挑战而言，案例研究对象的观点很多。尽管许多非洲国家的发展指标有所上升，但非洲许多不同的行政地区内的各个地方有着不同程度的绩效改进机会。她的观察表明：

- 在本区域内，特别是尼日利亚以外地区，对国际绩效改进协会和HPT认识不足。
- 现有会员的会员记录不准确。
- 尼日利亚和该地区的专业机构正在注册中。
- 现有会员对HPT和绩效改进实践理解不足。

1. 对国际绩效改进协会和HPT认识不足：案例研究对象的一些拥护者告诉她，该协会的主题和提供的内容不适用于非洲大陆的某些特殊情况。她在2012年签约的两位倡导者和赞助者后来都不再活跃，其中一位提供了这个反馈。

2. 对中长期干预和项目的次优承诺文化：在非洲大部分地区，政治动荡、短期主义文化泛滥、私营和公共部门内部竞争激烈，以上因素往往使人们不欣赏需要3～5个平均步骤才能实施绩效改进干预措施并产生系统化影响的建议。案例研究对象能够证明成果是共享的，因为她已经具备了技能，并与组织董事会合作，在办公室拥有一定的权力，有10年顾问的工作经验，对于实施的方法论有相对的控制权。

3. HPT的技术本质和初见绩效改进：非洲的大多数管理人员对干预措施具有短期的瞬时需求。大多数绩效改进顾问以非常技术和学术的方式介绍干预措施，因此对高管和决策者来说没有吸引力，关于该主题的出版物也无济于事。

4. 非洲认证的绩效改进顾问（CPT）数量不足：如果排除多边合作项目的短期顾问，整个非洲只有不到20名CPT。数量太少以至于无法收集产生合理影响所需的推动力。同时，还有许多其他专业协会和其他领域的专业人员，但具有端到端HPT的、有影响力的人很少。

案例研究对象在角色中的对于原则和概念的应用：1999—2019年

案例研究对象在她的职业生涯中基于不同的角色取得了不错的成果，并赢得了"是一个聚焦结果的人"的声誉。她始终坚持让战略、组织结构、人员、政策和系统保持一致，通过实践、咨询、研究和能力构建来推动个人和组织的绩效的最优化，她拥有董事会工作的经验，继续以绩效改进和治理系统专家的身份做出贡献，并应用变革型领导思维模式在她的国家尼日利亚及非洲其他地区推动和交付创新方案。她出版了书籍，获得了多项荣誉，并运用图8-2中的理论和概念，她在过去20年的职业生涯中取得了令人鼓舞的成绩。

2001—2006年：在3家不同规模和所有权的尼日利亚银行中发挥职能角色

2001—2006年，案例研究对象对HPT和绩效改进10项标准的应用受限于以角色为基础撰写工作描述和制定KPI，她在工作角色中应用的方法反映在10项标准中的第1到第9项，她的雇主负责第10项标准，这是她的年度考核评估。几乎在每个评估周期都会赢得雇主的赞誉，她也因此获得了其他职位和机会。案例研究对象的3个不同的前雇主都是尼日利亚的商业银行，根据3位前雇主的陈述，案例研究对象在此期间担任的角色如下：

- 1997年5月—2003年10月：债券销售经理。
- 2000年11月—2003年7月：市场和业务拓展经理。
- 2003年7月—2005年12月：人力资源开发总监。
- 2006年1月—2006年4月：人力资源开发总监／人力资源副总裁。
- 2006年4月—2006年6月：人才与绩效管理总经理。
- 2006年6月—2006年6月：职业与薪酬管理总经理。

案例研究对象从1997年5月到2006年在角色中应用的绩效改进10项标准如下：

于伦敦的英国公司的2006—2009年的两个主要项目中进行应用。在案例研究对象职业生涯的最近14年中，她发现自己在HPT和国际注册绩效改进顾问领域的技能得到了充分展现。下面列出了案例研究对象在此期间在咨询行业的两个不同雇主处所扮演的角色。

- 2006年8月—2007年12月："全球四大公司"业务咨询绩效改进实践高级顾问。
- 2008年1月—2009年4月："全球四大公司"业务咨询绩效改善实践首席顾问。
- 2009年5月—2019年8月：一家特殊目的的非营利性专业服务机构的总经理／CEO，提供培训、咨询和研究服务。

2009—2019年，案例研究对象作为总经理和CEO，与她的前任雇主合作长达10年，负责领导该组织，引领尼日利亚金融服务业的领导力思想并指导项目交付工作，包括为组织的客户和利益相关者提供培训、咨询和研究。她还领导了雇主组织的转型，迄今为止，关于转型的案例研究已经在不同的同行评审出版物中发表了两次。案例研究对象于2006年8月至2019年在绩效改进咨询中应用的绩效改进10项标准形式如下所示。

标准1：关注结果或成果——与利益相关者／客户共同构建项目成果。

标准2：系统思考——使用组织战略／行业基准／内部调查。

标准3：增加价值——与确定的利益相关者识别、协商并达成共同愿望。

标准4：与客户和利益相关者合作——组建包容性项目团队。

标准5：需求或机会分析——复盘过去的绩效，寻找改进空间。

标准6：原因分析——识别过去干预措施中的错误并共同解决所有的问题。

标准7：设计包括实施和评估在内的解决方案——共同设计并获得批准。

标准8：确保解决方案的一致性和可行性——始终在正式实施前和利益相关者一起进行试点测试（包括一致性和可行性）。

标准9：实施解决方案——确保利益相关者在正式发布前有效地参与进来。

标准10：评估结果和影响——评估、分享取得快速成功和里程碑的结果，以及学习和调整的余地。如果这些里程碑与评估周期保持一致，那么它对职能部门和团队就会相当有用。利益相关者也会感谢进行评估的机会。评估结束之时也是下一个计划开始之时。

2006—2009年担任顾问角色时前雇主的证言（2019年获得）

证言1

她是一个非常聪明和才华横溢的人，具有深厚的软技能和技术技能。她为雇主和雇主的客户完成工作的方法需要深入的合作、创新和高影响力。她丰富的经验和平易近人的个性使她深受同事、老板、客户的喜爱。在她的领导下，金融机构培训中心到目前为止所取得的成绩清晰地证明了这一点。她通过识别高价值的传统问题来提高绩效，同时评估系统的影响力，并参与讨论在新环境下所有利益相关者的未来。这种领导风格使她受到领导者、同事和董事会的喜爱。她成功地将组织的品牌扩展到非洲和其他地区。她是一个潜在的高价值领导者，对她所投身的任何组织来说她都是一笔财富，这一点从该组织在非洲不断扩大的足迹中就可以看得出来。在她结束在金融机构培训中心的10年任期之际，我祝她一切顺利。

证言2

我认识她已经10年了。在最初的5年，我担任金融机构培训中心（服务整个尼日利亚金融服务业）董事会主席时与她共事。2009—2014年，我在尼日利亚中央银行担任副行长。从我所处的职位角度看，我对她的领导风格印象深刻，她是一个高智商、高情商、有远见的人，这在她成功担任金融机构培训中心的总经理兼CEO后变得更加突出。她成功地在过去领导者不断取得成功的基础上，将该组织转变为一个运行良好的、为尼日利亚金融服务部门增值的贡献机构。从2011年到目前为止，她在撒哈拉以南非洲地区与包括国际金融公司在内的多边组织进行战略合作，从金融体系中董事会领导力和公司治理培训到动产融资工作坊。在她的领导下，金融机构培训中心在三个主要绩效指标上取得了显著的改进：培训学员人数、组织资产净值和品牌感知度，这通过多个国际和国内知名机构的认可，以及与全球顶级组织的合作关系中体现出来。我祝她未来一切顺利。在金融机构培训中心任职后，她是一位个性平和、充满活力和创新精神的领导者。无论她做什么，她都会为自己设定的工作增加更高的价值。

案例研究对象的个人成就和组织成就：1999—2019年

在过去的20年，案例研究对象越来越多地将图8-2中的理论、概念和技术应用于绩效改进创新的个人成果中。

（1）2001—2019年，职业加速发展，为雇主和雇主的客户做出了切实的贡献。

考虑到非洲在《2063年议程》中的愿望和其他适用于亚洲、欧洲和美洲大陆发展方面的大陆背景，这些只是案例研究对象在绩效改进领域的领导历程，以及对其在绩效改进创新和HPT领域中的观察所得，针对其中挑战的解决方案和建议如下：

（1）有抱负的绩效改进从业人员需要对他们目前的技能及未来10~20年国家、地区和全球范围内项目可能需要的技能做一个盘点。

（2）找出他们感兴趣的新兴理论结构，在他们的领域中实践，并在他们成为领导者时寻求渐进式的一致性。

（3）考虑领导者希望回馈社会的潜在领域，并以建设性和有益的方式影响社会。

（4）在他们已经确定的领域中寻找潜在的利益相关者，然后尽早开始参与并建立联系，以便发现那些他们愿意向其学习的人，这样辅导关系就可以在多年后自然形成，以互惠互利的方式对更广泛的社会产生影响。

（5）找出那些在该领域技能水平较低的人，当他们得到指导时，他们反过来会通过传授他们学到的知识来投资他人，在这个过程中，指导的利益不仅得到了内化，而且他们自己也指导了他人。

（6）发表，发表，再发表。与导师合作，在同行评审的期刊和出版物上发表文章。通过这样做，他们在自己的领域投资于新知识，并在学习过程中为知识库做出贡献。

（7）参加一些专业的社交活动，如志愿者活动、演讲等，以获得改进的反馈。

（8）与同行交往，并与对方保持联系，庆祝彼此的里程碑事件，向同行学习。

（9）在专业网络中信守承诺，始终追求共同利益，以提高个人领导力品牌的信誉。

（10）始终促进从合作中获得反馈的过程，以便进行充分的学习和知识管理。

这个案例试图呈现案例研究对象在20年的领导之旅中的绩效改进见解。本案例提供了案例研究对象在实现其作为非洲绩效改进从业人员的愿望时，对初始的理论框架、概念和创新的应用。案例研究使用专业的故事讲述方法，通过访谈和他人推荐的形式为案例研究对象的领导之旅提供额外的"幕后"背景。案例研究对象在1997—2019年于5个前雇主处担任多个角色，推荐由其6位前主管提供。该案例研究对象出生于尼日利亚，除了在尼日利亚攻读博士学位，大部分时间在尼日利亚工作，她还进行了大量的学习。她的前雇主为她提供了与他人或机构多层次合作的机会，她的足迹遍及非洲及其他地区，包括：

（1）在尼日利亚"全球四大公司"的两个主要项目中，她与英国公司的同事进行了接触并一起工作，还与肯尼亚公司的同事一起在当时非洲中部地区的内部人力资源团队工作，担任尼日利亚内部人力资源团队的教练。

（2）2009年5月4日至2019年8月2日，在西非银行家协会中担任职务。

（3）2012年1月至2019年8月2日，在非洲公司治理网络金融机构培训中心担任总经理兼CEO。

（4）担任国际绩效改进协会全球董事会国际董事。

未来的研究方向

本案例研究提供了尼日利亚人的经验，虽然案例研究对象以非洲为背景，但案例研究对象始终保持跨文化的全球领导者的心态，所以可以在跨文化和环境背景下探索原则的实际应用。但是，鉴于全球对有效的绩效改进创新实践的需求不断增长，未来的研究方向可能包括对来自不同大洲的类似案例研究的比较分析，以便总结出应用原理和基本概念时的问题、挑战与经验。

结论

"转型需要应用久经考验的绩效标准、一系列系统的诊断方法和对领导力的心理评估，还需要一个坚定不移的变革倡导者，能够以建设性和真实的态度描绘理想状态的心理图景，激励所有利益相关者以包容的态度、所需的精力和认同感加入进来。"

——露西·苏耶尔·纽曼

本章介绍了一个案例研究，标题为"一位非洲领导者的绩效改进创新之旅"，并深入讲解了非洲裔女性高管，同时也是一名职业母亲，在过去20年的领导历程。它试图证明绩效改进创新的实践应用在社会上具有广泛影响。国际绩效改进协会的绩效改进10项标准通常适用于项目。此案例研究的独特之处在于，作者使用第三人称的专业故事讲述的方法，对本文所述的概念和标准在其个人职业中的应用进行了叙述。作者希望借此使员工、管理人员、职业教练和绩效改进专业人员能够从案例研究中获得启发，以计划如何将一些概念应用到他们的个人工作角色和职业计划中，以此作为简化原则应用的方法。案例研究对象已证明，如果在中长期内保持一致性，系统地应用概念，效果会很好。

关键术语和定义

绩效改进10项标准：根据国际绩效改进协会的资料，该标准可以在协会的网站上获得，"我们的方法和我们的绩效改进10项标准是通用的。它们可以应用于任何个人、团体、组织、行业或部门，并可为任何绩效挑战或机遇创造有意义的结果"。

国际注册绩效改进顾问认证：国际注册绩效改进顾问认证由国际绩效改进协会于2002年开发，旨在帮助从业人员在绩效改进行业中脱颖而出。这种基于熟练程度的认证要求从业人员根据一系列标准、准则和道德规范来记录其工作实例。同行严格审查申请，他们评估提交的工作内容是如何通过系统的、可衡量的过程来产生结果的。那些获得认证的人通过遵守继续教育要求来证明自己对这一领域的奉献，而继续教育要求每三年进行一次重新认证。这一认证是某些组织需要的，它们希望聘请知道如何获得结果且具有专业知识的人。因此，可以推断，国际绩效改进协会将国际注册绩效改进顾问认证的称号授予那些通过系统地识别和消除绩效障碍来证明自己有能力取得成果的个人。

人类绩效技术：根据国际人文交流协会的说法，国际绩效改进协会将"人类绩效技术"定义为"一种用于提高生产力和能力的系统方法，它使用一套方法、程序及解决问题的策略来把握与人类绩效相关的机会。更具体地说，它是选择、分析、设计、开发、实施和评估的过程，以最经济有效地影响人类的行为和成效。它是三个基本过程的系统组合：绩效分析、原因分析和干预措施选择，并且可以用于个人、小型团体和大型组织"。对人类绩效技术的更简单定义是"一种改善个人和组织绩效的系统方法"。关于人类绩效技术中的"技术"一词，人们有一个常见误解，认为它与信息技术有关。其实，这里的"技术"是指人类绩效领域的专业方面。技术：将科学知识应用于实践（尤其是在工业中），作为与工程学或应用科学有关的知识的一个分支。关于人类绩效技术的起源，维基百科进一步解释说，该领域也称绩效改进，来自20世纪五六十年代教育技术和程序化教学技术。在第二次世界大战后，教学系统设计（Instructional Systems Design，ISD）模型的应用并不能始终如一地为组织绩效带来预期的改进，这就导致了人类绩效技术从20世纪60年代末到20世纪70年代初与教学系统设计相分离，当时美国程序教学学会被更名为国家绩效与教学学会，后又更名为国际绩效改进协会。忠（Chyung）在2008年指出，人类绩效技术已经发展成为一种系统化方法，可以解决复杂类型的绩效问题，并有助于正确诊断问题和实施解决方案，缩小个人之间的绩效差距。人类绩效技术的起源可以追溯到托马斯·吉尔伯特（Thomas Gilbert）、吉尔里·拉姆勒（Geary Rummler）、凯伦·布雷瑟（Karen Brethower）、罗杰·考夫曼（Roger Kaufman）、鲍勃·麦格（Bob Mager）、唐纳德·托斯蒂（Donald Tosti）、劳埃德·霍姆（Lloyd Homme）和乔·哈里斯（Joe Harless）的工作。他们（特别是托马斯·吉尔伯特和吉尔里·拉姆勒）是该领域的开拓者。

问题

1. 请识别并列出案例研究对象在其领导之旅中应用的理论和概念。

2. 案例研究对象描述了她如何将绩效改进10项标准应用于她的角色中。请创建一个基本的工作描述，然后将其转换为应用绩效改进10项标准的基于项目的版本。

3. 在案例研究对象成为"全球最佳影响力的非裔女性领导者"过程中，哪些技能和价值观对塑造她的领导风格有帮助？

4. 请列出作为非洲领导者和职业母亲的案例研究对象在案例中的成果。

5. 请分享一下案例研究对象如何在1997—2019年担任的2～3个角色中应用绩效改进10项标准。你认为这些方法适用于你的情况吗？请给出支持你观点的理由和示例。

第9章

使用配套应用程序序支持培训

斯蒂芬妮·约翰逊

> **概要**

本案例研究反映了如何使用移动培训配套应用程序来克服在传统的学习管理系统/基于网络的培训策略下，支持面对面培训课程后对学员进行三级评估的局限性。对某些在地理分布上很分散的学员来说，面对面培训难以复制和标准化，这也是在这里进行讨论的原因。该解决方案虽然被认为是成功的，但仍有足够的改进机会，特别是在产品发布方面。通过增加各种信息技术功能来提高学员的接受水平很重要，因为智能手机的迅速普及使得以前被认为不可行的解决方案得以创建。

组织背景

本案例研究的制造商在设计、制造高级轻型、中型和重型卡车和客户支持方面处于全球领先地位，拥有多个知名品牌。该制造商还设计和制造先进的柴油发动机，提供金融服务、信息技术服务，并分销与其主营业务相关的卡车零部件。

该制造商旗下一个品牌生产销往美国、加拿大、墨西哥和澳大利亚的高档商用车并出口到世界各地。另一个品牌在美国和加拿大设计、制造和分销高档商用车。还有一个品牌在荷兰、比利时、巴西和英国制造卡车并销往整个西欧和东欧，出口到亚洲、非洲、北美洲和南美洲。

该制造商通过遍布全球2 200个地点的庞大经销商网络向客户提供产品和服务。该制造商在全球100多个国家销售产品，并在亚洲和世界各地扩展其经销商网络。大约一半的收入和利润是在美国境外产生的。

二级市场（零部件市场）部门运营着一个零部件配送中心网络，为全球的品牌经销商和客户提供售后支持。售后支持包括全年24小时运转的客户呼叫中心和技术先进的系统，以加强库存控制和加快订单处理速度。

该制造商的金融服务为24个国家的经销商和客户提供融资、租赁和保险服务，包括超过180 000辆卡车和拖车投资组合，总资产超过130亿美元。该制造商在北美拥有一家提供全方位服务的卡车租赁公司，拥有38 000辆车。2018年，该制造商的总收入为230亿美元。

奠定基础

本案例研究的是为一家特许经销商网络遍布北美的大型运输制造商提供售后市场支持和服务培训而启动的项目。这家制造商的分支机构遍布全球。该项目仅影响加拿大、墨西哥和美国的一些地区。问题部门专门负责处理所谓的"售后服务"或售后市场产品。有几个部门负责工程、设计，并最终制造大型运输车辆，这些车辆也被称为8级卡车。8级卡车重达33 000磅（1磅≈0.45千克）或以上。一旦这些卡车被制造出来，它们就会被转运到特许经销商网络，销售给最终客户。卡车初次出售时，它上面的所有物品均被视为原始设备。任何随后需要购买来支持卡车整个生命周期的物品（如机油和更换机油的机油滤清器）均被视为售后或售后市场零部件和服务。最终客户可以通过该网络中的任何特许经销商获得这些零部件和服务，目前该网络在北美有800多个销售点。本案例研究中的部门为特许经销商提供必要的售后市场零部件，以保持8级卡车在道路上的正常行驶。

简单地说，在特许经销商网络中有很多学习的机会。每一级特许经销商都可以制订一个培训计划，让他们的员工了解每个售后市场零部件的特性和优点，然后在实际工作中应用。然而，为降低成本和避免重复劳动，特许经销商已经开始依赖原始设备制造商（也被称为8级卡车制造商）为其提供培训，特别是"售后"部门。然后，特许经销商可以使用他们以前在其他地方开发的培训资源，如制造商的学习管理系统提供的在线培训课程和印刷的补充技术出版物，但售后部门会在一年中定期为特许经销商员工提供面对面的培训课程。学习管理系统允许经销商的员工随时登录，学习销售、经销商管理或产品信息方面的课程。这些课程针对的是整个经销商网络，因此，在很多情况下，经销商的员工无法从这些课程中了解基于市场的产品的详细信息。这些信息仅在面对面培训课程中提供。经销商必须提供差旅费，才能让员工参加这些面对面培训课程。因此，经销商管理层要求制造商开发一种方法，以确保经销商在面对面培训上的投资是合理的。

由于面对面培训课程是唯一不与学习管理系统绑定的课程，所以内置的指标不能用来计算经销商的投资回报率。原因如下，难以标准化面对面培训的经验，特别是关于讲师、产品和过程的经验。例如，面对面培训课程的目的之一是在经销商和售后市场零部件区域产品代表之间建立关系。在这种情况下，参加面对面培训课程是首选，因为工作环境是高度基于关系的，而且员工认为与区域产品代表的互动是业务成功所必需的。由于区域产品代表来自不同的地区，区域之间的培训内容很难通用。造成这种情况的另一个原因是区域之间产品利用率的差异，以及故障模式及发生频率的不同。经销商和区域产品代表需要就哪些产品对客户是最重要的这个问题进行合作，这将使产品组合多样化，并进一步影响课程的标准化。最后，在不同区域遇到的服务流程也可能存在显著差异。例如，温度和驾驶条件的差异可能需要对散热器进行维修，但一个地区可能更容易遇到极端寒冷和过热带来的问题，在另一个地区又是其他的问题。

另一个要考虑的方面是收集培训期间分发的实物营销宣传品和服务公告。对于办公室空间有限和/或营销区域较大的经销商的员工来说，实物营销宣传品不如数字参考资料受欢迎。实物营销宣传品的体积和重量使得将其运送给客户变得很麻烦。然而，与那些习惯了精美、高分辨率小册子的客户分享数字内容并不像在推销时让客户随身带走小册子那么容易（见图9-1）。由于现场服务区域无法访问计算机终端，服务人员似乎仍然更喜欢实物营销宣传品。例如，如果维修技师正在为一辆汽车进行检查，并确定这辆卡车需要新的制动鼓，则该技师必须使用小册子来帮助客户决定使用哪种制动鼓最适合他。在服务区域内并没有可用于此类用途的计算机。

图9-1　实物宣传手册与数字宣传手册

8级卡车及其售后市场产品的销售遍及北美。不同地区所需要的物品和材料有所不同。在做出有关材料、提供的课程类型，以及其他为经销商和客户提供教育和支持机会的决策时，必须考虑投资回报率。

案例描述

为特许经销商的员工提供售后培训是困难的。该解决方案必须克服地点之间的物理距离、对特定品牌的支持和语言障碍。它必须创建一个环境，在售后支持的所有主题中提供适当的信息、产品信息访问和专题知识。这需要制造商和经销商双方的大量投资。

通过登录制造商安全门户网站，访问由安全学习管理系统提供的在线培训课程，经销商的大部分问题已经得到解决。制造商选择的学习管理系统使用共享内容对象参考模型（Shareable Content Object Reference Model，SCORM）逻辑引擎，根据之前的绩效为客户提供课程。例如，除非学员已经掌握了以往的、必要的课程，否则无法进入新的培训课程。基于网络的培训课程使用符合SCORM的格式，无间断地提供给经销商，以跟踪各个经销商的进度和掌握情况。员工个人分数会被汇总成经销商的平均分数，也称"零部件挑战"，由制造商每月进行测算。通过确定当月发布的课程数、特许经营范围内可接受培训的经销商数，以及最后成功完成培训的经销商数（见图9-2）来计算"零部件挑战"。该指标如果未能达到本年度的培训指标，经销商就无法获得上一财年的制造商奖励。此类奖励的一个示例是"年度经销商（特许经营）奖"。

"零部件挑战"经销商排名

编码	可能的分数	目标分数	挣得分数	完成度 %	目标完成率 %	实现目标
B326	106	95	106	100	111.58	是
T061	147	132	147	100	111.36	是
S025	147	132	147	100	111.36	是
W009	79	71	79	100	111.27	是
B325	326	293	326	100	111.26	是
T425	346	311	346	100	111.25	是
M461	188	169	188	100	111.24	是
I134	308	277	308	100	111.19	是
K960	438	394	438	100	111.17	是
E011	657	591	657	100	111.17	是
P266	41	37	3	7.32	8.11	
C975	414	373	30	7.25	8.04	
K009	227	204	15	6.61	7.35	
C977	82	74	3	3.66	4.05	
C444	535	482	16	2.99	3.32	
K015	226	203	5	2.21	2.46	
K800	171	154	3	1.75	1.95	
S060	438	394	3	0.68	0.76	
K205	65	59	0	0	0	
L502	65	59	0	0	0	
L501	449	404	0	0	0	
S061	188	169	0	0	0	
G194	79	71	0	0	0	
U001	65	59	0	0	0	
G370	188	169	0	0	0	
356	148373	133540	99738			94

图9-2 零件挑战指标的样本

然而，有时候基于网络的培训课程并不是学习的最佳选择，尤其是当基于网络的培训课程被认为是更大规模学习机会的延伸时。一种选择是订阅印刷的技术文章的合集，这些文章描述了特定产品的特性和优点，以及可交叉参考的车辆品牌和型号。这些培训资产在经销商处积累并形成参考资料的合集，特别是关于在学习管理系统应用之前生产的车辆的资料。在出版物中传播技术信息可能优于基于网络传播。例如，复杂的图表和表格在出版物中可以跨页排版，能够最大限度地减少电脑屏幕不断滚动带来的眼睛疲劳（见图9-3）。这些技术出版物被分配给特定的经销商的员工，对这些材料的掌握程度可以通过学习管理系统中提供的测试来衡量，并汇总为经销商培训指标的一部分。

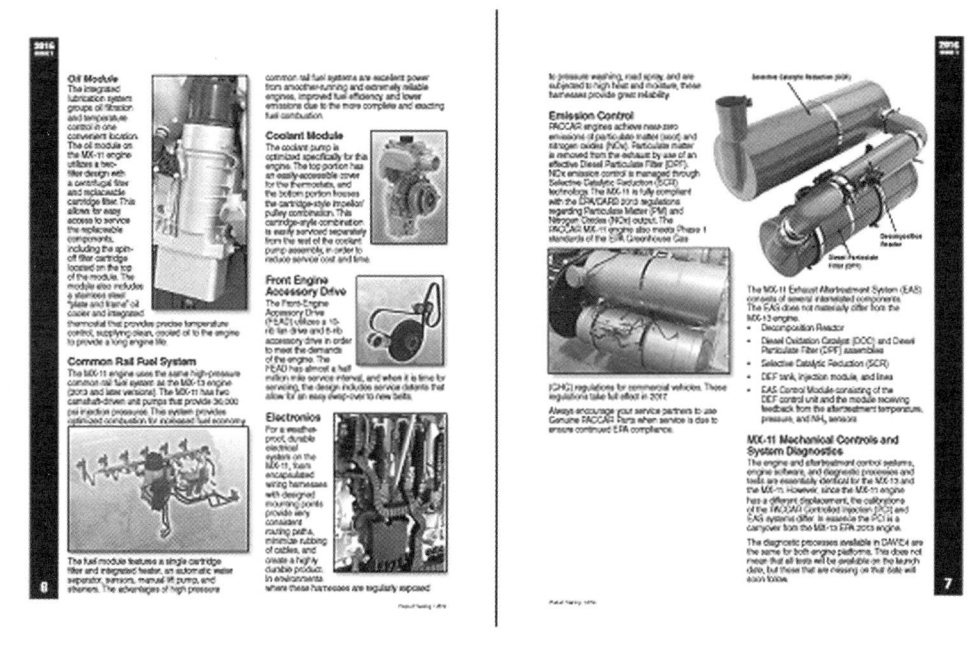

图9-3 技术出版物样品

相关技术

短短几年时间，大多数目标受众都已在日常生活中使用手机。员工依靠手机开展业务，手机信号的中断会大大减少工作机会。智能手机具有互联网接入和计算能力，使员工能够在手机信号弱的情况下继续工作。员工可以使用下载到手机上的应用程序或连接Wi-Fi继续工作。

鉴于移动网络容量的变化和进步，我们认为现在是考虑移动解决方案的时候了。

技术组件

制造商的培训经理已多次被要求提供员工掌握知识的证据，并最终提供支持售后市场产品制造商和特许经销商的投资回报率信息。依据这些信息，我们可以很容易地计算出与学习管理系统相关的培训资产。考虑到案例研究中描述的要求和质量的多样性，对于面对面的培训课程，确定这一点并不容易。然而，经销商和售后市场产品制造商，以及8级卡车制造商的管理层都努力提供证据，证明投资面对面的培训课程可以帮助经销商的员工达到他们指定的指标，并将通过培训获得的知识直接运用到工作中。

确定如何通过数字参考资料来支持讲师主导、产品驱动的课程，而不需要重新制定、调整基于网络的培训策略（在制造商处）成了项目的焦点。

首先，人们认识到，学习管理系统策略的一个优势是面向所有受众的内容是标准化的，而且可以不间断地循环播放。学习管理系统根据学习者的工作角色、掌握程度或地理位置，对有限的课程授予访问权限，为学习者提供合适的内容。例如，分配给售后市场销售人员的课程与分配给售后市场经理的课程就不同。然而，所有的售后市场销售人员都看到了同样的标准化课程。另一个例子是基于知识掌握程度开放课程。除非学习者已经掌握了以往的、必要的内容，否则学习管理系统不会解锁新的内容。两名新员工将遵循同样的课程设置，但其中一名员工可能比另一名员工更快地完成学习。此外，学习管理系统允许内容本地化；具体的课程内容可选西班牙语、法语或加拿大语，以确保第一语言不是英语的经销商的员工能够掌握。信息是标准化的，语言却不是。最后，学习管理系统可以通过登录互联网上的安全门户网站获得。许多经销商在非常规的时间营业，有些全天营业。因为经济依赖于货物的流动，所以保证8级卡车日夜运输货物和提供服务是很重要的。服务最终客户的经销商必须满足客户的需求。因此，他们可能在半夜工作，而在假日期间上三班的员工需要与周中上一班的员工拥有同样的培训机会。学习管理系统提供了该级别的课程访问。

其次，8级卡车制造商提供的售后市场零部件和服务培训需要协调来自多个内部和外部来源的教育信息，以描述产品必要的特性和优点信息或培训的服务流程。这意味着要将各种格式的教育资源组合起来，包括但不限于.doc、.ppt、.pub、.swf、.mp4和.pdf。这一点尤为重要，因为教育信息的来源多种多样。例如，当为引入新动力零部件课程而组织培训材料时，工程部门提供了打印的技术文档，营销部门则提供了高分辨率图片。其他材料是从服务部门收集的，包括帮助排除故障的音频程序。对于基于网络的培训课程来说，使创作内容能生成符合SCORM标准的材料相对容易，但培训师必须考虑在面对面培训课程中包含各种格式，以使它们无缝衔接。这意味着培训师必须精通技术操作，以确保演示幻灯片能够将电脑里的内容通过投影仪在带有音频输出（如扬声器）的合适屏幕上播放，并确保房间里的灯光不会影响学习者的体验。

再次，经讨论，经销商需要激励来完成额外的掌握要求，因为这是以前没有要求的。根据诺斯拉普（Northrup）的说法：

将莫斯坦（Morstain）和斯玛特（Smart）的6种激励因素纳入成人学习者的培训设计中，能够促进培训快速迁移。了解诺尔斯（Knowles）等人关于成人学习者的6种假设并采取包括辅导和利用动机因素等行动的培训师，将有助于推动学习者从一个正在学习的人变成一个持续学习的人。此外，包括监督和同伴支持的工作环境，学习者、培训师和经理之间的伙伴关系，以及学习者使用技能的机会，对于加强培训迁移是至关重要的。

此外，彼得罗维奇-德策兹（Petrovic-Dzerdz）指出："应用游戏化规则来激励学习者反复参与在线测试，即使测试是开卷且不受监督的，也可以成为支持学习者学习的有效选择，尤其是内容繁重的课程。"游戏化确实是这个行业的新选择。使用智能手机的员工不一定期望在移动培训配套应用程序中引入游戏元素，但积分规则和竞争机制已被广泛接受。这项技术可以提高学习者的学习效果，并鼓励他们使用移动培训配套应用程序。

最后，确定从解决方案中收集的信息必须可供公司的多个层级访问，包括来自8级卡车制造商、售后市场产品制造商、特许经销商的培训经理。

管理和组织方面

在这个项目开始时，管理层主要关注三个方面：专业知识、衡量标准，以及投资回报率。

首先，卡车制造商的售后市场部门虽有内部的信息技术支持，但这种支持是为台式机／笔记本电脑、应用程序和连接提供的。它们确实提供了对业务所需的移动电话的访问，但除了安全措施，它们通常不提供任何电话应用程序支持。同样，8级卡车制造商也确实有专门的内部信息技术部门，但该部门并不一定具备必要的专业知识，能够开发作为学习管理系统配套应用程序的移动应用程序，特别是考虑到学习管理系统已外包给了第三方供应商。

其次，人们担心没有明确的衡量标准来衡量客户对配套应用程序的使用和掌握程度。由于培训一直是由指标驱动的，而且不采用新方案最初不会影响经销商在年底获奖，因此对经销商的自愿采用大家心存担忧。这种担忧并非没有根据，本案例研究稍后将讨论其后果。为了更好地缓解这种担忧，我们决定从学习管理系统中提取注册信息，并将完成信息推送给该系统，以便可以在以后开发和引入适当的指标。

最后，8级卡车制造商在财务上是保守的。重要的是，无论是经销商还是制造商均要求任何投资都要有回报。经销商希望销售人员在面对面培训课程中获得的更多产品知识和建立的关系能确保他们的投资支出是值得的。卡车制造商的售后市场部门寄希望于经销商因满足客户需求的能力的提高而带来销售订单的增加。卡车制造商最终在寻找一种方案：通过参加面对面的培训课程，特别是包括有针对性的销售培训在内的区域性活动，在销售额适度增长的同时实现投资回报率。

组织目前面临的挑战

目前的经济状况被视为8级卡车制造商面临的挑战。

首先，市场的不确定性影响了包括重型卡车在内的汽车行业，原因是售后市场零部件制造的全球扩张，很多零部件来自除美国之外的其他国家。

其次，制造卡车所必需的资源的关税提高了，导致8级卡车制造商削减了预算。进口铝的关税为10%，而进口钢铁的关税为25%。尽管美国国内有钢铁和铝资源，但现有合同费用的增加和合同重新谈判确实会影响可用的资本预算。

最后，8级卡车市场本质上是周期性的。当利润上升时，卡车销量也会增加。当利润下降时，车队和其他车主团体倾向于延长使用他们的卡车。虽然这往往会使卡车制造商的利润减少，但由于对老旧车队的零部件和服务需求增加，售后市场部门的利润可能会增加。

所有这些挑战都支持出台解决方案，以确保对8级卡车制造商和经销商群体的面对面培训课程投资得到合理利用。

解决方案和建议

在过去几年，智能手机普及率的提高使得我们可以考虑一种解决方案，即依靠移动技术平台将信息传送给经销商的员工，然后将结果传送给制造商。

因此，我们决定开发一个面对面培训移动配套应用程序，协助经销商的工作，并将评估数据传输到学习管理系统，以支持单个经销商分数的记录。这是必要的，因为考虑到经销商培训指标每个月都要审查一次，所以单个经销商的分数必须被真实地记录下来。由于学习管理系统已经收集了基于网络课程完成度的经销商分数，因此在员工记录中包含移动培训配套应用程序的分数也是有意义的。这样，经销商培训指标计算报告只需从单一来源提取培训数据。

该解决方案需要几个不同的阶段才能实现。这些阶段包括开发用于多个平台的移动培训配套应用程序，开发移动培训配套应用程序与现有学习管理系统的集成解决方案，通过与IT部门合作参与安全审核和云计算许可，开发内部流程来管理应用程序的实施，以及开发将面对面培训内容呈现给经销商员工的移动应用程序。

为了开发最好的移动应用程序，8级卡车制造商通过需求建议书（Request for Proposal，RFP）流程提出了这个项目。培训经理和采购部门审查了8份项目提交材料，并将该项目交给了目前处于保密协议之下的现有供应商。培训经理与供应商合作开发应用程序的线框图。线框图是"显示网站或页面功能元素的图片或图片集，通常用于规划网站的结构和功能"。就移动培训配套应用程序而言，线框图的工作原理与网页设计相同。迭代过程用于完成线框图，然后审查安卓和苹果操作系统的概念。这一点很重要，因为根据周（Chau）和瑞斯（Reith）的数据，"2017年全球出货的智能手机中，安卓和苹果操作系统的市场份额达到99.8%，2018年甚至达到100%"。实际上，手机操作系统是一种软件，它使手机变得"智能"，并提供了类似计算机的功能。

在此过程中，我们意识到有一部分目标用户仍然没有智能手机，因此还开发了基于浏览器的应用程序，并成为管理员的访问端。最初，该应用程序中的数字文件扩展名仅限于文字处理文件、演示幻灯片和营销文件，但最终，实际课堂录音的音频文件也被包括在内。应该指出的是，提供学习管理系统的供应商没有响应RFP流程，他们倾向于利用自己的专长，并且只签订了集成项目的合同。这一点很重要，因为项目要最终成功，三方都不可或缺。8级卡车制造商、移动培训配套应用程序开发人员和学习管理系统供应商，所有这些实体必须学会共同工作，在不违反任何保密协议的情况下沟通彼此需求以完成工作。

培训经理指导应用程序开发人员、供应商项目经理和学习管理系统供应商之间的集成活动。我们开发了如下流程，将学习管理系统中有关注册数据的注册信息发送到移动培训配套应用程序中，然后再将培训结果信息输出到学习管理系统中。此外，我们还开发了一些辅助流程，以管理如果在培训过程中学习者就业状况发生变化，将如何删除已注册学习者的信息，以及未能成功完成培训的学习者如何重新进行注册。

接下来，培训经理和应用程序开发人员／项目经理与8级卡车制造商的信息技术团队合作，实施云计算许可和安全审核。该项目的这一阶段最初被忽略了，是因为应用程序开发人员与8级卡车制造商已签订了保密协议。但是，应用程序开发人员获得初步许可后又更新了信息技术表格和程序，因此需要进行检查和审核。

随后，培训经理开发了内部流程来管理移动培训配套应用程序的应用。培训经理负责上传和设计经销商员工与移动培训配套应用程序界面的内容交互。由培训经理团队组成的培训活动专家负责应用程序的日常管理。任何不能由8级卡车制造商的培训团队解决的管理问题都上报给应用程序开发团队，以便获得第1级支持和更高级别的支持。第1级支持包括应用程序支持，可由具有应用程序常识的支持分析师处理。第1级支持的示例包括帮助用户重置遗忘的密码。第2级及以上的支持包括需要专家干预的应用程序，并可能为程序打补丁、修复错误或升级新版本。第2级支持的示例包括为应用程序打补丁，以修复因手机操作系统升级所产生的问题。

最后，培训团队与售后产品制造商合作，收集数字营销资产，并为参加面对面培训课程的经销商员工设计适当的问题。这些问题模仿了三级评估的方法，在课程结束两到四周后，应用程序将开始向参加面对面培训课程的学习者发送问题。这些问题描述了经销商的员工在日常工作中与客户打交道时可能遇到的现实工作问题，并衡量了员工将在培训中学到的技能应用到现实工作的能力。例如："史密斯先生拥有一台装有×××型发动机的×××型水泥搅拌机。他给你留言，他将在本月更换刹车蹄片。基于他的预防性维修周期，你应该推荐什么产品？"对史密斯先生的回应将根据在面对面培训课程中学到的关于水泥搅拌机应用新型制动部件的标准来评判。作为测试的一部分，经销商员工将收到多达35个问题，并能够访问描述移动培训配套应用程序中产品的特性和优点的数据资产。经销商的员工有四次机会通过测试。测试考查了员工在有限时间内对知识的掌握程度。经销商的员工必须在60分钟内掌握80%的问题才能通过考试。每次得分都被汇总成最后得分。这些分数会在学习管理系统的排行榜上公布，以增加培训的竞争性，并支持该应用程序的游戏化。游戏化是指"为了鼓励人们参与，而在某项内容（如任务）中加入游戏或类似游戏元素的过程"。排行榜是一种游戏化元素，它通过直观地按照从大到小的数字顺序描述个人总分，鼓励用户之间的竞争。它的设想是，最终经销商员工能够通过在特定培训课程的排行榜上名列前茅来赢得奖品。在本书出版时，这一计划尚未实现，因为应用程序的初步采用仍在进行中。

评估的形式包括每位讲师指导的学习者登录次数和完成评估人数、第1级和第2级支持电话的数量和示例证据。首先，我们通过计算有多少经销商员工参加了面对面培训课程，以及有多少人登录了移动培训配套应用程序来评估解决方案。其次，我们测量了登录移动培训配套应用程序的经销商员工中成功完成评估的人数。再次，我们查看了支持电话的日志，注意到大多数电话都与密码重置活动有关。最后，我们联系了经销商特许经营经理，以确定他们是否认为移动培训配套应用程序帮助他们证明了派遣员工参加面对面培训的费用是值得的，并收集了他们的示例证据。移动培训配套应用程序的初步评估是有利的，但肯定有改进的空间。

未来趋势

该解决方案虽然被认为是成功的，但仍有很多改进机会，特别是在它的发布方面。移动培训配套应用程序的发布受到两个主要因素的影响。第一个因素是学习者连接的Wi-Fi网络的安全要求。第二个因素是学习者缺乏将应用程序下载到手机的知识。这强调了更多地参与各种信息技术培训的重要性，以提高学习者的应用水平。

应用水平并不像我们期望的那样高，但这更多的是信息技术安全限制的产物，而不是缺乏对功能的需求。这反映在请求下载支持和密码重置的第1级支持呼叫的数量上。尽管在售后市场团队中工作的经销商员工有足够的市场营销和有关移动培训配套应用程序发布的知识，但在经销商信息技术团队中工作的经销商员工并没有理解这一点。遗憾的是，这给某些经销商员工的带来了大量重复工作，他们受到了比8级卡车制造商更严格的信息技术安全限制。

对于那些使用该产品的员工，他们可以利用应用程序和学习管理系统内的排行榜视图，对自己的进度进行评估，同时可以与所有其他经销商员工进行比较。这一点在某些经销商之间尤其明显，不同经销商员工之间存在着良性的竞争。一些最初通过了第一次测试的员工，重新参加了测试，通过增加正确答案或缩短总的反应时间来提高他们的分数。

鉴于这些证据，管理层似乎很高兴能够通过三级评估问题来确定受训人员在参加完面对面培训课程四周后能否回忆起培训信息。在一封来自经销商高管的电子邮件中，该高管表示，他更愿意为能证明自己使用过移动培训配套应用程序学习材料的员工提供面对面培训机会。很难确定售后市场培训在多大程度上影响了销售额的增长，但即使是象征性的影响，也会对经销商的市场份额和利润有利。8级卡车制造商不能直接查阅每个经销商的总账。然而，2018年，8级卡车制造商向经销商增加了5.1亿美元的零部件销售额。这意味着库存周转率的提升、销售量的增加和经销商利润的增加，因为增加的5.1亿美元的销售额不太可能是由于经销商购买和持有过多的库存造成的。难以确定的是每个经销商的具体利润率，以及它们各自对制造商市场份额增加的贡献。

8级卡车制造商的其他部门正在考虑采用此策略。具体来说，服务培训经理希望在面对面培训课程后看到策略的采用，特别是在政府法规要求的产品变更方面。为分散在全球各地需要软技能来完成工作的员工提供培训，被认为是对模块化培训方法的一种补充。例如，移动培训配套应用程序中的测试可以设计为经销商和售后市场产品代表或8级卡车制造商代表之间的交易，以帮助经销商员工解决最终客户对保修或计划外服务的担忧问题。经销商员工可能拥有适当的技术信息来解决最终客户的问题，但他们解决最终客户和／或产品代表问题的方式可能导致失败或破坏双方关系。在一个案例中，经销商员工无法向客户说明，客户的卡车没有像承诺的那样修理好，因为他们手头没有零部件来完成维修。客户来取车，发现又要一整天都无法运送货物，很沮丧。这造成了客户收入的额外损失和经销商的挫折感。遗憾的是，零部件发货延迟是由恶劣天气造成的，通过正常渠道再过一周才能拿到这个零部件。经销商员工已经给方圆200英里（1英里≈1.61千米）内的每个可以买到零部件的零售商打电话来寻找零部件。他要亲自开几小时的车去取零部件，以便第二天完成修理工作，而不是让客户再等上一个星期。考虑一下，如果经销商员工更好地了解如何将这种类型的信息传递给他的客户，情况会有多大的不同。

视频文件也被纳入考虑之中。在成功地将音频文件作为某些较长课程的考查机制后，视频文件也在考虑之中。这似乎是一个技术上更困难的解决方案，由于使用视频文件来支持内容考查需要考虑更多的组件，因此使得解决方案的生成成本更高。使用视频文件来支持内容考查是否会对学习者的使用和掌握更有利，以补偿增加的费用，还有待确定。

结论

最重要的结论是，发布时，信息技术功能和培训功能需要更好地结合起来。如前所述，更好地理解经销商的信息技术需求将减少发布后所需的大量修改。由于员工在使用社交媒体时容易分心，许多经销商对移动培训配套应用程序有更严格的安全标准。在发布之前与经销商的信息技术团队合作，以开发更稳定的应用程序安装协议，这在事先可能会花费更多的时间，但可能会减少许多事后问题。

第9章 使用配套应用程序支持培训

对于学习应用程序的所有图形用户界面（Graphical User Interface，GUI）的开发都应该考虑屏幕大小。智能手机的普及率只涉及使用苹果或安卓操作系统的设备的使用。它没有解决所用设备的典型屏幕尺寸不同的问题。

虽然所设计的GUI对于拥有超大屏幕的手机用户来说效果很好，但是拥有较小屏幕的手机用户在查看一些营销材料时遇到了困难，因为涉及可用的空间。

从项目一开始就可以考虑更广泛的数据资产。众所周知，项目团队必须重新检查项目中期支持的文件扩展名列表。可以确定的是，更广泛的支持文件类型数组所带来的益处大大超过了投资编程工作所需的最小支出。

经销商培训指标需要在移动培训配套应用程序发布时更新并大量宣传。在发布移动培训配套应用程序之前，经销商培训指标被定义为经销商参与面对面培训课程和基于网络的培训课程。它应该被更新和推广，与移动培训配套应用程序评估相关的分数也将被包括在内。如果知道零分将被当作每月经销商的最终分数，经销商可能会增加对移动培训配套应用程序的参与。没有达到指标会导致经销商错过特许经销商奖励。

尽管对于早期采用者来说，排行榜上的游戏化元素似乎是一种激励，但要求接受面对面培训的员工在移动培训配套应用程序中完成练习，并在经销商培训指标中包含这些分数，将提高移动培训配套应用程序的接受度。游戏化元素/排行榜可以作为奖励得分最高的经销商的员工的一种有趣方式，尽管赢得个人奖项并不像赢得制造商奖那样有声望。做出这样的改变将确保所有培训经理都能够访问他们为培训而投资的每个员工的培训结果，而不是那些能够下载和浏览应用程序的人。这还将激励经销商信息技术团队参与上述安装协议的开发。

最后，从应用程序中反馈给员工的问题和测试需要基于模拟的格式编写，以便更好地复制经销商和最终客户之间的沟通。尽管在某种程度上做到了这一点，但仍有机会更好地将材料区域化，这有助于经销商的员工获得更好的结果。回想一下前面的例子："史密斯先生拥有一台装有×××型发动机的×××型水泥搅拌机。他给你留言，他将在本月更换刹车蹄片，基于他的预防性维修周期，你应该推荐什么产品？"我们可以把史密斯先生的水泥卡车放在某个最知名的地区（如菲尼克斯和多伦多），然后使用经销商代码进一步完善预期的答案。这样，它看起来就更像"史密斯先生拥有一台装有ISX-13模型发动机的×××模型水泥搅拌机。他给你留下了一条消息，他将在本月更换刹车蹄片，基于他的预防性维修周期。作为K500位置存档的购物篮的一部分，哪个制动蹄片是在维修程序中指定的？"这将确保经销商员工能够最好地回应特定的客户需求。这个功能很可能需要额外的程序，但这并不意味着不是未来应该考虑的重点。

> **关键术语和定义**
>
> **应用水平**：衡量参与者利用创新方法的速度。
>
> **售后市场**：指汽车的备用零部件市场。
>
> **应用程序**：在计算机上运行的程序。
>
> **8级卡车**：总重量超过33 000磅的卡车，通常用于运输业。
>
> **经销商员工**：为某个8级卡车制造商的经销网络工作的个人。
>
> **学习管理系统**：管理培训计划的计算机应用程序，包括培训访问、认证、交付和记录文档。
>
> **保密协议**：由双方或多方签订的一种法律合同，描述双方出于某些目的希望彼此分享但希望限制访问的机密材料、知识或信息。
>
> **投资回报率**：企业用来确定是否进行货币投资的一种方法，值为利润与投资总额的比值。
>
> **SCORM**：共享内容对象参考模型，是基于Web的电子教育技术的标准和规范的集合。
>
> **智能手机**：一种兼具计算机功能和通话功能的手机。
>
> **线框图**：一种概念文档，其中包含应用程序的细节，如特性、功能和建议界面的外观。

问题

1. 你还建议采取哪些节约预算的解决方案：

（1）参加面对面培训课程？

（2）把知识从面对面培训课程迁移到工作中？

2. 如何鼓励应用新的创新成果，如移动培训配套应用程序？

3. 在采用新的HPT举措（如培训）时，你如何鼓励运营和支持职能（如销售和技术团队）的整合？

对问题的建议回应

1. 你还建议采取哪些其他节约预算的解决方案：

（1）参加面对面培训课程？

- 其他的解决方案可能是：使用一个免费的调查应用程序来评估面对面培训课程；利用现有的学习管理系统，促进和管理面对面培训课程的出勤率；通过免费会议应用程序进行焦点小组讨论。

（2）把知识从面对面培训课程迁移到工作中？

- 其他的解决方案可能是：使用一个免费的调查应用程序来评估面对面和培训课程；利用现有的学习管理系统，管理面对面培训课程的测试和主管检查清单。

2. 如何鼓励采用新的创新成果，如移动培训配套应用程序？

为运营、技术和任何其他受影响的团队制订沟通计划。为新产品制订营销计划。对早期采用者给予奖励。根据采用情况，创建有意义的指标来跟踪和奖励。在有意义的时间范围内将指标发布到高度可见的位置。

3. 在采用新的HPT举措（如培训）时，你如何鼓励运营和支持职能（如销售和技术团队）的整合？

在流程的早期，通过将不同的小组包括在需求的开发中，构建"WIIFM"（What's In It For Me的缩写，意为对我有什么好处）表格。在所有小组中分配解决方案组件部分的开发。经常与不同的团队核对以跟踪进度。使用类似敏捷的方法来鼓励频繁地更新需求，以确保满足所有团队的需求。验证包含在任何解决方案中技术的可用性。

第10章
应对文化挑战

埃里克·赖特
罗斯·贝克

> **概要**

夏威夷是一个民族、文化和语言的大熔炉。对于美国本土组织来说,在夏威夷做生意面临着独特的挑战。虽然夏威夷是美国第50个州,但在文化上,它与亚洲和其他波利尼西亚文化的联系更紧密。在夏威夷做生意通常会让美国人觉得自己是在外国做生意。了解文化差异并形成与夏威夷亚文化的价值观相一致的沟通方式,对于任何计划在夏威夷开展业务的组织来说都是至关重要的。通过对文化进行一系列分析,组织不仅可以更有效地管理运作中的变化,而且可以使其在夏威夷工作的员工取得巨大的成功。

组织背景

夏威夷，美国第50个州，地处太平洋，距离美国最近的大陆州即加利福尼亚州约2 000英里。夏威夷由100多个岛屿组成，有8个主要岛屿：夏威夷岛、毛伊岛、瓦胡岛、卡霍拉维岛、拉奈岛、莫洛凯岛、考艾岛和尼豪岛。夏威夷人的祖先来自许多地方，且在不同时期来到这里。因此，夏威夷的文化是基于长期的传统形成的。与这种亚文化之间的交流对美国本土的组织，以及与这些组织互动的夏威夷人构成了独特的挑战。

组织在现代全球环境中面临着众多挑战。从合并、收购到新兴市场的开发，大多数组织的格局都在持续改变。在一个日益全球化的市场中，组织面临着新的和紧迫的挑战，这些挑战组织在过去可能没有遇到过。随着互联网的发明和人们探险能力的增强，组织必须学会应对来自不同文化融合的新挑战。了解不同文化的差异是组织成功的关键。跨国公司常常是企业文化多样性项目的试验场，许多公司都成功地管理了存在的文化差异。对于许多总部设在美国、在其他国家没有分支机构的组织来说，这一概念对它们来说确实是陌生的，因为它们面对的主要是西方文化和思想。

本案例研究的目的是，当在拥有不同文化的地方开展业务时，组织需要深入研究文化差异，并了解文化差异。虽然本案例研究将主要关注区域或民族文化，但所提出的概念也适用于组织文化，因为每个组织都深受区域和民族文化的影响。即使在同一个国家，地理位置不同，文化也不同，组织也需要了解文化的基本原则。本案例研究首先回顾了由著名社会科学家吉尔特·霍夫斯塔德（Geert Hofstede）提出的文化维度。这些维度将是我们理解文化的关键。这些维度将用来评价美国大陆各组织与其夏威夷劳动力之间的独特关系。最后，基于文化分析的组织沟通策略，提出相应的解决方案和建议。

奠定基础

文化是一个让研究人员着迷了几个世纪的话题。文化研究可以追溯到18世纪的孟德斯鸠（Montesquieu）和赫尔德（Herder）、19世纪的托克维尔（Tocqueville）、20世纪初的韦伯（Webber）。像吉尔特·霍夫斯塔德博士和迈克尔·明科夫（Michael Minkov）博士这样的现代研究人员已经彻底改变了文化研究领域。霍夫斯塔德在1980年出版的《文化的后果》（*Culture's Consequences*）一书中将文化定义为"思维的集体程序化"。这表明，文化的根源远不止一个人或一个家庭，而适用于更广泛的人口。当生活方式明显不同时，文化就被认为是不同的。霍夫斯塔德认为，每种文化都可以通过人们对特定文化指标的看法来定义。他最初的研究揭示了文化的四个独立维度：权力距离、不确定性规避、个人主义／集体主义、男子气概。后来霍夫斯塔德与同事迈克尔·邦德（Michael Bond）和迈克尔·明科夫的合作研究揭示了其他两个维度，分别被标记为长期倾向和短期倾向，以及放纵和克制。为了更好地理解文化的基础，一个人需要清楚地了解每个文化维度，因为它将被用来评估夏威夷亚文化。

权力距离

霍夫斯塔德提到的文化的第一个维度是权力距离。这可以被定义为每种文化如何处理社会不平等，包括其与权威的关系。在组织中，这通常表现为一线员工和高层管理者之间的距离。不同的文化对员工在这个等式中的位置有不同的看法。老板是对的，是因为他们是老板（高权力距离），还是只有当他们正确的时候才是对的（低权力距离）？在许多国家，人们可以很容易地确定更广泛的人口在权力距离谱上的位置。

霍夫斯塔德利用IBM全球员工库中11.6万份个人调查数据，创建了权力距离指数，给每个国家打分。权力距离得分反映了一线员工与高层管理者之间的权力距离水平。例如，菲律宾是一个高权力距离的国家，在该量表中得分为94分，而奥地利的得分只有11分，这代表奥地利是一个低权力距离的国家。在一个高权力距离的社会中，质疑管理者的决定往往是不被容忍的，同事也会对其不屑一顾。高权力距离文化也非常强调职位头衔和地位。相比之下，低权力距离的社会期望在决策中有更多的包容性，而个人的职位头衔则不那么重要。一个组织要想在与其自身文化不同的文化中成功运作，就必须对当地文化所期望的高层管理者和一线员工之间的权力距离水平有深刻的理解。

不确定性规避

霍夫斯塔德提到的文化的第二个维度是不确定性规避。在《文化的后果》一书中，霍夫斯塔德感叹道："极端的不确定性给人类带来了令人无法忍受的焦虑，人类社会已经开发出各种方法，以应对未来我们生活中固有的不确定性。"通过技术（工具）、法律（规则和社会规范）和宗教，文化以不同的方式应对不确定性。随着时间的推移，不同的文化形成了对风险的不同偏好，一些文化偏好高风险，另一些文化则偏好低风险，宁愿不去找麻烦。

就像之前讨论的权力距离指数一样，霍夫斯塔德创建了一个不确定性规避指数来展示他的发现。不确定性规避指数得分高的国家，如希腊、葡萄牙、比利时和日本，更厌恶风险，而新加坡、丹麦、瑞典和中国香港等国家和地区更有可能接受风险。组织必须理解，在影响组织内部变革的能力中，文化对风险的容忍度将发挥关键作用。文化的不确定性规避指数高，对不断的变化更有抵抗力，更喜欢就业的稳定性，不太可能想为外国经理工作，更不容易接受劳动力的竞争。

个人主义/集体主义

个人主义/集体主义是霍夫斯塔德提到的文化的第三个维度，也是组织必须理解的一个关键领域。文化对个人（个人主义）或集体（集体主义）的偏好是组织的关键信息。个人主义社会通常更关注"什么对我有好处"，而集体主义社会更关心"更大的利益"。电影《星际迷航2：可汗怒吼》（*Star Trek II: The Wrath of Kahn*）中的角色史波克（Spock）的一句经典台词完美地诠释了集体主义的精髓。他说："逻辑清楚地表明，多数人的需要大于少数人的需要。"个人主义文化与集体主义文化之间沟通方式的脱节会使变革努力偏离轨道，给组织带来实质性的麻烦。

霍夫斯塔德个人主义指数确定了那些倾向于个人主义或集体主义的国家。美国的个人主义指数排名最高，紧随其后的是澳大利亚、加拿大和英国，而委内瑞拉、哥伦比亚、巴基斯坦和秘鲁则被列为集体主义排名高的国家。

男子气概

霍夫斯塔德在原始研究中提出的文化的第四个维度涉及接受传统男性或女性的文化所产生的社会影响。霍夫斯塔德的男子气概指数表明，在男子气概指数高的国家更倾向于成就、英雄主义、自信和对成功的奖励，而男子气概指数较低的国家则看重合作、谦虚和关爱弱者。日本、奥地利、委内瑞拉和意大利等国家的男子气概指数非常高，而瑞典、挪威、荷兰和丹麦等国家的男子气概指数非常低。理解这些价值观可以帮助组织更好地指导它们的沟通方式和目标，从而更好地与当地文化中占主导地位的价值观保持一致。

长期倾向和短期倾向

1991年，霍夫斯塔德在与研究员迈克尔·邦德一起工作时提出了文化的第五个维度，即长期倾向与短期倾向，这是他们通过分析"中国价值观调查"发现的一个额外维度，不在霍夫斯塔德的原创作品中。新的维度被定义为：

长期倾向是指培养面向未来回报的美德，特别是坚持不懈和节俭。它的另一极，短期倾向，代表培养与过去和现在有关的美德，特别是尊重传统、保持"面子"和履行社会义务。

依据"中国价值观调查"得分列出了23个国家，从最高的长期倾向国家（中国）到最低的长期倾向国家（巴基斯坦），美国排在第17位。各组织可以利用这些信息提供更具建设性的对话，以满足当地人的以时间为导向的目标。

放纵和克制

霍夫斯塔德模型的最后一个维度是在2010年霍夫斯塔德的第三版《文化与组织：思维的软件》（*Cultures and Organizations: Software of the Mind*）中加入的。迈克尔·明科夫的"世界价值观调查"研究表明，有一个独特的维度与幸福相关。明科夫将该维度称为放纵和克制，霍夫斯塔德将其定义为：

放纵代表一种倾向，即允许相对自由地满足与享受生活和享乐有关的、基本的、自然的人类欲望。与之相反的是克制，它反映了一种信念，即满足欲望需要受到严格的社会规范的约束和限制。

了解某种文化的放纵程度的组织将能够为其当地员工提供适当的激励，以实现预期的变革结果。

既然已经建立了可以定义文化的基础，那么接下来在审查基于美国本土但在夏威夷群岛有业务的组织内部存在的问题时，本文将更详细地探讨如何使用这些概念。

案例描述

夏威夷的亚文化

在这点上，人们会很自然地想为什么夏威夷的文化会与美国不同。它是一个州，和美国其他各州一样，在同样的规则下运作，也有和其他49个州一样的管理结构。现在我们来研究亚文化的概念。霍夫斯塔德将文化定义为用来描述整个社会的词，而亚文化则用来描述社会中的群体。美国甚至每个州都可以被分成众多的亚文化。地方治理一直是美国民主的重要组成部分，这使得种族、社会和宗教的小群体能够发展出持续存在的地方性文化规范。这些亚文化可以被分解成非常小的部分,甚至是一个小的社区。不同的人口群体聚集在较大城市的一个小地理区域内是很常见的,这带来了独特的社区名称,如唐人街、小意大利和波兰山。虽然有时候深入社区层面可能是合适的,但绝大多数组织不需要走得那么远。区域亚文化足以让大多数组织做出文化交流的决策。

虽然文化涉及很多方面,但本案例研究的主要焦点将集中在文化的三个指标之一——种族上。当审查美国以外的文化时,也要审查法律或政府,这也很重要,但是,由于夏威夷是美国的一部分,因此本节将在民族文化和夏威夷亚文化之间保持相对一致。此外,审查其文化交流策略的组织应该始终考虑该研究领域的历史。对夏威夷亚文化的分析始于该州的简短历史,随后深入分析其种族和宗教构成。

夏威夷的历史

早在公元200年左右,夏威夷群岛上就居住着来自波利尼西亚的海上探险者。1778年,英国探险家库克船长到达夏威夷群岛时,8个主要岛屿被不同的统治者统治。在接下来的30年里,白人探险者和夏威夷土著之间的持续交易(尤其是武器交易)导致了1810年卡美哈梅哈国王一世(Kamehameha I)统一了主要岛屿。白人探险者带来的疾病、昆虫和流行病对当地居民造成了严重的危害,使他们的数量减少了近75%。1843年,夏威夷君主立宪制经受住了英国人想将其推翻的企图,直到1893年被美国代表推翻,1895年利留卡拉尼(Liliuokalani)女王被迫退位。夏威夷群岛于1898年正式成为美国的领土,并于1959年获得州地位。

美国和夏威夷之间的历史是一段艰难的历史,即使到今天,夏威夷仍然有强大的派系为夏威夷的君主立宪制而努力。夏威夷和美国大陆之间的共同历史是独特的,因为人们经常从两个非常不同的角度来看。一方面,作为美国最新加入的一个州,仍然有很大一部分人记得夏威夷在成为美国一个州之前的时光,很多人很乐意分享他们对这个问题的看法(积极的和消极的)。另一方面,同样有很大一部分人欢迎夏威夷的州地位,以及由此为夏威夷提供的经济激励。从夏威夷的历史来看,大陆组织应该了解的一件事情是,夏威夷人对外部影响存在根深蒂固的怀疑,这常常使得变革倡议很难实现。

夏威夷的人口

夏威夷人口中包括亚裔、太平洋岛民和高加索人,他们带有强烈的地方自豪感。根据美国人口普查数据,2019年夏威夷人口估计为1 415 872人,其中,大部分人居住在瓦胡岛。快速浏览一下夏威夷的人口构成，如图10-1所示，可以看出，夏威夷的人口构成与美国总体的人口构成之间的显著差异。

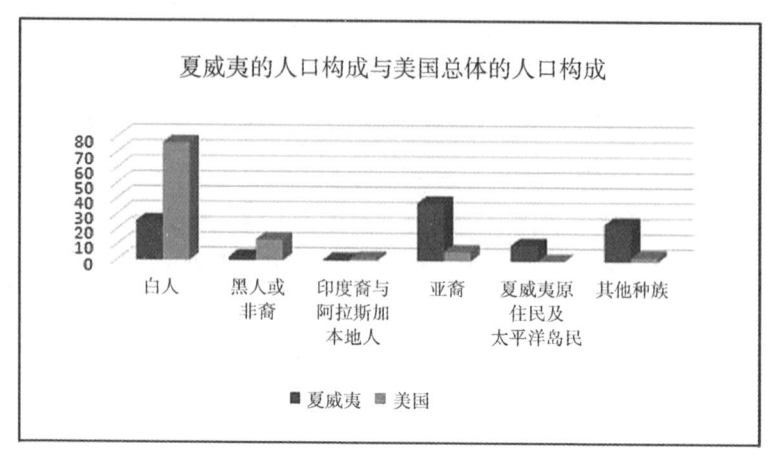

图10-1　2019年夏威夷的人口构成

夏威夷人口中亚裔、夏威夷原住民和其他种族的比例要大得多。事实上，这三个群体占夏威夷总人口的71.8%，而他们只占美国总人口的8.8%，白人只占夏威夷人口的25.6%，而占美国总人口的76.5%。人口构成上的明显差异，为我们描绘了一幅文化差异鸿沟的画面，而种族本身可能在其中发挥作用。然而，这些数字只能带给我们关于文化力量的大致概念。在数据中，夏威夷的亚裔居民人口只是开始唤起人们对夏威夷文化的关注。

夏威夷商务、经济发展和旅游局提供的数据利用了美国人口普查时的数据发现，这些类别可以进一步细分。这些数据考虑到某些人可能认为自己不只属于一个种族这一事实。图10-2中的信息显示了夏威夷人口的种族分类。有些人可能认为自己属于一个种族，而有些人则认为自己属于一个以上的种族，所以整体的百分比加起来将超过100%。重要的是要记住，所显示的百分比与该种族的人口百分比是准确的。

值得注意的是，占人口最大比例（43%）的是白人，其次是菲律宾裔（25%），还有25%的人认为自己是夏威夷原住民及太平洋岛民。日本裔和中国裔跻身前五名，人口比例分别为23%和14%。这些数字很重要，因为它们更清楚地展示了夏威夷人是如何自我定义的。

第10章 应对文化挑战

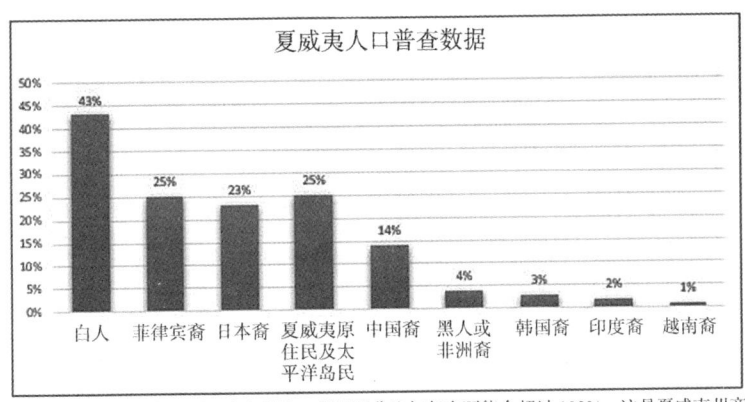

```
夏威夷人口普查数据
50% ┤ 43%
45% ┤ ■
40% ┤ ■
35% ┤ ■       25%        25%
30% ┤ ■        ■   23%    ■
25% ┤ ■        ■    ■     ■
20% ┤ ■        ■    ■     ■
15% ┤ ■        ■    ■     ■   14%
10% ┤ ■        ■    ■     ■    ■
 5% ┤ ■        ■    ■     ■    ■    4%   3%   2%   1%
 0% ┴─────────────────────────────────────────────────
     白人  菲律宾裔 日本裔 夏威夷原 中国裔 黑人或 韩国裔 印度裔 越南裔
                          住民及太        非洲裔
                          平洋岛民
```

* 由于某些人认为自己属于多个种族,所以百分比加起来可能会超过 100%。这是夏威夷州商务、经济发展和旅游局发布于 2018 年 3 月的统计结果。

图10-2 夏威夷人的种族分类

随着对这些数据的检验,我们开始将霍夫斯塔德的概念应用于这些数据。需要注意的是,对这些信息的检验是从种族的角度进行的。审查的信息不会每次都适用于每个人,但一般而言,它适用于每个种族子集的一般人口。每个民族或种族的文化价值观通常会体现在总人口中,因此可以推断,被确定为该民族或种族的人群的随机抽样将具有相似的特征、文化和价值观。

组织目前面临的挑战

为了了解美国大陆和夏威夷之间存在的文化差异,我们对霍夫斯塔德文化维度中的每个维度的差异进行了评估,并提出了差异对文化交流可能产生的影响。值得注意的是,迄今为止,还没有对夏威夷原住民及太平洋岛民进行过有关霍夫斯塔德文化维度的重要研究。虽然夏威夷有25%的人口是土生土长的夏威夷人或太平洋岛民,但他们的许多文化规范可以通过回顾历史来理解。这些文化规范将再次在每个维度的分析中单独地进行审查。夏威夷人口的66%是亚裔,本章将着眼于排名前3位的亚裔(菲律宾裔、日本裔和中国裔,占人口的62%),将他们的分数与整个美国的分数进行比较。

分析首先回顾了夏威夷权力距离指数分数。图10-3显示了得分情况。如前所述,权力距离指数得分高的文化认为,管理者是正确的,管理者几乎不能容忍其他人质疑他们的判断,因此,他们的头衔是高度尊贵的。美国文化在这个维度上得分相对较低,这表明较低级别的人也可以提出意见,有一定的自由裁量权。另一方面,亚洲文化的权力距离指数得分更高。例如,菲律宾在该指数中得分最高，为94分，中国紧随其后，为80分。这提供了证据，表明亚洲文化尊重杰出人士，如果他们不同意某个决定，其他人不太可能提出相反意见。

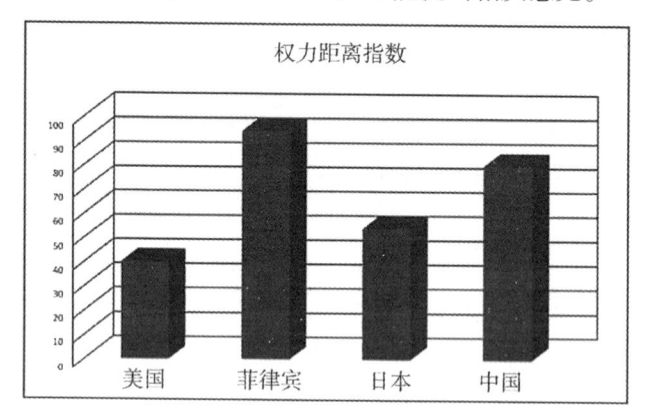

图10-3 主导夏威夷文化的权力距离指数

建议在夏威夷开展业务的美国组织最好记住这一点。正如美国的主流文化所规定的那样，员工应该畅所欲言，参与决策过程。在面对夏威夷亚文化时，情况可能并非总是如此，因为占主导地位的亚洲文化往往会造成更大的权力分离，一线员工或较低级别的主管可能不太愿意发表意见。

在第二个分析维度，我们实际上发现了主流文化之间更多的相似点而不是不同点。不确定性规避指数显示了文化对风险的容忍度，即冒险的可能性有多大。美国、菲律宾和中国都位于得分范围的中低端（分别为46分、44分和30分），这表明三国文化对高风险的偏好；日本的不确定性规避指数很高，这表明日本文化更偏好安全、稳定的路线，如图10-4所示。

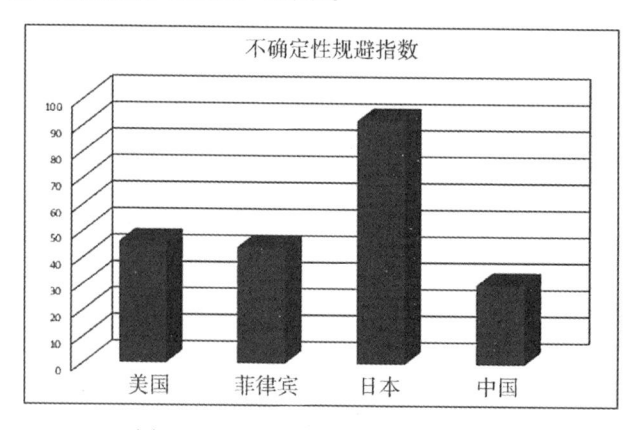

图10-4 夏威夷的不确定性规避指数

尽管占主导地位的文化在整体风险承受力上可能有相似之处，但日本文化在夏威夷的严重影响往往导致许多组织对变化的反应较慢。在整个夏威夷可以看到，人们需要确定他们的决定和在生活中的位置。例如，夏威夷的工会代表劳动力比例高于美国其他任何一个州。2019年，夏威夷25.5%的员工由工会代表。对许多夏威夷人来说，工会代表着稳定和工作，满足了避免不必要风险的需要。这给组织带来了独特的挑战，因为员工往往更倾向于加入工会，并期望在福利方面拥有更强大的安全网。

分析中的第三个维度可能显示了最大的差异，也很可能是公司在评估其文化交流项目时应该考虑的最重要的领域。个人主义/集体主义指数显示了一种文化态度，即做对个人最好的事情或关注更大的利益。美国的个人主义指数排名第一（91分）（见图10-5）。在文化上，美国非常注重个人成就。人们认为，实现梦想取决于每个人，因此他们必须考虑自己，把自己的目标放在他人之上。但是，亚洲文化在这方面有非常不同的看法，个人主义指数得分通常很低，这表明他们更喜欢集体主义的社会观。在集体主义指数得分较高的文化中，社会项目往往更普遍，同样，在这些地区，工会也更容易蓬勃发展。

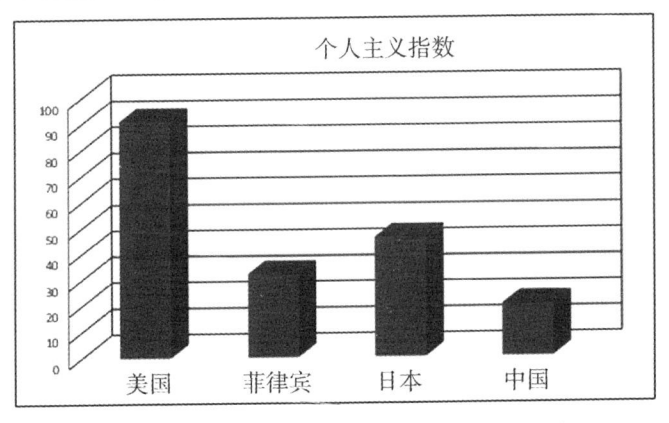

图10-5 夏威夷文化的个人主义/集体主义指数

中国的个人主义指数得分较低，为20分，而菲律宾稍高，为32分。在这个指数上日本的得分稍高，处于中间位置。这与美国的主流文化有很大的不同，组织必须注意这点。低估集体主义思想的力量肯定会导致计划失败。

如果一个组织为夏威夷人提供其经常采用的典型激励措施，组织会成功吗？这种情况经常发生在那些试图以激励本土员工的方式激励夏威夷员工的组织中。尽管组织可能取得了一些成功，但在沟通中缺少的一点是，这对组织、团队或客户有什么好处。在夏威夷的亚文化中，社区意识和地方自豪感是非常明显的。夏威夷人普遍将邻居、朋友和同事视为家人或"奥哈纳"（ohana）。这些"奥哈纳"在夏威夷社会中扮演着至关重要的角色。照顾这个大家庭被看作个人责任的一部分，而且通常决定是集体做出的。

在夏威夷当地工作的管理者也必须学习这个概念。尽管员工可能尊重管理者的地位和权威，但除非得到团队成员的支持，否则管理者很难完成任何事情。如果管理者不能理解这点，只是发布指令而没有任何理由说明为什么变革对团队是好的，那么管理者很有可能遇到阻力或不得不立即撤销指令。或者，如果管理者向团队提供关于为什么变革是必要的，以及变革如何为整个团队带来更好的结果的可靠信息，那么团队成员可能全心全意地支持管理者，至少他们会更少地抗拒变革，这是成功变革的开始。

随着组织开始了解夏威夷员工强烈的集体主义性质，管理者无疑会看到双方的沟通会更加顺畅。必须铭记，在这种情况下，解释更大的利益是确保积极的文化交流的关键一步。

霍夫斯塔德的男子气概指数是差异较小的一个维度。美国、菲律宾和中国在该指数上的得分相似，分别为62分、64分和66分，日本在该指数上的得分有些出乎意料，高达95分（见图10-6）。这可以从注重高成就和努力工作的日本文化中看出。虽然在夏威夷亚文化中也注重勤奋和奉献精神，但不合理的工作时间直至精疲力竭并非文化所倡导的。

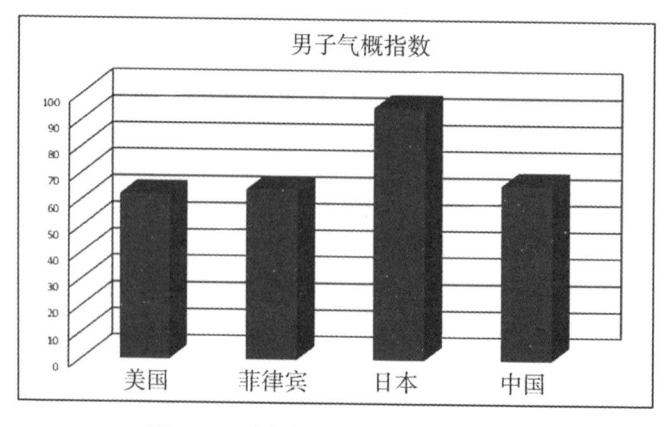

图10-6 夏威夷文化的男子气概指数

长期倾向和短期倾向指数是组织应该密切关注的一个维度。正如前面所讨论的那样，长期倾向指数得分低的文化往往看重当下，重视社会地位，寻求短期收益。长期倾向指数得分高的文化更着眼于未来，节约资源并寻求长期收益。在长期倾向指数得分中，中国以118分排名第一，日本以80分紧随其后。美国和菲律宾则处于相反的一端，分别为29分和19分（见图10-7）。

长期倾向指数得分低的情况可以在整个美国经济中看到，例如，美国常常在短期内不断采取措施增加收益，却往往以牺牲长期收益为代价。文化上，美国更担心自己在世界上的地位，即使这可能阻碍未来的机会。在努力实现长期目标和更多地关注为所有人带来好处方面，典型的亚洲文化影响力在夏威夷肯定占有一席之地。尽管菲律宾文化在长期倾向指数上的得分很低，但这个维度仍然是组织必须考虑的。组织需要了解，仅仅为了保全面子而采取快速解决方案可能会遭到抵制，这对组织而言是重要信息。在任何文化交流项目中，对未来目标的强烈关注及与员工沟通是至关重要的一步。

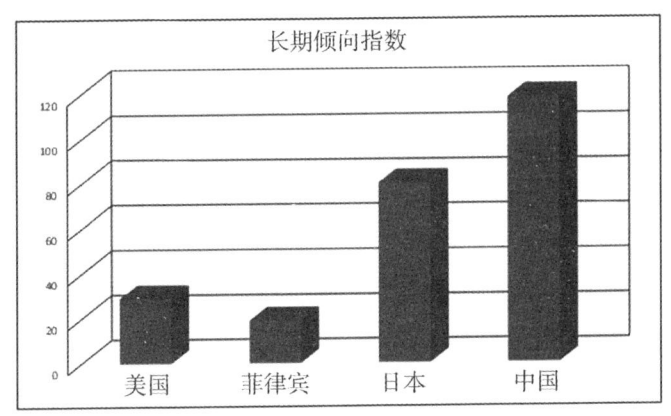

图10-7　夏威夷文化的长期倾向指数

分析的最后一个维度是放纵和克制指数。放纵和克制指数衡量一种文化愿意在多大程度上追求幸福而不是遵守社会规范。这个指数再次显示了占主导地位的美国文化和受亚洲文化影响的夏威夷文化之间的明显差异。美国是到目前为止这个指数得分最高的国家，为68分，其次是日本和菲律宾，均为42分，中国得分较低，为24分。

放纵和克制指数的分值凸显一个重要的差异，这是需要组织必须承认和解释的。夏威夷的员工更有可能想要遵循已经形成的路线，并坚持社会规范，而不是为了一点乐趣而过分冒险，或者仅仅为了让人们开心而做出改变。也就是说，夏威夷文化非常重视举办大型社交聚会，并通过参与这些活动来构建社区精神。人们并不厌恶玩乐，但形式往往为参加更传统的大型聚会，有食物、朋友和大型户外活动。这再次显示了夏威夷文化对社区和集体主义的偏好，同时坚守了现有的文化和社会规范。那些意识到遵循社会和文化规范并提倡团体乐趣理念的组织将更有可能拥有成功的文化交流项目。

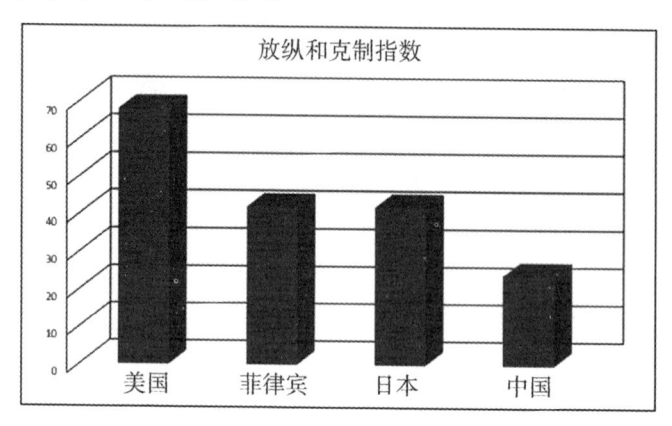

图10-8　夏威夷文化的放纵和克制指数

解决方案和建议

本案例研究展示并评估了什么是文化，以及文化差异如何给组织带来文化挑战。利用权力距离、不确定性规避、个人主义/集体主义、男子气概、长期倾向和短期倾向、放纵和克制等指标，可以对文化的每个维度进行描述。当组织考虑与新组织或与本组织不同的组织开展业务时，这些发现可用于向新组织及其成员提供关于基础、规范和期望的信息。在对夏威夷亚文化与美国大陆文化的比较分析中，我们发现了许多差异和一些相似之处。

能成功地与拥有夏威夷亚文化的员工合作的组织会考虑以下这些维度。在考虑权力距离时，成功的组织要记住，夏威夷的组织的高层管理者与一线员工或低层管理者之间往往有较大的距离。因此，低层管理者不太可能在会议上发言或提出反对意见，尤其是在低层管理者与高层管理者意见不一致的情况下。为了规避不确定性，夏威夷的组织不太可能冒险，而更可能对变化采取较慢的反应。夏威夷的组织的偏好是稳定和保护。考虑到个人主义，夏威夷的员工在做决策时更倾向于考虑整个群体，如工会在考虑谈判结果时所采取的立场。美国大陆文化非常注重个人。在夏威夷成功的组织在设定目标或配额、生产目标和员工激励时，会采取更集体主义的方法。男子气概指数分析表明，努力工作和高成就是对夏威夷亚文化的描述；然而，成就是通过工作与生活的平衡而不是不合理的加班来实现的。在夏威夷成功的组织会考虑对工作与生活的平衡的期望。夏威夷的组织的长期定位是这样的：员工为更好的长期目标而工作，而不是专注于潜在的、不可持续的短期利润。与在夏威夷工作的员工的交流可能会侧重于组织如何随着时间的推移取得成功，而不是让组织获得短期成功的短期解决方案。在放纵和克制维度，夏威夷文化更倾向于克制。夏威夷的员工更有可能遵守社会规范，通过传统聚会和户外活动建立社区。这也强化了夏威夷亚文化的稳定性和集体主义性质。成功的组织在规划活动时会考虑这些文化和社会规范。

沟通计划

现在必须确定什么是文化沟通计划，以及为什么在夏威夷或其他国家／地区开展业务的美国本土组织实施这样的计划很重要。文化沟通计划是组织通过努力，将文化理解纳入组织部门之间或在不同文化区域开展业务的外部实体之间的交流计划。在文化沟通计划实施之前，每个组织都应该停止并评估其当前的运营。它们应该审查结构、组织文化，并确定它们在夏威夷或国外运营时需要关注的领域。完成这一步骤是很重要的，因为组织必须充分了解它们面临的挑战。评估矩阵类似于图10-9，可以为沟通计划提供信息。综合指数评估的结果有助于确定挑战，寻找可能的解决办法。

评估类别	组织	实施地区	文化差距与挑战
结构			
文化			
关注			
专业的发展需求			
沟通过程			
业务环境（VUCA/领导风格）			
利益相关者			

图10-9 评估矩阵

尽管本案例研究的重点放在了构成夏威夷亚文化的主要文化上，但每个组织都必须对其独特的员工队伍进行更深入的研究。本案例研究中完成的分析对于在夏威夷开展业务的组织很有用，可作为总体指南，组织有必要审查自己的员工队伍。例如，不同行业的组织往往会吸引不同文化背景的员工。有些组织可能有

70%~80%的员工拥有一种文化背景,而其他组织的员工则有多重文化背景。这些审查对于进一步了解员工队伍的整体文化构成是必要的。一旦审查了员工队伍的文化构成,组织就可以应用在本案例研究中讨论的相同原则来识别员工队伍的潜在文化脱节状况。

文化沟通计划过程的下一步是确定哪些关键人员应该接受关于组织运作中存在文化差异的培训。这是了解谁将在沟通过程中扮演关键角色的重要一步。关键角色可能是地区经理、部门经理、公司高管,当然还包括本地管理团队。了解如何应对存在于沟通过程中的文化差异对这些人至关重要。然后,组织可以识别需要进行文化审查的沟通类型,可能是对运营或利益有重大影响的更改,也可能是更小的项目,如团队项目。一旦发现了这些机会,公司就可以开始制订和实施计划,解决可能存在的文化差异。

文化沟通计划的另一个考虑因素是组织的环境,以确定业务环境的复杂性和变化的速度。许多业务系统被认为具有不稳定(Volatile)、不确定(Uncertain)、复杂(Complex)和模糊(Ambiguous)的属性。这些被确定为开展业务的VUCA环境。当处于VUCA环境下时,员工倾向于向管理者寻求方向和保证。管理者经常通过咨询专家意见、查找在线信息或社交网络来指导自己的决策。员工参与决策过程的程度因领导风格而异,并因性别而异。在复杂情况下的决策中,性别差异导致女性领导者比男性领导者更多地使用民主和参与式领导风格及变革型领导行为。请记住,霍夫斯塔德男子气概指数高的人更倾向于成就、英雄主义、自信和对成功的奖励;男子气概指数较低的人更看重合作、谦虚和关爱弱者。无论领导者或管理者在哪里寻求对决策或任何其他因素的支持,了解决策及其文化影响的利益相关者对于负责任的领导和共享目标都是至关重要的。

最后,与任何计划一样,组织需要关键参与者的参与。在制订计划时,咨询当地经理以获得组织文化的全貌是至关重要的。虽然应重点关注国家或地区文化,但组织中始终存在着一种重要的文化,即组织文化。类似于美国大陆文化和夏威夷亚文化的概念,每个组织都有必须理解的企业文化和当地组织文化。当组织制订文化沟通计划时,它们还需要知道当地的组织文化与企业文化有何不同。这将有助于确保参与其中的每个人理解计划,并确保计划能真正满足组织的需要。

结论

本案例说明,美国大陆文化和夏威夷亚文化之间存在文化差异。在夏威夷开展业务的组织必须了解文化差异，并能够调整它们的运营，以适应文化差异。组织可以制订文化沟通计划来帮助解释这些文化差异，并确保在沟通发生时能够理解。夏威夷是一个独特的文化大熔炉，这就要求每个组织都要更好地了解其历史和文化规范，以便在它们的变革倡议和日常运作中取得更大的成功。使用提供的工具，组织可以轻松地审查其员工队伍的文化构成，并制订计划来满足不同的文化需求，同时确保组织在夏威夷的成功。

关键术语和定义

集体主义：一种文化规范，强调集体的利益高于个人的利益。

文化：在群体中普遍、长期存在的传统、思想或规范。

文化沟通计划：组织在不同文化领域的部门之间或外部实体之间，将对文化的理解纳入沟通计划的直接努力。

文化维度：衡量可用于指导文化沟通的一系列文化特征。

亚文化：在一个更大文化的亚群中持续存在的文化规范。

问题

1. 描述组织文化的关键因素是什么？
2. 如何用文化维度（权力距离、不确定性规避、个人主义／集体主义与男子气概、长期倾向和短期倾向、放纵和克制）描述群体、亚文化或组织？
3. 夏威夷组织中的员工在文化沟通方面的考虑是什么？
4. 如果一个美国本土的组织雇用一名拥有夏威夷亚文化的员工，那么文化沟通计划的哪些要素对其成功最为关键？
5. 当制订一个文化沟通计划时，绩效改进专业人士应该考虑什么？

第11章

解决劳动力危机

约翰·舍尔

> **概要**
>
> 美国屋面承包商协会（National Roofing Contractors Association，NRCA）成立于1886年，是一个非营利性建筑行业协会。随着经济从大衰退中复苏，美国出现了严重的行业劳动力短缺，NRCA面临着如何解决这一问题的挑战。NRCA的领导层、员工和其他利益相关者致力于制定战略，以正面应对劳动力危机，并投入资源开发了一系列基于绩效的项目来克服危机。NRCA意识到，仅仅依赖美国劳工部劳工统计局提供的有限数据来支持开发新举措是不够的。于是，NRCA委托亚利桑那州立大学进行了屋面行业第一次全面的人口统计研究。从研究中收集到的新数据不仅改变了NRCA解决劳动力危机的方法，还可能改变整个屋面行业的运作方式。

组织背景

NRCA成立于1886年，是一个非营利性协会，服务于整个屋面行业供应链［包括承包商、制造商、分销商、建筑师、顾问、工程师、规范机构、建筑业主和政府机构（县、市、州）］的需求。作为建筑行业最受尊敬的行业协会之一，它已经成为屋面行业专业人士，以及屋面行业信息、教育、技术的领导机构。NRCA一直是保护美国家庭、企业及代代相传的工匠的家园。它的愿景是认可其成员作为专业人士，并统一行业规范。

NRCA的使命是为屋面行业提供信息和帮助，充当其主要倡导者，并帮助会员为客户提供服务。NRCA不断努力提高屋面行业的每个方面。NRCA总部设在伊利诺伊州的罗斯蒙特，由60名专业人员组成，另外，还有5名员工位于华盛顿特区。

NRCA拥有来自美国50个州和53个国家的近4 000名会员，并隶属于97个地方、州、地区和国际屋面承包商协会。NRCA的承包商会员的规模从年销售额不到100万美元的公司（占当前会员的50%）到年销售额超过1亿美元的大型商业承包商。超过一半的企业的服务对象是住宅和商业屋面市场，超过1/3的企业是家族式小企业，持续经营超过25年。

奠定基础

20世纪80年代初，随着美国经济从衰退中复苏，美国出现了熟练屋面工人短缺的现象。经济繁荣持续了整个20世纪90年代，与此同时，新的低坡度和陡坡度屋面系统技术的出现，创造了对更高技能劳动力的指数级需求。

根据美国劳工部劳工统计局的数据，这一需求在1998年达到顶峰，需要135 720名熟练的屋面工人（不包括帮手）。工人数量远远不能满足当时的行业工作量。与此同时，移民工人——主要是拉丁裔——填补了这一空白。根据美国劳工部劳工统计局的数据，建筑屋面行业的移民劳动力从1994年的不到15%增加到2000年的约27%。接着，"9·11事件"使美国经济陷入停滞。屋面工作的需求显著减少，劳动力危机似乎已经化解。

随着美国经济的复苏，屋面行业的生产力逐渐恢复到以前的水平，尽管美国各地的劳动力重返工作岗位，但满足需求的情况并不一致。随后，2007—2011年全球经济衰退，大批工人离开屋面行业，去寻找其他职业机会，导致熟练屋面工人的永久空缺。

2017年，美国劳工部劳工统计局预计，2018—2028年，屋面工人的就业人数将增长12%，远远快于其他所有职业的平均水平。他们预测，这种增长将通过更换和维修屋顶及安装新的屋顶来推动，如图11-1所示。

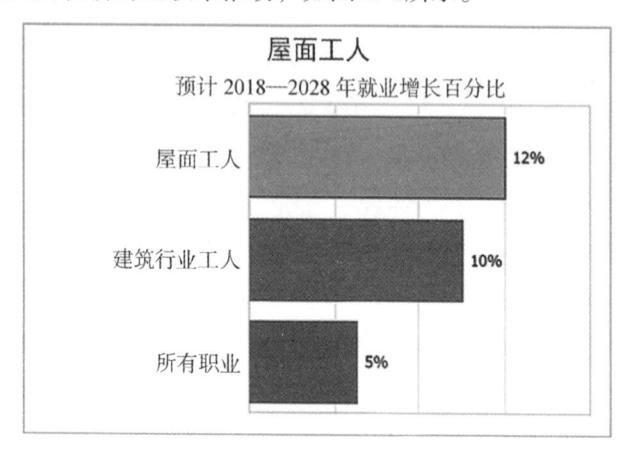

图11-1 美国屋面行业人才情况

没有人会考虑屋顶，直到屋顶漏水，破坏或摧毁房屋或企业，或者导致整个生产线停产。公众依赖当地的屋面承包商来解决他们的屋顶漏水问题。NRCA的绝大多数会员都是年收入低于100万美元的家族式小企业。

在NRCA于2018年7月举行的年度委员会会议之前及期间，人们讨论最多的行业问题是熟练工人的短缺，这给会员带来了巨大的个人和财务损失。

屋面材料制造商的保修索赔数量创下历史新高。屋面材料供应商由于缺少送货司机而无法在约定的时间将材料交付到现场。由于没有足够的人力在合理的时间内进行屋顶更换和维修，屋面承包商的业务损失前所未有。美国劳工部劳工统计局的数据仅向行业领导者提供了有关成员为何遭受这种前所未有的痛苦的一个片段，很快，NRCA就发现问题远比2015年时要严重得多。

案例描述

本案例研究展示了一系列事件，促使NRCA领导层做出了前所未有的行业资源承诺来制定战略和策略，以克服行业的劳动力短缺危机。由此产生的举措包括有意地努力创建基于绩效的项目。这些项目要求参与者证明他们实际上能够执行所期望的行为，挖掘改变整个建筑行业运作方式的潜力。NRCA希望开展一个高可信度的基于绩效的认证项目，该项目是创建清晰的职业道路的催化剂和焦点。NRCA希望通过开展ProCertification®项目来实现职业巅峰计划，该项目基于标准化绩效评估的前沿认证方法。标准化的基于绩效的评估是一种要求个人完成特定任务的测试，无论测试在何处进行，每个人的绩效都以同样的标准衡量。

屋面行业目前面临的挑战

屋面行业劳动力的现状

历史开始重演。随着经济在大萧条后的复苏，屋面承包商开始出现工作积压的情况——用现有资源无法完成工作量——尽管没有出现严重的材料短缺情况，妨碍项目的交付。工作量的逐渐增加暴露出一种前所未有的劳动力危机，可能会给整个行业带来毁灭性的打击。考虑到导致目前缺乏熟练的屋面系统安装人员的因素，这么说一点儿也不夸张。

在21世纪的头十年，业内很少有人注意到或干脆选择忽略这个事实——该行业的劳动力主要是婴儿潮一代（1946—1964年出生的人），根据皮尤研究中心2015年出具的一份报告，每天有10 000名工人退休。该报告还预测，这一趋势将持续19年。但在"9·11事件"之后，屋面行业发展相对缓慢，所以没有人注意到。根据美国劳工部劳工统计局的数据，到2018年，屋面工人的平均年龄为37岁，而且在逐渐老化。此外，2017年美国的人口总和生育率1.7655，比世代更替水平低。考虑到这些变量，所有行业的劳动力变得越来越依赖移民工人。

与此同时，根据美国劳工部劳工统计局的数据，拉丁裔屋面工人在行业总人数中的比例在2018年达到了56.3%的历史最高水平。拉丁裔和其他移民工人对屋面行业至关重要，但由于政府无法就移民改革达成一致，美国现任领导层似乎忽视了这些工人对整个国家经济的价值。NRCA也意识到，屋面行业在历史上几乎没有为满足移民工人的需求做过什么，如提供西班牙语培训材料和开展研究，以更深入地了解他们的文化、社会或经济需求。然而，随着该行业越来越依赖移民工人来培养新一代的屋面专业人士，这种情况正在迅速发生改变。

当前屋面行业面临的另一个挑战是近年来先进屋面技术的浪潮，导致新的屋面和防水系统安装需要更高的技能水平，如屋面集成太阳能光伏系统（产生电力和集成到屋面覆盖材料中）；植物屋面系统，通常被称为"绿色"屋面；由合成橡胶和塑料薄膜制成的自粘系统；浇注到位的整体式液体应用系统；甚至用于住宅的玻璃屋面覆盖物。NRCA发布了涵盖其中大部分设计和安装的指南及最佳实践，这些技术文件每天都被建筑行业的设计和建筑规范部门引用、实施。然而，屋面系统技术的快速更迭，正在推动技能差距扩大，超出了该行业目前的培训能力所能解决的范围。要想解决技能差距，必须为安装这些系统而辛勤工作的工人提供技能培训，因此，对标准化课程的需求从未像现在这样强烈。

随着经济的复苏，美国工业在2014年开始出现熟练工人短缺的情况。幸运的是，NRCA领导层决定在2015年召开一系列会议，讨论应对其会员所经历的痛苦和挑战的策略。他们任命了一个由行业利益相关者组成的专门工作组，负责制定具体的战术和方案，以克服劳动力危机，创建一支有能力、可持续、高绩效的劳动力队伍，带领该行业走向未来。行业利益相关者的代表包括屋面承包商、材料制造企业、专门从事屋面系统设计的建筑师和工程师、专注于屋面系统绩效的私人顾问，以及降低屋面系统被风刮掉或被冰雹、飓风、龙卷风或其他原因损坏的风险的保险公司。NRCA的领导层也需要一种能够最大限度地与未来经济周期绝缘的方法。该工作组的最终目标是创建一个统一的工人培训和认证系统，该系统有可能改变行业，同时提供直接和切实的成果，这体现在以下目标上：

- 为新员工提供清晰的路径，让他们更容易想象自己职业发展的大好机会，激发他们对学习高技能的强烈兴趣，并招募这些人进入屋面行业。
- 为在美国多个州/地区工作的屋面工人提供流动性。
- 提高安装质量，为业主带来更高水平的屋面系统绩效或成功。
- 对屋面系统安装工人的专业水平的认可。
- 工人绩效的改善体现在更高的安全性和生产力指标上。
- 工人流失率降低。
- 公众对把屋面行业作为专业工艺行业的信心全面提升。

为了实现这些目标，NRCA的领导层意识到，行业需要一种全面的劳动力发展方法，并开始致力于围绕这些目标将行业团结起来。当时，他们不知道这些决定和行动会变得多么有价值。

令工人感到恼火的是，屋面行业在公众心中的印象一直都是负面的。初为父母的人在表达对第一个孩子的期望时从不会说："我们希望孩子长大后成为一名屋面工人。"如今，屋面工作属于受人尊敬的、高技能的工艺行业，其提供明显高于平均水平的入门级薪酬及特殊的职业发展机会。

尼克·萨比诺（Nick Sabino）是辛辛那提鹿园屋面公司（Deer Park Roofing）的总裁，担任2019—2020年NRCA的董事会主席。萨比诺正在积极招聘新员工。萨比诺说："曾经有一段时间，我们做的所有广告都是为了吸引新客户。在当今这个时代，我们几乎所有的营销努力都是为了吸引新员工。我们知道我们需要做更多的工作来吸引新员工加入这个行业，而不仅仅是在公司之间交换员工。根本没有新人愿意做屋面工作。"

根据亚特兰大Bone Dry屋面公司的老板乍得·柯林斯（Chad Collins）的说法，屋面行业目前的劳动力危机很严重。柯林斯说："我们现在不得不放弃工作机会，仅仅因为我们无法完成工作。我们没有足够的工人，即使拥有最基本的屋面技能的工人，而且情况在好转之前还会变得更糟。"

在2015年NRCA为解决劳动力危机召开的特别工作组会议上，委员会成员一致认为，由于承包商没有足够的或熟练的劳动力，该行业正在失去10%~20%的工作。这意味着每年有250亿~500亿美元的工作损失直接归因于劳动力短缺。工作会流向哪里？柯林斯说："这些工作流向了地下市场，在那里，没有技术、没有保险的承包商交付质量低劣的工作却逍遥法外，这将最终损害行业及其形象，甚至带来更严重的影响。"

传统上，大多数屋面工业技能培训都是通过制造商和/或经销商的临时培训系统以及屋面承包商提供的在职培训提供的。据估计，当地工会培训组织只培养了技术工人总数的10%~11%，而签约会员人数在过去15年里持续下降。

美国经济自2007—2009年的大衰退以来在稳步改善。所有行业的美国工人现在都需要更高、更复杂的技能。根据非营利组织工作和职业发展联盟的研究，只有高中文凭的美国工人的高薪工作减少了，但对于拥有高中及以上学历的熟练工人的需求越来越大。建筑业也是如此。传统的蓝领建筑工人的工作已被更熟练的劳动力所取代。综合考虑美国劳工部劳工统计局的统计数据报告，人们可以合理地假设25%的"好工作"机会——平均年收入55 000美元——由拥有大专及以上学历的美国人占有。2018年，美国劳工部劳工统计局的数据显示，屋面工人的平均年薪为39 970美元，而NRCA的报告称，许多经验丰富、技术娴熟的屋面系统安装工人的年薪高达11.7万美元。

解决方案和建议

制定战略

近年来，当与NRCA的会员讨论当前的劳动力危机时，最常听到的评论是这样的："是的，我们需要进行更多的培训，我们现在就需要这样做。""遗憾的是，每个雇主对劳动力开发有不同的理解，也有不同的培训需求，很少有人知道如何有效地去做。"为了进一步细分主题，雇主希望直接参与劳动力开发的程度也有很大差异。一些雇主更愿意雇用由其他人培训过的员工；有些雇主想赞助和举办自己的培训项目；有些雇主选择与当地其他雇主合作，运营他们自己的正式注册学徒计划；而另一些雇主则更愿意与当地的工会培训中心签约。

无论雇主选择哪种方式，仅依靠培训并不能组建一支劳动力大军。培训只是整个人力资源开发职能的一个组成部分。虽然培训计划有助于招聘，但它并不能用于招聘员工。同样，它可以帮助留住员工，但它不是一个结构化的员工保留计划。更糟糕的是，屋面承包商经常将培训误解为教育、指导、辅导或其他提高员工绩效的方法。很明显，这个行业需要一个更清晰的劳动力开发定义——一个路线图——来指导其决策应该投入资源开发哪些项目类型，然后制订一个将新项目引入市场的计划。但是市场到底想要什么呢？市场规模和每个利益相关者群体的构成如何？

正如前面所讨论的，我们知道该行业的劳动力人口统计已经发生了变化，但我们确实没有当前的数据来帮助回答这些问题，以及其他关于行业劳动力构成的问题。此外，没有数据，该行业就没有坚实的基础，无法与外部利益相关者就直接影响该行业的立法进行对话，这些利益相关者包括地方、州和政府机构，如美国小企业管理局和美国劳工部。

员工注意到了瑞典数学家安德烈·邓克尔斯（Andre Dunkels）的一句话，他说："用统计数字撒谎很容易，但如果没有统计数字，就很难说出真相。"认识到对准确的、最新的数据的需要，NRCA的领导层在2017年开始与NRCA筹款基金会，即屋面联盟合作，以获取这些数据。屋面联盟委托亚利桑那州立大学进行首次全面的行业人口统计研究。研究目的包括：

- 获取屋面行业劳动力、利益相关者和他们所做工作的详细描述。
- 收集美国屋面工人的就业和人口统计信息，包括对挑战、趋势和新出现问题的了解。
- 通过收集可与监管机构和联邦机构共享的重要统计数据，加强NRCA在华盛顿特区的发言权和作用。
- 作为全国性协会，为会员和行业提供资源，以及关键的统计数据。

该研究始于2018年8月。此时，劳动力危机已达到相当严重的程度，需要立即采取行动。一个全面的屋面行业人口统计研究需要一年多的时间才能完成。因此，屋面联盟的成员与亚利桑那州立大学的团队保持频繁的联系，他们在研究进行的过程中提供了详细的信息。事实证明，这些信息对于支持NRCA领导层决定推进资源配置和制订整体劳动力开发计划是非常宝贵的。在此过程中获得的数据会立即被分析、验证和共享。调查显示，尽管NRCA的一些假设是正确的，但大多数都是错误的。有一个假设被证明是正确的，即大多数屋面承包商都面临熟练工人短缺的问题，尽管不同地区的情况有所不同（见图11-2）。数据还揭示了一个意外的惊喜。行业的传统商业模式已经随着劳动力的变化而改变。例如，亚利桑那州立大学的数据显示，63.8%的屋面承包商使用分包模式来填补劳动力短缺，这一统计数据震惊了NRCA领导层，因为他们中的大多数人仍在使用传统的直接雇用模式与员工合作。此外，美国劳工部劳工统计局关于屋面行业的普查数据出现了大约275%的偏差。屋面承包商的实际数量是50 650家（偏差正负5%），而这些承包商雇用的劳动力总数略低于100万人，其中大多数是低技能或无技能人员，没有接受或获得过任何专业培训或绩效改进机会。NRCA意识到，在美国有很多屋面承包商雇用员工，但他们不是会员，也不知道所雇用的劳动力的技能的广度和深度。这个惊喜带来的关键收获是，NRCA不应该再依赖美国劳工部劳工统计局关于屋面行业的普查数据，因为其提供的数据是错误的。

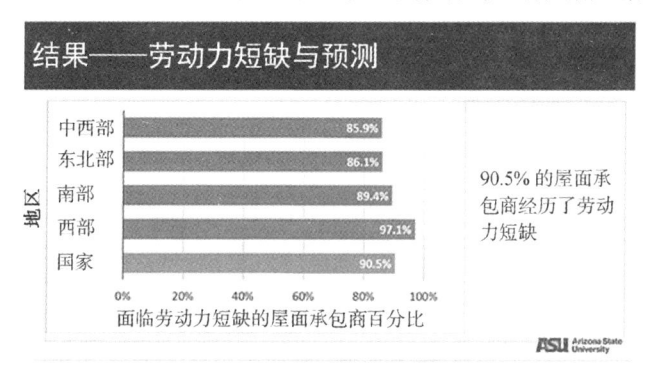

图11-2　不同地区的劳动力短缺状况

回顾过去，难怪"屋面工人"在公共转介服务组织，如安吉的名单（Angie's List）和家庭顾问（Home Advisor）等，位于投诉最多的位置。NRCA清晰地意识到劳动力危机的真正本质，并看到了提高整个屋面行业劳动力绩效的机会。

创建解决方案

在过去几年中，在多个委员会和其他行业合作伙伴的指导下，NRCA确定并立即开始制定八项独特的举措，旨在实现2015年制定的战略目标。调整和统一屋面行业，实现吉姆·柯林斯式的BHAGs（Big, Hairy, Audacious Goals，宏大的、可怕的、大胆的目标）将是NRCA的首要任务。

1. 发起"同一个声音"（One Voice）活动。从历史上看，NRCA的会员资格仅限于屋面承包商，而不包括制造商、分销商或其他相关行业利益相关者。NRCA董事会修改了其章程，以允许行业供应链其他合作伙伴拥有会员资格，包括在NRCA理事会、委员会中占有一定比例的席位，参与决策并获得其他直接利益。新成立的委员会旨在解决利益相关者在建筑规范、立法优先事项和行业研究需求等主题上存在的数十年的分歧。换句话说，NRCA率先统一和创造了真正的基于共识的行业声音。"同一个声音"活动——NRCA在华盛顿特区举办的屋面日活动——迅速成为美国首都的前十大立法活动之一，有450~500名利益相关者群体的代表聚集在一起，分享行业最大的需求和关切。如今，美国国会的每一位议员都意识到了屋面行业的需要。2020年第三届屋面日活动的报名人数超过之前两年的报名人数。

除了承诺作为独特的"同一个声音"成员参与活动，NRCA还承诺在财政上支持其他旨在重塑屋面行业运作方式的举措。在发起"同一个声音"倡议的一年内，开发下文所述其余倡议的预计费用已全部承付。

2. 制订屋面应用职业发展培训™（Training for Roof Application Careers™，TRAC）的培训计划，该计划融合了在线和实践模块，由数百个特定技能的实践培训课程计划提供支持，培训组织可以使用比行业传统方法更短的时间将新的、没有经验的员工转变为优秀的屋面系统安装人员。这一统一的、国家认可的员工培训课程被设计成一个全面的入职培训计划，涉及所有屋面规范，包括屋面工人和在现场监督他们的员工，如领班和公司主管。屋面应用培训C计划可在新员工入职后的几个月内提高他们的沟通能力，并使用标准化词汇和最佳实践。该培训体系正在与多个建筑业培训和教育利益相关者建立战略伙伴关系，包括国家建筑教育和研究中心、社区大学系统、职业培训机构网络、开设职业课程的初高中学校、行业制造商、致力于青年职业发展的非营利组织［如技能美国（SkillsUSA）等］，以及提供熟练技工培训的美国就业组织和联邦监狱管理局等政府机构。

NRCA于2019年推出了TRAC热塑屋顶膜安装包和TRAC沥青瓦安装包，并承诺投入资源开发其他13个系统特定课程。所有内容都是用英语和西班牙语制作的，某些行业合作伙伴已经要求将内容翻译成俄语、波兰语、汉语和其他语言。相对便宜的一次性课程可以让培训和教育机构无限制地使用这些内容。每个课程包都包括屋面承包商可以使用的资源，以及代表基于共识的行业最佳实践的屋面系统安装指南和方法，使新的屋面工人能更快地融入他们的工作。

3. NRCA正在开发一个全面的行业招聘计划，包括多个版本的招聘"工具包"，供不同利益相关者使用。每个"工具包"将为特定受众定制内容，包括：

（1）在职业技术教育培训机构和组织（从中学到社区大学）中设置为从事屋面职业的青年提供服务的职业顾问角色。

（2）满足当地承包商服务的地区、州和当地屋面承包商协会（NRCA附属机构）的需求。这些协会覆盖了成千上万个非NRCA成员的屋面承包商。

（3）积极从当地劳动力市场招聘工人的个体屋面承包商。

（4）州与地方劳动力发展组织和机构，如州一站式劳动力和学徒机构（帮助失业工人寻找工作机会的州机构网络）、劳动力投资委员会和其他社会服务机构，为失业工人提供职业再培训。

（5）屋面和其他建筑供应链经销商与供应商，现有的行业工人经常在这些地方采购建筑材料。

定制的招聘工具包将涵盖鼓舞人心的推荐视频、各种职业和手工艺手册、横幅和海报、职位发布模板样本、为雇主提供的指导和培训内容，使他们能参与当地的职业培训机构，为每个职位提供一整套标准化的工作说明，以及许多其他宣传项目。这一倡议的工作已经开始，同时与每个人力资源开发受众建立关系并发展伙伴关系。工具包将成为NRCA会员的一项福利，并以非常低的成本提供给非会员。

4. NRCA的合格培训师计划提高了行业培训师的效率。NRCA在2000年早期就认识到，行业培训传统上是由经验丰富的现场工作人员或监督人员进行的，但这些人缺乏专业技能培训师的能力。NRCA向美国劳工部申请并获得了联邦拨款，从2001年开始创建培训师培训课程，并从那时起继续将劳动力技能培训作为核心行业竞争力。NRCA的合格培训师会议于2017年秋季启动，该会议为近400名专业的行业培训师提供了培训，为美国各州和大部分地区提供世界级的劳动力技能培训。该计划的目标是到2025年至少培养1 000名专业的行业培训师。

5. NRCA的ProCertification®项目是一个基于绩效的屋面系统安装人员和现场管理者专业认证项目。NRCA已经投入了必要的资源，在未来5~7年开发18个系统安装人员认证、1个现场管理人员（领班）认证和5个大师级专业认证，如表11-1所示。

表11-1 NRCA ProCertified®项目

ProCertified®认证	TRAC安装人员培训课程
ProCertified®屋面工头：（X）指定	ProForeman系列领导力与沟通培训
ProCertified®热塑性塑料系统安装人员	热塑性塑料系统安装培训
ProCertified®沥青瓦系统安装人员	沥青瓦系统安装培训
EPDM系统安装人员	EPDM系统安装培训
ProCertified®黏土和混凝土瓦系统安装人员	黏土和混凝土瓦系统安装培训
ProCertified®金属闪光件和配件安装人员	金属闪光件和配件安装培训
ProCertified®沥青系统安装人员	沥青系统安装培训
ProCertified®液体应用系统和涂层安装人员	液体应用系统和涂料安装培训
ProCertified®木质瓦系统安装人员	木质瓦系统安装培训
ProCertified®金属瓦系统安装人员	金属瓦系统安装培训
ProCertified®服务技术人员——低坡系统	低坡屋面维修培训
ProCertified®服务技术人员——陡坡系统	陡坡屋面维修培训
ProCertified®金属面板系统安装人员（低、陡）	金属面板系统安装培训
ProCertified®屋面太阳能系统安装人员——低坡系统	低坡屋面PV系统安装培训
ProCertified®屋面太阳能系统安装人员——陡坡系统	陡坡屋面PV系统安装培训
ProCertified®板岩系统安装人员	板岩系统安装培训
ProCertified®合成瓦片系统安装人员	合成瓦片系统安装培训
ProCertified®植物系统安装人员	植物系统安装培训
ProCertified®防水安装工：（X）指定	等级以下防水系统安装培训
ProCertified®陡坡系统安装大师	
ProCertified®低坡系统安装大师	
ProCertified®屋面维修技术大师	
ProCertified®太阳能屋面安装大师	
ProCertified®屋面系统安装大师	
ProCertification®合格评审员，X指定	

在之前提到的2015年工作小组会议上，NRCA领导层明确表示，该行业不想要只要求应聘者通过书面知识考试的认证。他们要求新的认证证书为公众和雇主提供一些保证，证明被认证的个人确实能够按照NRCA技术手册中公布的标准进行工作。因此，自计划实施以来，NRCA就一直追求基于绩效的认证测试方案的概念。应该指出的是，NRCA的屋面手册和30多本其他技术出版物（最早于20世纪70年代出版）基于共识的文件，为所有主要屋面系统的设计和安装确立了标准。NRCA的技术出版物被世界公认为屋面工程技术和最佳实践的黄金标准，并被屋面行业的利益相关者、保险行业、国际规范委员会，包括建筑师、工程师和顾问在内的设计专业人士及美国司法系统引用。

NRCA的领导层还决定，认证开发的优先事项将由屋面系统驱动，该系统拥有最大的市场份额，并有可能影响最多的行业工人。NRCA从20世纪80年代中期开始，每两年对行业进行一次调查并更新屋面市场数据。领导层还成立了两个永久性志愿者委员会，以协助工作人员制订计划。考试委员会由主题专家组成，帮助确定考试内容，建立评分标准，处理申诉。ProCertification®项目——NRCA委员会的专业认证项目——协助工作人员制定政策和程序，确保该项目符合行业战略目标。NRCA还聘请了朱迪·赫尔博士，他是世界上最有经验、最受尊敬的专业认证顾问之一，协助工作人员和委员会成员完成行业所要求的基于绩效的独特的认证。

ProCertification®项目委员会设定的主要目标是，确保基于绩效的新认证具有较高的有效性和可辩护性，从而不会达不到其战略目标。NRCA的领导层也意识到，实现这些目标将大大提高消费者的信心，恢复人们对屋面行业作为备受推崇的工艺行业的信任。做出如此大胆的公开承诺，NRCA需要制定一个特殊的认证计划。

开发和管理ProCertification®项目的每一步努力都符合国际标准化组织最新版本的文件ISO／IEC 17024《合格评定人员认证机构通用要求》。这些认证标准提供了经过时间验证的流程和程序，旨在创建传统的基于知识的考试，如使用传统心理测量最佳实践管理的单项选择考试。与大多数标准制定文件一样，ISO／IEC 17024要求提供了灵活的指导方针，可用于解释和采用，以满足特定程序的需要。然而，这些标准对于开发有效的、可辩护的基于绩效的考试几乎没有提供指导。

每个ProCertified®屋面系统安装认证都是针对特定屋面系统专业的。认证要求申请者首先满足资格要求，包括安装特定系统的工作经验要求，然后必须通过两项考试。第一项考试是基于计算机的知识考试，是为低文化水平的人群设计的。NRCA希望测试应聘者的屋面行业基本知识，而不是他们的语言、计算机知识或技能。因此，这些基于计算机的考试包括所有问题和答案选项的音频解说，并附有真实的现场照片或图形，代表正确和错误的安装任务和程序，考生必须选出正确的图像或答案。考试的目的是区分拥有基本行业知识（尤其是在安全工作方面）的应聘者和那些没有这些知识的应聘者。

第二项考试是关于动手实践绩效的考试。制定公平、公正的流程和程序，用来安排、进行和评价绩效考试，一直是一个挑战。准确地区分能与不能按照标准安装特定屋面系统的应聘者充满挑战。尽管认证的工作任务分析提供了必须为给定系统执行哪些基本安装任务的明确信息，但它无法传播完成任何任务所需的分步工作流程。为了克服这一挑战，工作人员与数名有经验的安装人员密切合作，制定了评分标准——用于更准确地对应聘者的绩效进行评分的标准矩阵——它可以准确捕捉内部细节，以标准化每个系统的安装方式和方法。更大的挑战是弄清楚如何在考试监考人员观察考生绩效时消除主观意见和偏见。工作人员及认证顾问设计了一个解决方案，以统一的评分方法定位和校准绩效考试监考人员给出的评分。该解决方案需要开发一种新的认证——NRCA合格评审员认证。

6. ProCertification® 合格评审员认证项目是一个基于评估的认证项目，要求申请人——一旦他们满足资格要求——完成三个异步（自定进度）在线培训模块，然后通过基于计算机的期末考试。期末考试包括一系列 1~3 分钟的短视频片段，展示了一名屋面工人执行基本安装任务的过程，在执行过程中包含特定的错误步骤，合格的评审员候选人必须能够识别特定的错误。每个视频都只能播放一次且不能暂停，模拟实时安装过程。合格的评审员证书标注了特定屋面系统类型的名称。NRCA为每项绩效考试至少进行六次试点，以设定时间限制，评估评分标准的清晰度和准确性，以及不同合格评审员之间的对比数据，验证测试方案。数据清楚地表明，NRCA的绩效考试有效地将定性评分转换为准确的定量数据，可以应用传统的心理测量原理。

公平、公正的绩效考试的另一个关键因素是确保每次考试活动都符合标准考试条件。绩效考试是在受控环境下使用标准化屋面模型进行的。标准考试条件还包括使用相同的工具和设备，相同类型、尺寸和厚度的屋面材料，相同的屋面坡度，相同的温度和风速范围，所有这些都可以直接影响安装人员的绩效。为了确保满足标准考试条件，合格的评审员将接受这些细节方面的培训，并要求他们在开始绩效考试之前完成检查表，以验证这些条件是否存在。NRCA发布了一份名为《绩效考试标准条件指南》的文件，以清楚地传达这些考试条件。

与此同时，NRCA开发并发布了ProCerti fied™屋面工头认证和前两个屋面系统安装人员认证。屋面工头所需要的知识、技能和能力与屋面系统安装人员有很大的不同。通过工作任务分析过程确定了屋面工头涉及四个主要领域，即NRCA所称的"称职工头的四大支柱"。四大支柱分别是：①工人安全；②安装质量；③生产力；④客户服务。

ProCertified®屋面工头认证证书也会标注特定的或指定的屋面系统。该认证的期末考试被设计为通过一系列基于场景的问题来评估安全性、生产力和客户服务的核心考试，质量安装通过基于视频的考试来测试，在设计上类似于合格评审员的考试。

ProCertification®项目的设计意图是为没有经验的入门级员工提供一条清晰的职业发展道路。NRCA选择对其ProCertification®项目认证实施一种可堆叠的微型认证方法（获得一系列相关证书的能力，每个证书包含少量信息，当这些信息结合在一起时，就形成了一个非常大的知识体系）。特定的系统认证以数字徽章的形式颁发。考生还会收到一张包含照片的身份证明，以证明他们获得的证书。身份证明上还有一个二维码，可以用任何智能手机进行扫描，从而获取应聘者的数字徽章数据。考生可以按照特定的顺序获得一系列证书，最终获得大师级安装人员证书（见表11-1）。随着其他系统特定认证的开发，主安装人员认证将在不久的将来被实施。

7. NRCA也在投资一个强大的、新的协会管理数据库，一个新的学习管理系统和认证管理系统，以支持每项举措的管理。新的数据库将为NRCA提供方法来跟踪和更好地满足每个行业工人在其整个职业生涯中的需求。

8. 针对两个受众群体的双管齐下的全面公关活动：①向年轻人介绍好的屋面的重要性，如可提供安全可靠的庇护所；②积极影响公众的看法，屋面行业是需要很高技能的行业，它提供了难得的机会，让人们可以在具有凝聚力、富有创造力的团队环境中及健康的户外工作环境中工作，并且拿着工艺行业最高等级的薪水。

结论

我在NRCA工作了24年，有幸到欧洲、北美洲、中东、北非地区和亚洲访问，观察并了解了几个国家和地区是如何发展、管理和维持屋面行业劳动力的。在访问期间，一些发展中国家向我们寻求帮助（劳动力问题并非美国独有），有些国家在管理影响劳动力生产率的经济和文化因素方面已有丰富的经验。我永远不会忘记2000年我们访问德国时的一次经历，当时我们参观了合作伙伴协会的培训中心（德国屋面中心协会）。那是一个非常特别的培训中心，专注于培养员工的自豪感，这给我留下了深刻的印象。在那次访问中，最让我印象深刻的是我去了当地的一家购物中心，出乎我意料的是，我看到一个年轻人用手挽着他的女朋友在逛各个商店。这个年轻人的独特之处在于他的"制服"：一件深棕色的皮短裤、一件贴着圆形图章的黑色天鹅绒背心、一顶大边帽，上面插着一根长长的羽毛。我问邀请方："那家伙是怎么了？"邀请方回答："哦，那是（名字忘了），我们项目的毕业生之一。"我们所有的毕业生都以在公开场合穿着自己的制服而自豪。我们的公众尊敬和尊重每个人。这次经历坚定了我对美国屋面行业劳动力愿景的个人看法。是的，这项工作需要体力，绝对是年轻人的职业。但是，今天的美国屋面系统也需要新的、极其复杂的技能，需要一种全面的方法来培养专门的专业安装人员。我很荣幸能有机会为这个支持了我的家庭近50年的行业提供服务。

此外，所有非营利性行业协会的主要目的是通过满足其会员的需求来推动其所服务的行业发展。维持非营利性行业协会需要回收成本来开发产品和服务以实现这一目的。据NRCA估算，在7~10年的时间里，本章所述的8个项目的总投资为1 200万~1 500万美元。NRCA现在了解到，屋面行业有将近100万人，它希望在实施这些项目的前5年，至少有3%的工人经过认证。

通常，协会会员希望每个项目至少有一个盈亏平衡的业务模式。很难预测NRCA的这些项目可以收回多少初始投资，以及收回需要多长时间。但其领导层只专注于解决当前的行业劳动力危机，而没有对短期内的投资回报设定任何预期。这是NRCA近期历史上前所未有的决定。还应该注意，最近几个月，NRCA会员正在经历前所未有的增长，NRCA的教育项目销售收入和其他非会费收入也在增加，可以直接或间接地归因于这8个项目之一，尤其是TRAC™和ProCertification®项目。

NRCA的领导层也认识到，如果没有真正的基于绩效的举措，投资最终可能会打水漂。NRCA致力于提供必要的资源，以确保拥有高技能、可持续的屋面行业劳动力在未来发展。

关键术语和定义

熟练工人：经过训练来完成特定任务或一组任务以达到目标的人。

行业协会：为会员提供培训、行业实践和网络服务的组织。

问题

1. 获得屋面承包商认证的商业优势是什么？
2. 解释在任务或工作中运用技能比完成测试更能体现专业精神。
3. 行业协会的主要目的是什么？
4. 协会会员期望什么样的商业模式？为什么？

第12章

基于故事的学习模型，实现刻意练习和绩效改进

布莱恩·格兰特

概要

本章提供了一个基于故事的学习模型的案例研究，使用系统的、有组织的叙事方法来设计一系列综合的、引人入胜的网络安全培训活动（保护计算机系统和网络），以实现刻意练习和绩效改进。为解决全球网络安全人才短缺问题，客户开发了一套混合课程，旨在为未来的网络安全专业人员提供实践经验。本课程的一个关键组成部分是顶点练习，所设计的活动聚焦于课件中内容的应用。从本质上讲，本章通过讲故事来解决如何培训和培养未来网络安全人才的问题。本案例研究着重详细描述实现一系列解决方案的思维过程。

第12章 基于故事的学习模型,实现刻意练习和绩效改进

组织背景

本案例研究的客户是一家大型的跨国技术公司,其创新和培训历史悠久,拥有积累了数十年的专业知识。该客户还巩固了提供网络安全解决方案的专业性。通过与全球公认的卓越学习中心的合作,我有机会支持客户开发此案例研究的核心网络安全课程。

虽然无数个人和团体参与了网络安全培训课程的战略规划、分析、设计、开发和实施,但本案例研究仅提及最重要的领域,角色分工如下所述。

- 主题专家:网络安全主题专家(Subject Matter Experts,SME)团队,为网络安全课程开发和交付的各个方面提供支持。
- 分析师:与主题专家合作进行前期工作分析的人员,详细说明网络安全专业人员每天执行的任务和应具备的技能,并在开发过程中回答教学系统设计师的问题。
- 教学系统设计师:我与此项目的教学系统设计团队一起工作。我们与主题专家合作开发网络安全培训,教学系统设计师在整个过程中为彼此提供了坚定的支持和新的见解。
- 信息技术基础架构团队:信息技术(Information Technology,IT)基础架构团队配置了计算机网络基础架构,以支持网络安全课程的开发和交付,尤其是各种实验室练习。

奠定基础

遗憾的是,网络犯罪是一项大生意,每年因此而导致的损失高达4 400亿美元。网络犯罪分子变得越来越有组织性和侵略性,而防范这类攻击的网络安全团队却很难找到合格的人员。现实是全球网络安全人才仍然持续短缺。缺乏合格申请人的一个重要原因是,过去注重招聘拥有传统技术学位的人,而不是"向拥有非传统背景,可以为工作带来新想法,并能应对网络安全挑战的申请人开放"。

越来越多的公司意识到,技能、知识和学习意愿可能比正式的学位更重要。这一转折点让我们认识到,对网络安全专业人员的成功至关重要的特征并非课堂上所教授的那些特征,而是好奇心、解决问题的能力、强烈的道德规范和风险管理能力。当潜在的候选人具备这些特征时,他们就能更好地完成网络安全培训项目,掌握所需的技术,并获得公认的行业认证。这个案例研究中的客户是在缩小

全球网络安全专业人员招聘差距方面做得非常好的一家公司。

客户寻求扩大其在提供广泛、全面的网络服务方面的作用。本案例研究的核心学习解决方案是开发一套功能完整的混合课程，专注于为未来的网络安全专业人员提供实践经验。该培训项目的目标是培养新的、急需的劳动力，以确保全球现有和潜在客户的网络与系统的安全，这些客户包括外国政府、大型企业等。

这个混合的课程解决方案集提供了一个以讲师为主导、以课堂为中心的环境，学习者作为一个整体一起在各个模块中移动。该课堂还提供对基于网络的实验组件的完全访问权限，包括在每个模块结束时设置的"顶点练习"。顶点练习的目的是让学习者有机会展示在整个早期模块中学到的各种技能。

本案例研究的重点是开发关于网络安全主题培训模块的基础课程和中级课程，特别是为学习者提供对网络安全工作角色（一般网络分析师和操作员）的介绍活动。高级工作角色培训的发展，以及领导和行政级别的培训，超出了本案例研究的范围。此外，需要注意的是，虽然本网络安全课程的学习者认识和了解了各种外部和内部威胁行为者使用的全方位攻击方法，但课程中教授的工具、方法和技能只专注于侦察和防御。

成功实施该课程的一个关键组成部分包括在一系列模块的末尾——战略性地部署顶点练习，这些练习在获得相应认证的最终测试之前进行。因此，这些练习在强化知识、技能和技术方面起到了不可或缺的作用，这些知识、技能和技术是在相应的模块中引入的，并通过课程中嵌入的单个实验室练习来审查。

我的具体挑战是设计这些顶点练习。这包括在每个顶点练习中创建一套系统的活动，为关键模块目标提供引人入胜的练习经验，从而产生积极压力（提高绩效的积极压力），引导学习者熟练掌握技能，并最终成为专家。另一个挑战包括将各种顶点练习进行整合，使学习者在课程中不断进步。

通过刻意练习可以提高绩效，加强提高参与度和改进学习之间的重要联系，这些都可以在文献中找到确凿的证据。刻意练习在认知和心理运动任务中产生了强大的学习效果。同样，有明确的证据表明，对于复杂的活动，如医学和临床培训，使用模拟加刻意练习，比传统的教育方法会产生更好的效果。我觉得这些好处可以有效地映射到网络安全专业人员所从事的复杂而又需要脑力的工作中。

因此，通过模拟进行刻意练习，对于提升学习者所需要的经验是很重要的。埃里克森（Ericsson）和他的同事认为，培养绩优者的关键是在整个发展过程中提供指导和进行高水平的刻意练习。

学习者还必须积极地融入学习环境，以鼓励反思，培养情感反应，并通过相关性传递可信度。这可以通过讲故事来实现，使用详尽的叙述来提供自我效能、存在感、兴趣和感知等实质性好处。记住，这些正是未来的学习者成为网络安全专业人员所需要的特征。此外，与专家相比，参与似乎更有利于新手，如网络安全入门级学习者。

早在鲍尔（Bower）和克拉克（Clark）的研究中，人们就已经很好地证明了故事对信息记忆的支持作用。这可以以"宫殿记忆法"为例，即利用大脑将想象的图像存储在一个虚构的位置，以帮助增强记忆。

神经生物学明确地支持这样一种理论，即我们的大脑在进化中包含了对故事根深蒂固的喜爱，而这条故事路径即使在商业环境中也可以用来激励人们。此外，有证据表明，使用以叙事为中心的基于游戏的环境实际上不会阻碍学习者学习。相反，它显示了学习成果、游戏中问题的解决和提高参与度之间的正相关关系。

基于这样的事实，我相信使用引人入胜的、基于故事的场景将有助于实现最佳的学习效果。我缺少的是如何有效地创造这样的场景的"地图"。因此，本案例研究的目标不是进一步强调将故事应用于学习的一致性结果，而是关注文献中缺乏的一条主线：可以使用什么样的可重复过程来始终如一地创编丰富的故事，为学习者提供必要的好处？

本案例研究通过应用基于故事的学习模型提出了一种方法，可以用于设计和开发基于故事的场景，如网络安全课程的顶点练习。这里的重点是详述在基础课程和中级课程的开发阶段所使用的创造性过程。对创作过程的分析将通过基于故事的学习模型来表达。因此，本案例研究不仅是关于基于故事的学习模型的构建，而且是关于该模型在为培训场景打造吸引人的、以学习者为中心的叙事概念中的应用。这是一个用故事来讲述故事是如何创编的案例（见图12-1）。

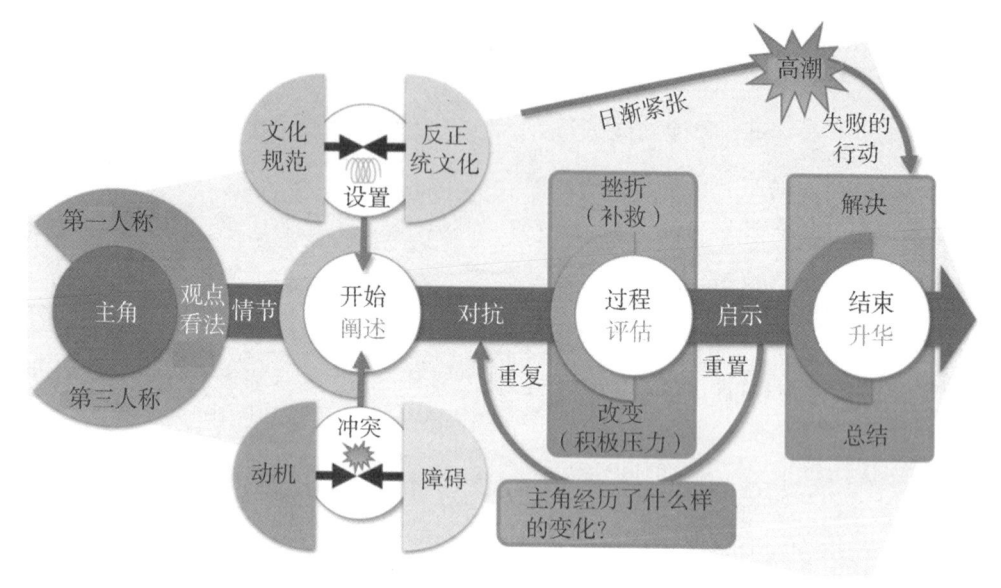

图12-1 故事讲述过程

📎 案例描述和技术关注

在设计顶点练习时有两个主要挑战。首先，必须强化内容中包含的关键技能。但是，也必须考虑让学习者参与进来，这样他们才能进行达到熟练程度所需的刻意练习。怎样才能在挑战和参与之间取得平衡，又不会太过于学术？关键在于确定要利用的最佳技术。

请记住，"技术"这个词并不像我们现在经常使用的那样，仅仅指电子硬件和软件。它来源于希腊语τέχνη，意思是"工艺科学"，该词泛指通过知识的实际应用来实现目标的任何能力。我们将技术嵌入机器中，使用户在无须掌握实现该技术的详细知识的情况下就可以使用该技术。但在此之前，一些最重要的技术早于机械化。正如印刷术在当时是一种全新的技术一样，史前时代的古老技术也具有深远的意义，如文字的发明、讲故事的艺术，甚至是对火的控制。

然而，尽管我意识到使用故事能够优化学习，但我并没有在项目开始时就想到这个解决方案。相反，与任何项目一样，在确定解决问题的最佳技术之前，首先要对挑战进行分析。在这种情况下，为了进一步分析顶点练习的需求，我们有两条路径可以遵循，即使其中一条不可避免地会影响另一条：

1. 哪些模块目标需要有目的和有意识地通过顶点练习来强化它们？
2. 交付这些活动的什么框架可以最大限度地提高学习者的参与度，同时在整个课程中可以提供必要的调整?

值得庆幸的是,由于分析人员和主题专家完成了全面的任务分析,因此确定目标相对简单。与主题专家一起工作,我们回顾了现有的分析,以确定一些需要强化的关键任务和能力。在随后的会议中,我们完善了这个清单。

例如,在分析第一个顶点练习的基本内容时,我们确定了一项需要强化的关键能力,即创建描绘给定计算机环境的设备和连接的网络地图的能力,因为该能力经常在识别网络结构时使用。同时,我们讲解了操作系统Windows的基本用法,以确保理解如何导航命令行,获取重要的系统信息。然而,操作系统使用的普遍性,导致其没有转化为需要在模块实验室练习之外进一步刻意练习的知识。与其将Windows主题包含到顶点练习中进行强化,不如使用工作辅助或其他参考资料来满足该主题的要求。

但其他主题就没有这么明确了。例如,技术主题(如计算机架构和编程语言脚本)是否总是比技术性较低的网络安全主题(如识别威胁行动者和保持态势感知)更重要?考虑到各种各样的主题,我们不能在顶点练习中全部强化,所以我依靠主题专家的专业知识来帮助确定顶点练习主题的正确组合。在这种情况下,主题专家认为一些技术性较低的主题与其他技术性主题一样重要,需要在顶点练习中强化。

这就引出了另一个问题:我们如何为软技能提供适当的刻意练习,并将它们与技术技能无缝地衔接起来?

为了回答这个问题,我们必须考虑分析的第二种路径,即用于组织和交付这些顶点活动的框架与方法,是否能够将人际技能目标及技术技能目标纳入一个全面和完整的叙述中,以吸引学习者。

这就是使用基于故事的场景这一提议的来源。正如前面所讨论的,这种解决方案是一种支持刻意练习的自然方法。而且,以我作为作家和演讲人的背景,我相信这种方法可以有效地实施。不过,对一些人来说,用讲故事的方法来解决像网络安全这样复杂多样的问题,仍然是一种信念的"飞跃"。

故事的叙述能否以引人入胜的方式传达网络安全专业人员所需的思维方式和技术技能?

我认为答案是肯定的。如果我们为故事展开创造一个身临其境的环境,然后,我们会让学习者扮演网络安全专业人员的角色,将其置于环境的中心。

具有讽刺意味的是,我们可以通过使用人类最古老的技术之一——讲故事作为解决方案集的关键组成部分,以应对设计网络安全顶点练习的挑战。但要了解如何通过讲故事向入门级学习者介绍网络安全专业人员的思维方式和工作流程,我们可以参考基于故事的学习模型。在顶点练习中被认为重要的主题将成为故事场景的主要目标。在这一点上,我们决定了学习者将从哪个视角(Point of View,POV)来体验这个故事场景。具体来说,视角就是我们选择讲故事的镜头或角度,是叙述者讲述故事的焦点。

- 第一人称:一种常用的方法,叙述者身处故事之中并站在主角的角度看问题,使用"我"或"我们"来讲述。
  - 第一人称示例:"我担心学习新的计算机应用程序。"
- 第二人称:一种很少使用的方法,叙述者身处故事之外,将故事讲述给其他人(通常是读者),使用"你"来讲述。
  - 第二人称示例:"你担心学习新的计算机应用程序。"
- 有限第三人称:一种常用的方法,叙述者身处故事之外,站在主角的有限视角看问题,使用"他""她""他们"来讲述。
  - 有限第三人称示例:"她担心学习新的计算机应用程序。"
- 无限第三人称:一种不常用的方法,是第三人称视角的一种变体,在故事中可以查看所有角色的想法,仍然使用"他""她""他们"来讲述。
  - 无限第三人称示例:"她和她的朋友一样担心学习新的计算机应用程序。"

如图12-2所示,讲故事工具箱中有各种各样的视角选项。就讲述培训故事场景的意图和目的而言,最常用的第一人称和有限第三人称的叙事方式要远远优于基于故事的学习场景结构。

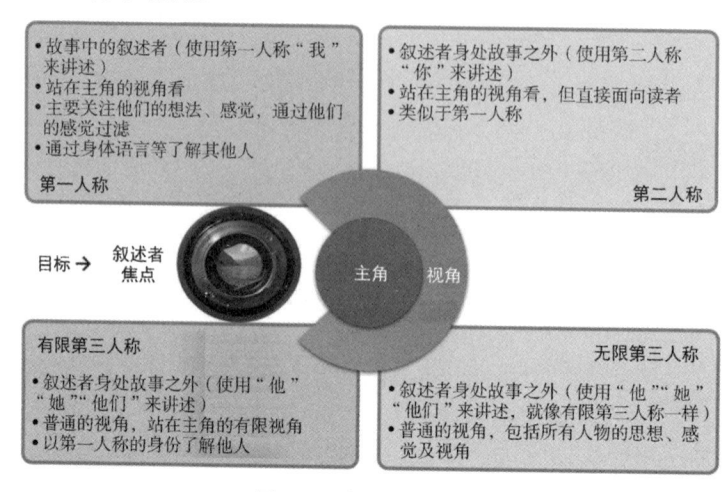

图12-2 各种视角选项

第12章 基于故事的学习模型,实现刻意练习和绩效改进

很多人都发现第二人称让人感觉不舒服,因为这不是日常交谈中经常使用的方法,并且可能很难通过这样的视角来讲述故事。同样,对于学习者来说,无限第三人称太复杂了。因此,对于顶点练习,我们决定选择第一人称或有限第三人称。

在这种情况下,第一人称视角是最好的选择,主要有两个原因。首先,尽管学习者也访问基于网络的材料,但他们参与顶点练习是在课堂上,由讲师指导。因此,尽管讲师传达了故事信息(解释"你将扮演……的角色"),但最好直接从学习者的角度来描述场景内容本身。其次,能够清晰了解故事的主角是谁:学习者置身故事之中,扮演网络安全专业人员的角色,而不是旁观一个虚拟网络中网络安全专业人员的故事。

因此,我们意识到,确定故事的主角与了解培训的受众一样重要,因为它解释了学习者将如何使用该场景。主角作为故事中最突出的角色,被置于故事的中心,并提供了我们关注的视角。我们仔细考虑了主角在故事中的角色,并将他们置于与学习者相关的决定性位置上。在这里,学习者将扮演网络安全专业人员的角色,如安全操作中心的员工,安全操作中心是处理组织安全问题的中心单元。因此,该场景与传统的"桌面"角色扮演练习保持一致是最佳选择,这通常是通过第一人称的视角来传达的。

然而,对于其他类型的基于故事的学习场景,不同的需求可以驱动不同的选择。在一个纯粹的基于Web的交付环境中,我发现为学习者提供指定的故事角色通常更有效。因此,对于基于Web的场景,我通常更喜欢使用有限第三人称视角而不是第一人称视角。原因是,通过有目的地将学习者与主角分开,能提供更多的观察体验。

神经科学的研究已经解释了为什么这种观察方法仍然适用于学习,如观察别人的动作可以支持学习者需要的刻意练习。研究指出,大脑中存在一个镜像神经元网络,这是一组特殊的神经元,不仅在你执行某个动作时被触发,而且在你观察别人执行类似动作时也会被触发。大脑的镜像神经元网络允许人们通过观察进行学习。在观察他人的情绪时,镜像神经元网络也会被触发。进一步的证据表明,镜像神经元网络不仅适用于身体运动技能,而且适用于心理认知技能。

基于对网络安全课程的这些选择,主题专家和我能够勾勒出可能的场景,将顶点练习的目标整合在一起,并将其置于学习者的最佳视角中。在基础的顶点练习案例中,早期的想法是将学习者描述为安全操作中心的员工,对一个虚构的大

学部门进行调查。首先，他们创建了部门计算机网络的可视化网络图，这是他们在课程早期的实验室练习中完成的任务。但是在顶点练习中，这个任务被放在更大任务和故事背景下。接下来，学习者必须记录同一网络中的潜在漏洞。然后，向学习者提供虚构的内容，他们使用这些内容来识别潜在的网络威胁行动者及其动机。最后，让学习者面对一个他们必须响应的事件，分析日志以确定发生了什么，然后记录补救建议。

虽然这是一个良好的开端，但很快我们就遇到了一个技术难题。

组织目前面临的挑战

我们此时面临的技术挑战不是使用古老的艺术讲故事，而是更现代的数字技术问题。使用基础的顶点练习来提供网络安全专业人员的思维方式和工作流程是一个很好的计划，但这个计划假设学习者将在练习期间能够使用一些数字软件应用程序。问题在于，基础课件仅让学习者在网络安全专业人员的软件工具箱中使用最基本的应用程序，而且仅是入门级的。此外，基本的网络安全任务的主要方向仅集中在防御姿态上，这限制了我们对情景活动的选择。

这个问题并不仅限于基础课程，因为中级和更高级的课程将更深入研究这些工业标准的计算机应用程序的实际使用。对于这些更高级的课程，问题在于，如何创建虚拟环境和维护所需的必要设备，不仅为学习者提供虚构系统和网络进行探索，还模拟学习者用来运行这些探测网络安全应用程序的虚拟机。这绝对是一个棘手的技术问题。然而，还有一个故事障碍需要克服。我们必须确定在情景故事中，当这些学习者面对评估和强化他们在刻意练习中获得的技能的活动时，是谁在和他们作对。我们能否使用来自现实世界的威胁行动者的例子？如果能，快速变化的网络威胁格局是否存在问题？如果不能，那么真正可怕的敌人会怎样？

为了理解最后一个问题的本质，我们需要在基于故事的学习模型中打开"冲突蛋"，看看是什么引发了有效的戏剧性冲突。

好的故事通常都是在冲突中发展起来的，它是故事的"氧气和点火器"。冲突的根源在于，我们将主角的动机（不管是由内部欲望所驱使还是由外部欲望所驱使）与为了实现目标而必须克服的障碍对立起来，如图12-3所示。这些障碍可能来自敌对者（直接阻碍主角实现目标的人）的行为，也可能来自间接阻碍主角实现目标的物理或文化环境，或者两者兼而有之。

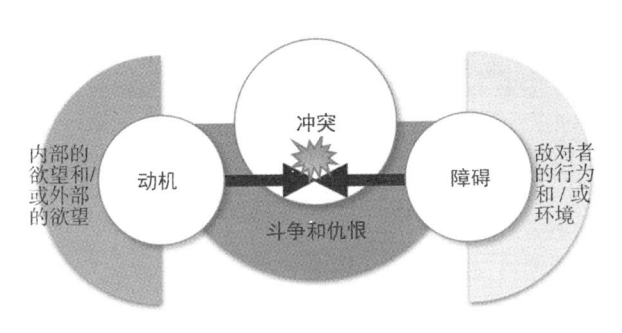

第12章 基于故事的学习模型，实现刻意练习和绩效改进

图12-3 动机与障碍

在这种情况下，我们受训的网络安全专业人员面临着两种形式的障碍：首先，有以威胁行动者形式存在的敌对者，他们的目的是渗透或破坏"学习者"的计算机网络系统；其次，网络环境充满敌意，各国期望获得政治和经济信息，并披露和发布秘密。我们详细描述了这些威胁，以便为顶点练习提供与学习者相关的真实性。

这导致了对训练场景的进一步质疑。这些冲突发生在哪里？故事发生在哪些国家？我们能把头条新闻中的真实国家作为故事发生的主要地点吗？如果不能，我们还有什么其他选择？

在顶点练习中使用真实国家将增加真实性。然而，这样做有一个问题。当网络安全培训的许多客户是外国实体（政府、军队和大公司）时，如果使用真实的国家，只会用不必要的知识和观点来分散学习者的注意力。在最坏的情况下，将一个国家塑造成威胁行动者角色可能会意外地让潜在的客户国感到难堪甚至被侮辱。

因此，在本例中，我们需要创建完全虚构的地点。是的，这需要在前期付出更多的努力，但收获远远超过付出。首先，我们可以控制各个方面，只提供学习者完成练习以及使之沉浸其中所需的内容。关键是提供一个教学环境，使学习者能够平衡投入和简化学习，不超负荷或不分散学习者的注意力。此外，不使用真实国家避免了学习者可能对这些国家有任何先入之见。

我们的目标，以及任何故事设定的目标，都是推动情节向前发展，而不是因为分散注意力或过多的说明而使其偏离轨道。我们希望提供足够逼真的细节来消除怀疑，同时在场景中仍然设置角色之间明显的紧张关系。具体来说，当我们基于故事的学习模型打开"冲突蛋"时，我们可以看到到什么驱动着巨大的冲突。

紧张关系是由文化冲突的相互作用造成的。一个群体基于当前的文化规范，受社会和/或经济动机的驱动，维持事物的现状；另一个群体则基于反主流文化，他们要么沉默，要么大声地对现有的文化规范做出反应，希望在必要时通过抵制或变革来改变文化（见图12-4）。

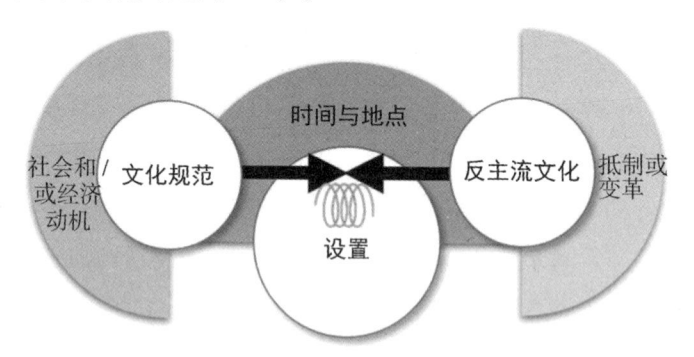

图12-4　故事中冲突的形式

有趣的一点是，在任何组织中，无论是基于当前文化规范的群体还是基于反主流文化的群体，故事角色认同的群体都可能在故事的任何特定时刻发生改变，这完全基于他们的感知。在任何特定的情境下，双方（文化规范组和反主流文化组）都认为他们是正确的。他们是英雄还是反派，是自己人还是叛乱者，都取决于故事的框架。角色也可以改变效忠对象，并在故事后期与不同的群体结盟。

所以，正如基于故事的学习模型所说明的，冲突的火花和紧张的关系都被用来驱动故事的戏剧性发展。这些，连同主角的观点，在故事设计开始时，对推动情节发展是至关重要的。所以只有解决了我们面临的挑战，故事才算完成设计。

解决方案和建议

综上所述，我们面临的挑战如下：

1. 我们如何让学习者在仅具备网络安全基础知识和网络安全应用入门知识的情况下参加顶点练习？

2. 一旦学习者通过中级和更高级的培训，获得了必要的计算机应用的足够经验，我们如何提供必要的教室基础设施，以便学习者同时进行在线刻意练习课程？

3. 谁是构成网络威胁的人？他们是真实世界的人还是虚构出来的人？

4. 我们需要创建什么样的虚拟场景？我们怎样才能在不让学习者负担过重的情况下使其成为现实呢？

为了解决第一个问题，我们必须跳出框框思考。虽然没有计算机、网络和应用程序就无法教授网络安全，但这并不一定意味着我们必须马上让学习者超负荷学习。相反，对于基础训练来说，最重要的是不要一开始就让学习者负担过重。我们讨论的课程是在未来几个月的时间里教授的课程。我们设置顶点练习的最初目标是为学习者打下基础，使其开始像网络安全专业人员一样思考，模仿专业人员的思维方式。他们在数据中寻找什么？他们是如何看待模型的？根据调查和披露的信息，他们采取了什么行动？

思维方式和工作流程并不依赖于使用计算机系统进行交付。相反，如果环境足够吸引人，它们可以在纸上交付。这意味着学习者将收到一系列文件，无论是纸质的还是电子的，其中包括我们创建的虚拟世界环境中的人工制品。

这些人工制品，包括背景、文章、帖子、谜题和日志，稍后将更深入地介绍。但首先要注意的是，在我们的案例中，这种"基于人工的"解决方案对于基本的顶点练习有额外的好处，可以解决第二个挑战和不可预见的与规划相关的问题。

正如在大型项目中经常发生的那样，预期的时间表可能会改变。在这种情况下，客户交付网络安全课程的时间就很紧迫，因此需要一个非常激进的开发周期。这将直接影响开发团队，使开发时间比最初希望的要少。这也将压缩信息技术基础设施团队用于创建计算机网络环境基础设施的时间，该基础设施将被课堂上的学习者用于在实验室和顶点练习期间进行在线刻意练习。但是，如果使用纯粹基于人工的方法来进行基本的顶点练习活动，那么我们可以推迟对数字环境的前期需求，并为信息技术基础设施团队提供更多的时间来制定必要的解决方案。虽然信息技术基础设施团队最终为中级顶点创建的计算机网络和虚拟网络环境本身是真正创新的，而且同样值得进行研究，但这超出了本案例研究的范围。

但是，在确定中级和高级顶点及模块实验室练习所需的网络与系统需求时，这个缓冲时间并没有缓解对于教学系统设计师和信息技术基础设施团队之间要加强沟通的需求。为了解决这个问题，我强烈建议指定一个人作为信息技术基础设施团队的联络人，就像我做的那样。这个角色在我们的项目开始时并不存在，但这是我们学习和实施的最佳实践。当我们定期召开会议并采用单点联系方法时，它优化了团队之间关于设计需求的沟通，并监控了需求实现的进度。

接下来，我们面临第三个挑战，即确定故事中的对手——在顶点练习中扮演网络威胁行动者的角色和／或环境。总结一下，我们的主要角色，即我们的主角，在实现目标的过程中会遇到障碍，而制造这些障碍的可能是对手，无论是人还是环境。问题是，哪个对手最适合我们的故事。

正如我们所讨论的，实验室练习和顶点练习让我们的学习者成为主角，在角色扮演场景中发挥核心作用。我们也知道，现实世界中客户的政治敏感性要求我们用虚构场景和角色来推动我们的故事发展。这意味着作为国家安全行动中心的员工，学习者的角色必须设置在一个虚构的国家内，学习者将面对虚构的敌人。

我的早期笔记表明，主题专家和我有一个想法，就是将基本的顶点练习重点放在虚构的公立大学。但是，由于公立大学的组织规模太大，无法进行顶点基本原理练习，因此我们将范围缩小到更易于管理的地点，一个涉及前沿医疗器械技术的研究型部门，很好，但是其中的戏剧性和内在冲突在哪里？谁会反对这样的部门？为什么？为了深入了解这些答案，我们需要退后一步，充实这个虚构的世界，多做一点。

通过一系列的头脑风暴会议，主题专家和我确定了一个受人尊敬的虚构国家的特征，这里我们将其称为P国，它是我们主角的安全行动中心的所在地。P国也是这个虚构的公立大学所在地，学习者将在这里绘制我们场景的核心计算机网络。

我们认为，P国将成为一个世界一流强国，其经济以制造业为基础，同时发展强大的高科技产业。我们认为P国的对手是其邻国，在本例中被称为M国。但是，由于在网络安全领域的威胁行动者通常不止一个，因此我们决定创建另一个对抗小组，一个与任何国家都没有直接联系的小组。我们一致认为，把黑客作为推动故事进程的激进主义者（在网络安全中被称为黑客活动分子），这是一个很好的第三方实体，可以作为我们在P国的学习者的对手。我们将此独立黑客组织称为V组。这是一个良好的开端，因为我们现在看到了潜在冲突和紧张关系的轮廓。但是，我们现在缺少的是细节，这些细节定义了这些对手反对故事主角的动机。P国政府是如何运作的？M国的经济和网络能力如何？V组与谁保持一致？

我意识到需要一种更正规的结构来收集此背景信息。实际上，我需要创建一个文档来收集背景信息，并将此文档作为解释场景的文件分发给学习者。这样做可以增加真实性和提高参与度，但必须在提供足够信息和不花费太多精力之间取得平衡。

首先，我为这个文档设计了一个模板，我称之为背景。我为P国和M国创建了国家背景模板，以收集两个国家的社会、政治和经济细节信息。我搜索了一套可供考虑的标准属性，并找到了一个公共站点，它被证明是一个不可或缺的资源。

我给那些想要创建虚拟国家的人强烈推荐这个站点，虽然它的界面内容非常繁杂，但当我执行以下搜索时，我发现它特别有用：

1. 从主页的下拉菜单中选择要审查的国家。
2. 展开其中某个部分，如经济。
3. 选择所需的属性，如工业或进口商品。
4. 选择属性名称对应的图标。
5. 这将提供该属性的字段列表，以及用于比较不同国家和地区的完整列表。

但是，我必须强调，如果你要创建一个虚构的环境，请不要完全复制单个国家／地区的大多数属性。相反，我发现当我把来自不同国家的属性混合在一起时，由此产生的虚构国家让人感觉更加真实和独特。

例如，在故事中，我们假定P国实行君主立宪制，该政治体制更像英国而非美国。但P国的政治体制与英国又有区别，P国的国王保留了一定的政治权力。背景文档还提供了可以在场景活动中使用的有用信息。它还包含其他一些细节，增加了P国这个虚构国家的真实性，如虚构的国旗和历史。它还提供了其他信息，如P国在该地区的盟友和敌人，这些信息为未来的顶点练习提供了线索。

接下来，我为非政府实体设计了一个相应的背景资料模板。使用此背景资料模板，我们充实了场景中有关虚构大学部门的信息。例如，在本案例中，我们创建了一个涉及纳米技术的工程学科，以及可以编程的微型机器。该背景资料详细介绍了我们虚构的大学部门在P国开展的前沿工作，以及其对纳米技术的研究和潜在应用。

通过将这些细节嵌入背景资料模板中，我们提供了描述基本顶点练习情节所需的说明信息。大学部门的背景资料介绍了其在生物医学应用方面的工作、对××元素的迫切需求，以及该部门与P国政府的紧密联系。随着剧情的展开，所有这些都将成为关键节点。

此外，我们还为学习者提供了与此场景相关的潜在威胁行动者，即竞争对手M国的背景资料，后者利用国家资助的网络攻击来实现经济和政治优势。同时，匿名黑客组织V组偷走了未经验证但不利于P国的信息，然后通过另一名角色将其发布，该角色的网站以发布此类泄露信息而闻名。所有这些都很吸引人，但为了增加真实感和提高参与度，我们设计了背景文档，使其看起来像有关该国家或实体的官方简介，甚至还邀请了平面艺术家来帮助我们制作独特的国旗和每个角色的标志。

这些小细节为故事角色增加了真实感。很快，甚至主题专家也开始参与进来。有些人将世界环境和神话改编成小型活动和谜题，并在顶点练习之外提供给学习者。这不仅使学习者更愿意参与，而且愿意继续在后来的顶点练习中使用世界环境。

不久之后，我们意识到，不断发展的世界环境需要一张文字地图来描绘虚构的国家之间的相互关系。在另一位平面艺术家的帮助下，我们绘制了一张政治地图，显示了国家边界和主要城市，并将其覆盖在描述重要地形（如海岸线、山脉、河流）的地理地图上。

我想建议任何设计此类地图的人都不要低估如海岸线、山脉、湖泊和河流等地理和拓扑特征是如何决定一个国家的政治边界的。我发现使用这种方法可以提供更自然和逼真的布局。

但是，虽然此地图是为希望了解背景资料的学习者提供的资源，但它并没有提前呈现以避免学习者信息过载。实际上，呈现顺序非常重要。在基本顶点练习中，首先介绍了有关P国和大学部门的背景资料，开始了该训练场景的故事情节，并为这个虚构的世界提供了介绍性的说明信息。

然后我们让学习者面对他们的第一个挑战。回到基于故事的学习模型，在这里，我们的冲突和环境趋于融合，推动了情节的发展。正如模型所建议的，我们应该提供第一个挑战，这实际上是对学习者的评估。即使场景结构是学习者通过一个单独的指定角色观察动作的情况（请记住我们对主要角色的观点的讨论），该评估仍将要求学习者控制场景并决定采取何种行动。这样确保始终是学习者对他们所获得的知识和/或技能进行评估。

在这种情况下，初始评估涉及我们在分析中确定的一项重要学习目标：创建计算机网络地图，特别是针对P国大学部门的计算机网络地图。学习者在模块实验室练习之前学习了此内容，做了必要的刻意练习和即时反馈，通过此来帮助学习者成功。因此，可以合理地期望学习者迎接第一个顶点练习挑战，通过舒缓成长压力，并将这种积极压力转化为成功，继续经历故事中的下一个对抗。

正如在基于故事的学习模型中看到的那样，可能存在许多对抗周期，在模型中已将其表示为"重置和重复"。这意味着每次学习者遇到对抗时，他们都需要在重新尝试失败的对抗之前重置学习者，并确保在进行下一次对抗之前进行适当的汇报或过渡。就顶点练习而言，一系列对抗通过故事推动了学习者，因为他们也表现出对所需知识和技能的渴望。

但是，我们怎么知道学习者成功地回答了对抗问题并完成了摆在他们面前的任务？在像顶点练习这样的复杂练习中，我们发现人们可能对信息有不同的解释，因此不同的答案也可能部分正确。我们为讲师创建了一个答题纸核对表，以供他们对学习者的工作进行评分。我们针对活动的每个部分详细说明了不同的分值，并根据教师是否认为学习者的工作证明了其对问题的正确理解（尽管犯了小错误），为教师提供了部分学分的指导原则。

因此，在最初的对抗之后，情节继续发展，我们为M国（P国的竞争对手）和V组引入了背景信息。这些背景信息有助于构建下一次对抗和评估，在此过程中，学习者必须识别出潜在的威胁行动者及其反对P国的动机。为此，我们以虚构新闻的形式展示了日益加剧的冲突。文章描述了公众指责及经济和政治姿态而导致的P国与M国之间日益紧张的关系。

我们还虚构了V组的两篇博客文章，第一篇描述了来自P国大学部门泄露的一份文件，第二篇描述了令人尴尬的电子邮件泄露事件。我们想明确指出，V组没有明确效忠任何一个国家。

这为学习者在解释相关场景并回答有关潜在威胁行动者和动机的问题时奠定了基础。顶点练习的这部分与向学习者灌输网络安全专业人员心态的目标一致，并且我们使用了新闻和博客文章等辅助道具，以使其更加真实。

正如基于故事的学习模型所表明的那样，这种对抗/评估周期仍在继续，作为主角以及扮演主角的学习者，正在体验动态变化和成长。同时，故事情节继续发展，紧张局势进一步加剧。下一次顶点练习活动使学习者迅速进入调查博客文章中提到的被盗文档的网络事件中，但同时意识到文档的内容在发布前被P国的竞争对手更改了。

学习者被要求继续担任P国国家安全行动中心的成员，并设置了分析一系列网络活动日志文件的任务。日志文件提供了谁在网络上做了什么的历史时间表，这在调查文件如何被盗及由谁侵入方面很重要。

这导致了我们的故事在基本顶点练习中达到了戏剧性的高潮。如基于故事的学习模型所示，学习者作为我们的主角，必须跨越这一最终挑战，并真正像网络安全专业人员一样思考。参与者必须利用到目前为止所掌握的所有技能来回答有关所发生事件的关键问题并提供补救建议。

高潮过后，讲师带领学生完成故事情节的结束动作。他们通过简短的讨论来实现基于故事的学习模型的分析，在讨论中我们提供了故事的解决方案，并通过揭示一些新证据来显示故事的真相，从而提供了结论。在这种情况下，我们以聊天日志的形式创建了一个最终道具，该道具显示了大学的一名研究生与一个未知的外部实体之间的存档消息。

发生的事情是所谓的"网络钓鱼"，是一种社会工程攻击，网络外部的某人诱使内部某人泄露信息或提供访问权限。因此，聊天记录显示该研究生正在寻找硬件，而这个不知名的人正在秘密地为黑客组织V组工作，其诱使该研究生登录到一个伪造的网站，该网站捕获了他的大学登录凭据。使用密码并进行访问，此外部人员窃取了文档，对其进行更改并将其发布在互联网上。

这种富有戏剧性的冲突和紧张气氛，使故事更吸引人。我们为学习者提供了一种引人入胜的刻意练习，以强化他们的知识和技能，同时继续进行测试和认证。这就是我们在随后的顶点练习中采用的方法。

例如，在中级顶点练习中，我在基本顶点练习最初构建的环境基础上通过扩展词汇和新角色，构建新环境。扩展涉及引入国家J和新实体T公司，通过各种顶点练习对连续性和联系的关注提高了真实感和参与度。

例如，T公司在基础顶点练习中仅被提及为P国及其竞争对手M国的商业伙伴。现在，在中级的顶点练习中，T公司在新故事中起着核心作用。我们使用本案例研究中先前描述的相同过程来充实这家公司，并通过新的国家J以及其他需要的角色来讲述我们的故事。

我们的学习者再次成为主角，我们的主角扮演T公司的网络安全专业人员的角色。这次有趣的故事涉及典型的计算机网络审核，揭示了欺骗、内部威胁，甚至可能通过竞争对手M国的分包商引入但由T公司使用的潜在危险软件漏洞，目的是破坏P国供水基础设施。

所有这一切都发生在P国和M国之间的言辞和行动进一步升级的情况下，正如我们创建的更多新闻道具所捕捉到的那样。学习者很快发现T公司与P国和M国都签有合同，这使其处于尴尬境地。更糟糕的是，我们在故事中引入了一个新的黑客组织S组，该组织被指控代表其亲密盟友M国的间谍机构进行了近期的网络攻击。

我们再次通过背景资料、新闻文章和其他以电子方式分发给学习者的物品，为这个故事提供了证据。但是，这次我们能够利用信息技术基础架构团队创建的计算机网络环境，因此学习者可以在中级课程及顶点练习期间在虚拟模拟网络上使用真实的网络安全应用程序。

设置引人入胜的叙述和背景信息的目的是为学习者提供一个高度参与的环境。事实证明此举非常成功。但是，对于教学系统设计师来说，记住所有这些叙述性细节也是管理上的噩梦，尤其是在设计顶点练习之外的课程时。

我的建议是推荐一个人充当"故事推动者"，该人负责跟踪连续性，并在开发新材料时就背景设置问题咨询教学系统设计师和主题专家。在我们的案例中，我担任了"故事推动者"的角色，该角色最终成为正式角色，其中，故事推动者和教学系统设计师专门致力于顶点练习的设计，并将故事元素整合到整个模块内容中。

我们还认为，另一个重要的经验教训是，在开发相应的模块内容之前，要制定顶点练习的关键目标。这加强了实验室练习与顶点练习的一致性，避免了潜在的返工。

最后，我再怎么强调记录有关环境的详细信息的重要性都不为过。一个人很难记住国家和其他实体的所有细微差别，以及它们错综复杂的相互作用。此外，由于人力资源人员配备的需要，课程某个阶段的开发者可能无法开发另一个阶段，因此后者必须移交给另一位教学系统设计师。我建议创建一个文档或一系列文档，对环境的各个方面进行分类，尤其是那些对初始设计决策很重要但对学习者而言不重要的项目。

当我研究这些复杂场景的设计时，基于故事的学习模型的轮廓不断扩展。我发现，这种模型提供了一个有组织且可重复的过程，任何人都可以使用该过程来最大化角色发展，以更好地为故事服务，制造冲突以营造紧张氛围，并推动叙事的发展。总之，这个模型有助于创建引人入胜的场景，促进刻意练习，提高学习绩效。

关键术语和定义

顶点练习：一组与目标保持一致的综合的场景活动，目的是在一系列培训结束时强化知识和技能。

网络安全：保护数字网络和系统免受未经授权的使用或破坏。

刻意练习：为了提高绩效而强化运动和／或认知技能的有目的的培训体验。

参与：在精神和／或情感上投入某一事件或事件中的状态。

积极压力：被认为是积极有益的身体或认知压力，能提高绩效。

> **场景**：在一个设计好的地点发生的一系列事件，包括预先确定的人物、通常采用叙述结构等。
>
> **基于故事的学习**：一种系统的、以学习者为中心的过程，使用叙述结构来提高参与和促进刻意练习。
>
> **技术**：某人通过知识的实际应用来实现目标的能力。

问题

1. 使用基于故事的学习方法来传递基于场景的内容和练习有什么好处？使用这种方法可能产生的负面影响是什么？

2. 参与度如何转化为改进的绩效？

3. 你能举例说明刻意练习是如何提高你的绩效的吗？

4. 在这个案例研究中，我们得到了哪些经验教训？如何证明它们对你的工作有帮助？

第13章

整合组织的价值观和工作场所绩效

扎卡里·瑞恩·毕沃
罗斯·贝克
卡尔·宾德

> **概要**
>
> 为了创建和维护新的工作场所文化以支持工作场所绩效，一所大型大学的中央人力资源共享服务小组启动了一个试点项目，以改善工作场所的流程、系统及其人力资源绩效。通过绩效改进专业引导师的指导，中央人力资源共享服务小组咨询了多种文化模型和变革管理方法，以确定试点项目。人力资源信息服务（Human Resources Information Services，HRIS）小组在工作中采用了一种用于改进绩效的多级变革模型。使用新定义的使命、愿景和价值观作为指南，中央人力资源共享服务小组与HRIS小组一起完成试点项目，然后扩展至其他项目。本案例研究的重点是在试点项目中HRIS小组的绩效改进引导师和小组成员的工作，以及他们的工作成果。

组织背景

名牌大学（化名）拥有一个中央人力资源共享服务小组，以支持该大学在各个校区的工作。在地理位置上分散的各校区共同构成了大学系统。大学系统内的员工接近15 000人。人力资源共享服务小组负责按要求维护和报告每个员工的数据。数据包括薪资、健康保险、工作期限、病假和休假、任务分配、绩效计划、绩效评估和退休制度决策等。

在过去的几年中，大学校园的发展和技术的变化导致人们希望采用新的流程来使用人力资源信息系统。中央人力资源共享服务小组中的新管理人员鼓励员工开发更具创造性的方法来使用数据进行分析和决策。中央人力资源共享服务小组的管理人员决定实施一个试点项目，以探索如何更好地为客户（大学系统内的员工）提供服务。中央人力资源共享服务小组选择了HRIS小组，应用六个盒子®绩效思维®（SixBoxes®PerformanceThinking®）流程分析大学系统的绩效和服务流程，并采用新的方式来服务他们的客户。HRIS小组负责协调就业信息系统薪资安全、州和联邦数据管理要求、州和联邦报告，以及员工数据请求和报告。

为了实现试点项目的绩效改进目标及组织文化的改变，管理人员需要寻找可以帮助他们应对绩效改进挑战的引导师。他们聘请了一位绩效改进专家加入团队，并帮助HRIS小组试行了一个整合组织价值观并改进工作场所绩效的项目。比舍普（化名）是一位经验丰富的绩效改进专家，曾与许多组织的团队合作，应用绩效改进干预措施来帮助优化组织的结果，分析流程并改进绩效。

HRIS小组与比舍普、绩效改进引导师及中央人力资源共享服务小组的管理人员合作开展此项目。第一步是将中央人力资源共享服务小组的使命、愿景和价值观进行改进，以分析与HRIS小组工作相关的绩效期望和反馈、工具和资源、结果和激励、技能和知识、选择和配置、动机和偏好。第二步是分析HRIS小组的组织、流程、绩效人员的初始状态和期望的绩效水平。这一步是通过评估组织的文化优先级、价值和目标来支持的。第三步是绘制流程图、工作输出和衡量标准，并制作计分卡和撰写报告，以在组织、流程和绩效人员层级上衡量业务结果。这些步骤的理论基础在"奠定基础"中进行了详细说明，并在"案例描述"中进行了解释。

奠定基础

改变组织的工作场所文化面临多重挑战。为了应对这个变化过程，组织可以遵循一种分析技术，这样就可以检查行为与环境的相互作用，评估工作场所文化的当前状态并确定理想状态，制定学习型组织战略，以供组织领导和员工采用。为了给本案例研究奠定基础，本章介绍了用于促进该过程的工具的基础信息。HRIS小组和中央人力资源共享服务小组的管理人员被引入，并应用了基于绩效改进项目中使用的基本模型的元素，包括行为工程学的六个盒子®模型、权变模型、与学习型组织相关的概念，以及在组织的多个层面积极实施变革的理念。

利用社会科学文化模型来识别当前的工作场所文化和绩效，组织可以确定改变和提高员工绩效的方法。这些努力可以帮助优化组织环境中的绩效，并在绩效改进干预中指导行动。如果没有适当的干预，组织中可能会出现许多问题，如怠工行为、社会惰化和普遍的个人利己主义导致的功能障碍。

与绩效改进相关的循证工作已经在组织内部进行了几十年，最近已经扩展到社会层面，还适用于组织、流程和绩效人员层面。即使这种扩展已经发生，一些组织在尝试改变流程时通常只关注项目结果和绩效人员个人的成功，以便管理人员管理个人任务绩效。这种基于任务的关注将组织的绩效改进努力缩小到绩效管理的有限范围内，并阻碍了相关的努力，以至于绩效的任何变化都不足以通过组织产出的变化观察出来。当组织意识到目前的绩效改进方法不能满足其需求时，更明确地关注员工绩效而不是员工管理可以使组织和员工受益。

绩效改进的实施采用了各种理论和模型。案例研究中描述的绩效改进干预使用的模型和组织学习相关理论如图13-1所示。这张图并非包罗万象，但将理论与模型之间的许多联系可视化了。图13-1的左边是主要的研究领域。在案例研究中，HRIS小组开始工作时使用行为主义帮助解释影响当前绩效和工作产出的因素。人类学被用来解释群体及其文化的发展和现状。系统理论有助于解释人们及其绩效结果的相互关联和相互依赖。工业／组织心理学有助于将心理学理论应用于组织中。图13-1的中间部分描述了用于测试绩效改进结果的理论和理论著作，并为选择干预措施提供支持。图13-1的右侧将两个模型（六个盒子模型和元权变模型）及组织学习与案例研究中用于绩效改进干预的理论、主要领域联系起来。下面将更详细地介绍这些模型和组织学习相关理论。

行为工程学

理解人们为什么从事特定的行为，以及是什么维持着人们的行为延续，一直是社会科学的研究课题。成功的企业通过经济手段激励员工实施并保持某些行为，以提高生产力，改善主管和员工之间的互动，并提高绩效。但企业对其干预措施影响员工生产力和互动的方式感到不满，企业应关注员工的绩效及其改进，而不是行为管理。非财务绩效评估有助于从内部客户、内部业务流程和员工学习与成长的角度提供信息，并提供监控组织和员工改进的机会。

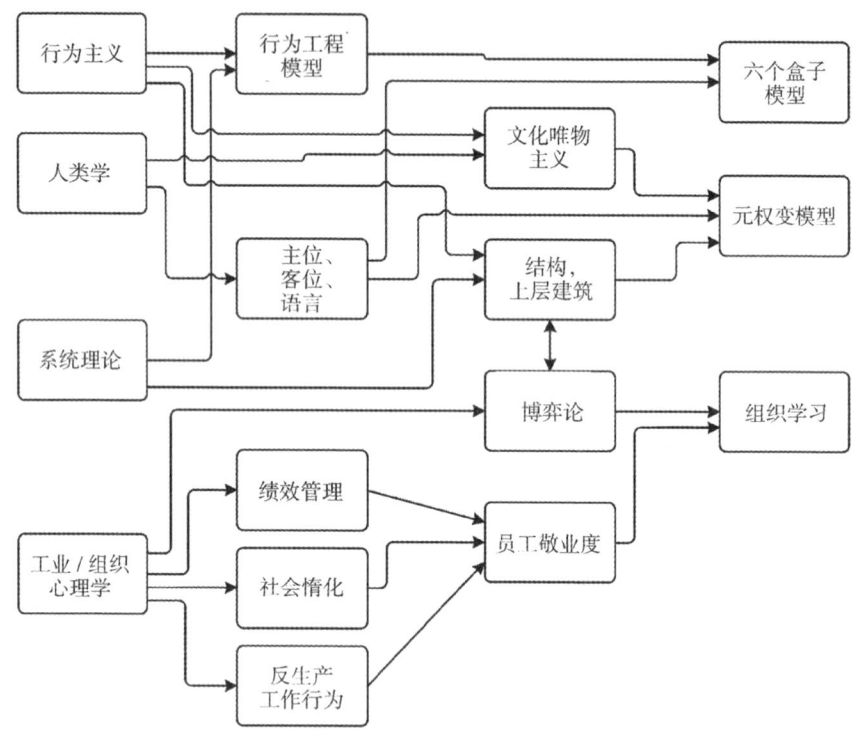

图13-1 绩效改进干预使用的模型和组织学习相关理论

行为参与和鼓励被描述为行为工程学。与行为研究相关的早期工作包括B. F. 斯金纳（B. F. Skinner）提出的三项相倚：刺激、行为和结果。这已经被成功地用于影响组织内员工的行为。斯金纳的工作仍然具有影响力，因为操作性条件反射在心理学中被用于强化和惩罚的研究。

托马斯·吉尔伯特（Thomas Gilbert），斯金纳的一名学生，扩展了斯金纳的理论，并增加了驱动和保持绩效的环境因素。吉尔伯特在他的职业生涯中发明了多个定理，并提出了行为工程模型。该模型包含各种因素，用于识别在环境和个体内部是什么驱动、维持行为及高价值绩效的。吉尔伯特行为工程模型如表13-1所示。信息、工具和动机代表了刺激、行为和结果。结果由人的动机变化反映出来，并受到环境和人的内在动机的影响。

第13章 整合组织的价值观和工作场所绩效

表13-1 吉尔伯特行为工程模型

	信 息	工 具	动 机
环境	数据	工具	激励
人	知识	能力	动机

引入吉尔伯特的行为工程模型后，宾德（Binder）继续寻求对其的改进。六个盒子模型推进了吉尔伯特的工作，增加了基础理论的可理解性和可用性。六个盒子模型的一个关键特性是语言。简单和可共享的语言与吉尔伯特的行为工程模型的理论基础相结合，促进了跨组织和绩效改进从业人员的可用性。图13-2总结了六个盒子模型。

1. 期望和反馈	2. 工具和资源	3. 结果和激励
4. 技能和知识	5. 选择和配置（能力）	6. 动机和偏好（态度）

图13-2 六个盒子

六个盒子模型对于组织来说是一个有用的工具。尽管对该模型干预措施的研究有限，但已观察到该模型背后的绩效改进前提是提高员工、流程和组织的预期绩效。与其他绩效工具相比，六个盒子模型的使用范围正在扩大，这也从侧面证明了它的价值。

为了帮助和指导组织实施绩效改进干预措施，六个盒子模型和价值链模型等绩效改进技术可以帮助组织进行绩效改进和文化变革。这些模型基于托马斯·吉尔伯特的工作，并借鉴了他的行为工程模型。价值链将人们在组织中的行为与组织希望他们实现的目标联系起来，它基于行为影响、行为、工作输出和业务结果建模。

这些模型提供了一种简单的语言，用来理解和影响人类的绩效。通过行为和环境的相互作用，人们可以识别和评估影响人的行为库或人工作的环境条件的刺激、反应和结果。最终，绩效思维为绩效改进干预措施提供信息，可用于影响工作产出的质量和数量，并影响工作场所的文化。

文化选择

组织变革技术是由选择驱动的，元权变、个人偶发事件和累积结果对文化行为施加控制。如果没有一种可共享的语言，如组织变革管理或元权变所要求的语言，工作场所文化就不太可能成功地改变。元权变模型提供了文化的三项相倚观点。元权变是选择过程的一种类型，它要求两个或两个以上的个体相互作用，在这种相互作用下，连锁的行为或偶发事件通过行为的结果得以维持。元权变模型可以应用于组织，以帮助驱动和维持高绩效，特别是与文化偶发事件和文化行为相关的变化。

对组织成员有价值的东西和通过制度、激励促使员工产生某一行为自觉，共同构成了组织的文化。通过文化分析来检验文化条件的影响和含义的组织已经实现了对组织结果的积极影响。考虑到群体是一个更大的社会系统的一部分，并且受到组织文化的影响，组织内群体的效能和成员的合作对于实现共同目标是必要的。这种效能和合作是由对组织文化的看法所决定的。组织文化的核心是它的价值观。唐（Tang）等发现人与组织的一致性改变了工作场所的绩效。理解和感知组织文化的简单或复杂程度也会影响工作场所的绩效。组织的文化越复杂，社会环境对文化的影响就越大。组织文化的改变有可能改变员工的合作、成就和绩效。然而，为了有目的地进行文化变革，人们必须定义什么是文化变革。

虽然组织文化没有一个统一的定义，但人们可以通过组织文化优先级、组织价值观和组织目标来描述组织文化。元权变模型是将斯金纳的行为科学与文化概念相融合的一种方式。元权变模型如图13-3所示。该模型由产生全部产品的连锁的行为或偶发事件组成，然后对其进行选择和强化。偶发事件可以由文化内部或与之互动的因素维持或破坏。这个模型的优点在于，经由该模型定义的文化是不断发展的，而不是预定义的或静态的。

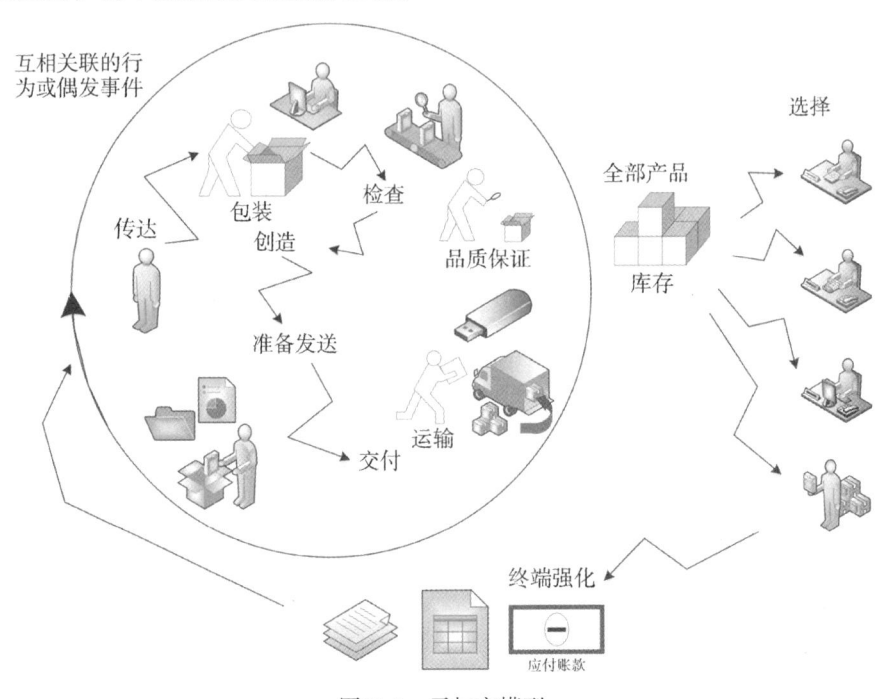

图13-3 元权变模型

行为工程模型与元权变模型中的偶发事件相结合,为绩效改进专业人员提供了在学习型组织中实施的解决方案。采用这些干预措施可以导致工作场所文化的改变,而这种改变可能是持久的。

学习型组织与应用

一个组织要发展自己的文化,仅了解行为和文化的定义是远远不够的。组织必须乐于创建和维护学习环境,换句话说,就是发展和支持能够为组织带来变化的学习文化。组织学习有助于创建高绩效文化,以及重视学习和支持工作产出的社会系统的组织文化。这些价值观在组织中产生了许多积极成果,包括企业对与外部利益相关者的关系的责任,以及发展参与式领导风格来影响关键的文化条件。

组织作为一个系统在运行,而组件则成为系统的系统。学习型组织主动地将系统管理技术应用到组织、流程和绩效人员层级。这些层级显示在如图13-4所示的多级变革模型中,用于层级的系统管理。该模型是基于绩效改进引导师的经验开发的,并将图13-1中描述的模型应用于组织中。图13-4中描绘的用于系统管理的多级变革模型的目标是将组织从以事务为中心转变为以结果为中心。应用此多级变革模型来发展学习型组织有助于采用组织变革文化。这种变革不应仅着眼于员工的工作流程或培训和发展部门,整个组织都应参与到文化变革过程中。对文化变革的接受和传播需要员工、主管和领导层进行范式转换。应该在组织的多个层级上提出干预措施。

组织、流程和绩效人员层级的系统管理
从以事务为中心转变为结果为中心

组织层级
- 水平映射图
  - 包含
    - 请求
    - 服务
      - 输入
      - 流程
      - 结果
      - 接收者
- 组织/商业结果
  - 确定
  - 定义
  - 衡量
  - 设定目标
- 组织结果报告
  - 沟通计划
- 服务交付模型

流程层级
- 按部门划分的服务交付(流程)图
- 跨职能流程图
- 输出和子输出流程
- 标准输出
- 流程管理
  - 根据设定的标准衡量输出
  - 设定目标
- 流程输出报告
  - 沟通计划
- 持续的过程审查和更新
  - 过程中的行为
  - 对组织结果的影响
  - 分析当前的和需要的行为影响

绩效人员层级
- 输出图
- 绩效描述
- 教授绩效改进的逻辑
  - 管理培训改进
- 绩效衡量
  - 绩效人员计分卡
- 绩效改进计划
- 绩效教练

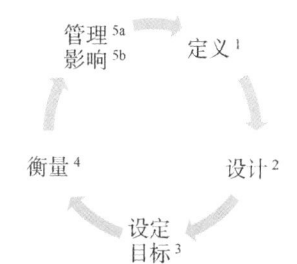

管理[5a] 定义[1]
影响[5b]
衡量[4] 设计[2]
设定目标[3]

图13-4 多级变革模型

为了在组织内成功地应用和传播文化变革，员工必须从整体上了解组织，确定组织成功的原因，并能够跨部门进行沟通。组织要想成功地改进绩效，就必须使影响绩效的变量保持一致。图13-4右下角的圆圈描述了实施文化变革需要采取的行动。对于每个层级、组织、流程和绩效人员，所需变革的定义都已确定。这可以通过头脑风暴、目标设定或价值映射等技术来实现。在定义阶段之后，设计和设定目标，并完成衡量以评估实施。对流程的管理和影响进行评估，并为下一个定义提供信息。制订计划是持续的过程，使组织从以事务为中心转变为以结果为中心。

为了使干预措施有效，组织必须在多个层级上实施此类变革。干预通常主要在组织层级发生。映射是变革的关键策略。组织应按实际情况进行映射。为此，映射图不应是典型的垂直视图。垂直视图无法反映部门之间的工作流程，这通常会导致绩效较低的"筒仓效应"。组织应该有一个水平映射图。该映射图应显示组织如何运作。它应该显示请求、服务和接收者。服务映射还应该标识接收到哪些输入、参与的流程及产生的结果。该映射图是对组织系统和组织制度体系的说明。它是寻找绩效改进机会的基础。

- 组织层级。组织还应着重于阐明其期望的业务结果。业务结果应该是组织范围内的结果。业务结果可能包括收入、客户满意度、合规性、市场份额等。应该确定和定义业务结果。定义之后，还必须对结果进行衡量，并且应随时间跟踪衡量结果。这可以采用公司计分卡的形式。应为业务结果设定目标，衡量数据应可用并传递给组织成员和利益相关者，可采用公司仪表板、计分卡或报告等形式。了解了组织如何运作并确定了业务结果之后，现在将重点放在流程上。通过水平映射，在整个组织中移动的流程被确定下来。接着，应将流程映射到单个和跨职能的流程图中。这些流程图将显示流程如何在部门内部和部门之间移动（在部门和职位角色层级）。一旦完成了流程的映射，接下来就应该确定流程的输出和子输出。然后，应确定输出标准并形成文件。
- 流程层级。确定了流程图、工作输出和衡量标准后，组织现在可以转向流程管理。为了使流程管理有最大的成功机会，应将流程管理交予负责人。参与日常运营的主管和执行者可以成为负责人。流程的输出应根据既定标准进行衡量。一旦开始衡量，就应该设定目标。结果的衡量和目标的达成应通过可广泛使用的计分卡和报告进行沟通。应该监控流程计分卡和报告的联系，以及对组织业务结果的影响。为了提高可靠性并降低成本，流程应由其负责人进行持续审查，并根据需要进行更新。这些更新可以专注于流程中的行为，可以帮助审查输出的需求并确定其标准的有效性，并且应该将分析重点放在行为影响上。
- 绩效人员层级。接下来要完成的是绩效人员层级的分析。绩效人员可能需要重新调整他们对工作职责的看法、与经理的互动、绩效期望及评估方式。首先，应该为每个职位映射输出。绩效人员应确定与哪些内部和外部客户进行交互，以及这些交互的输出是什么。映射这些输出后，应为每个职位设计绩效描述。这些描述应说明职位所负责的输出、为完成输出而产生的行为、输出产生最大影响的业务结果，以及存在哪些行为影响。绩效描述必须与在组织和流程层级确定的信息保持一致。任何差异均应由领导层审查，并在流程和绩效管理中加以解决。

接下来管理者会参加有关绩效思维、如何提高绩效、如何制订绩效改进计划的培训。管理者将指导他们的员工理解、管理和提高绩效。管理者必须了解行为、产出和影响绩效的因素之间的关系。管理者将使用价值链和六个盒子模型。这些模型简单易懂，并且教授一种绩效语言。绩效通用语言的定义和使用是管理者和员工成功的关键。

一旦管理者学会了如何分析并了解了影响绩效的因素，他们就需要学习如何指导员工管理和改进绩效。管理者必须知道如何制订绩效计划。基于价值链和六个盒子模型，绩效计划将确定需要关注的工作输出，连接输出的业务结果，确定输出标准，记录产生符合标准的输出的示范员工行为，衡量跟踪进度，确定行为的影响，以及创建操作步骤。如果需要，这些行动步骤应该包括管理者、员工和组织其他成员的任务。

绩效改进应该是一个持续的过程。管理者应该定期对员工进行正式和非正式的检查，看看他们的计划是如何运作的。一旦实现了预期的改进，员工就应该制订新的计划来改进或维持绩效。教练专家也应该成为管理者可以使用的资源。这些专家可以是其他经理、人力资源专家或受过培训的外部顾问，能够帮助管理者制订计划并取得成功。员工绩效计划的衡量数据应该用来评估员工、团队和管理者。结果的衡量和目标的达成应通过可广泛使用的计分卡和报告来进行沟通。这些信息可用于多种目的，如组织其他层级的决策制定、团队任务分配及员工奖励和认可。

多级变革模型有助于组织实现文化转型，在多个层级上持续监控和管理绩效。作为学习型组织和应用流程的结果，领导层和管理者应拥有评估问题的数据、理解绩效方法，并能确定解决绩效问题的多个领域和方法。

案例描述

以下案例为中央人力资源共享服务小组中的文化变革项目，实施了多级变革模型（见图13-4），该项目为分布在多个地理位置的大型大学系统中的近15 000名员工提供服务。选择了一个专门小组（HRIS小组）来试行文化融合方法。该小组的职责是从组织的员工信息系统中提取数据，为决策者生成报告，并协助用户（通常是主管）运行或更改准备好的报告。通常，履行这些职责需要与人力资源部门以外的客户进行一对一的互动，还需要新的或更改的计算机代码，并以客户友好的格式交付报告，一般采用Microsoft Excel电子表格的形式。在项目开始时，HRIS小组由3人（均为30～60岁的男性）组成。随着项目的进行，团队规模扩大，增加了一名女性员工和一名男性员工。该组之所以被选为试点组，是因为需要提高其绩效，以满足大学系统员工人数不断增加的需求。

中央人力资源共享服务小组完成了组织声明的创建过程。此活动与多级变革模型的重点之一很好地吻合（见图13-4）。领导层选择了来自不同专业小组的几个中央人力资源共享服务小组成员来制定使命、愿景和价值观。该流程由外部顾问比舍普（绩效改进引导师）领导。此外，HRIS小组的成员出席了会议。

中央人力资源共享服务小组获得一份价值观电子版副本。这使HRIS小组的管理人员可以就确保小组成员遵循新价值观提出建议。

中央人力资源共享服务小组的管理人员向他们的团队介绍了绩效改进服务。

- 定义和支持职位或角色。
- 定义、改进或支持流程。
- 设计和支持培训项目。
- 管理变革和实施计划。
- 创建、管理和加强组织文化。
- 制订绩效改进计划。
- 指导绩效改进。
- 确定衡量指标、目的或目标。
- 项目计划。
- 战略规划。

与HRIS小组的主管和经理举行了后续会议。由于引入了新的价值观，双方都认为小组可以从创建、管理和加强组织文化的绩效咨询服务中获益。宾德干预措施的选择是一个流程，宾德指出，在这个流程中，价值观将叠加在员工的行为和工作产出标准上。

在开始定义绩效和整合价值观之前，必须选择和定义组织的预期业务结果。这是多级变革模型的定义阶段，如图13-4所示。下面的业务结果清单是采用多种策略编制而成的，包括对绩效人员和领导者的访谈、特定行业的研究，以及绩效改进最佳实践的参考做法。

- 运营效率。
- 合规性。
- 客户满意度。
- 社会影响。
- 员工敬业度。
- 质量。
- 员工满意度。
- 市场份额。
- 学生满意度。
- 学生成功。
- 收入。
- 利润。
- 安全。
- 财务成本。

该项目的下一阶段从HRIS小组中一线员工的绩效开始。这项工作涉及两名一线员工代表，以及多级变革模型的绩效人员层级。在两个月的时间里每周举行一次会议。会议的首要目标是了解HRIS小组中一线员工的绩效期望。

这些个体贡献者被要求绘制他们所服务的主要客户及交付给每个客户的工作成果的图表。根据获得的信息生成客户图表，该图表显示了每个个体贡献者在一定时间内生产的产品及产品去向（部门内部或外部）。这些图表还用于进一步显示某些绩效领域的工作范围和价值。为多个客户生产的特定产品越多，个体贡献者的这部分绩效越被认为与他们的角色密切相关。

使用客户图表和对话作为指导，更详细的绩效定义开始形成（定义阶段如图

13-4所示）。从图中选择最重要和最有价值的输出，然后使用价值链模型进行调查。团队使用此模型来定义行为和最佳实践、工作输出及标准，并将每个工作输出链接到预定义的业务结果。

凭借对人力资源信息系统任务要求的全新理解，HRIS小组开始着手整合文化价值观。到目前为止，在价值链中收集的信息是基于价值观的视角的。这些价值观由项目团队评审和讨论。一旦团队明确了这些价值观，团队成员就开始改变并整合每个工作输出的价值链的各个方面。价值链将行为影响与完成工作输出所需的行为联系起来，然后将这些工作输出和业务结果联系起来。

咨询顾问比舍普是绩效改进专家，他与绩效人员为每个输出选择了一个关键指标。所选择的指标被认为与特定的工作输出有直接关系。接下来，通过价值观评审确定所选工作输出的标准，定义流程中的增值子输出或里程碑。使用价值观的定义，我们查看标准是否与价值观保持一致。反映该价值观的部分标准，用与记录该输出的价值观相同的颜色突出显示。

对为每个工作输出确定的行为进行了相同的价值观评审过程。如果选择某些行为作为价值观的代表，则对这些行为进行评审并突出显示。通常以两个或三个突出显示的句子的形式出现。突出显示的文本使人们可以快速浏览所有这些记录在案的绩效领域，并了解价值观体现在哪里，以及如何成为其工作的一部分。当毕舍普和绩效人员将价值观记录到价值链中时，他们开始注意在哪里进行变革可以增加一致性。这都会被记录下来并与绩效人员的经理共享。

与绩效人员共同努力的目的不仅仅是证明价值观是他们角色的一部分。比舍普、领导层和绩效人员还希望支持并进一步促进价值观的整合。他们选择使用六个盒子模型来协助这一工作。考虑到价值评审所记录的增值子输出和里程碑中的某些不足，他们完成了六个盒子分析，以帮助确定行为影响。

他们在线性过程中使用了六个盒子模型。这个过程首先从分析当前对环境和绩效人员存在或缺失的行为影响开始。接下来，他们集思广益，探讨了新的或替代的行为影响。最后一步是指出他们认为哪种行为影响最适合应用。现在，他们有了一份行为影响的清单，以帮助成功实施和进一步整合价值观。向人力资源信息系统经理报告的两个角色已完成这些步骤，并向经理展示了客户图表、价值观评审的价值链，以及所选行为影响的清单。这些信息导致对角色期望的变化，并有助于为团队成员制定新的目标和措施。

在交付并介绍了项目之后，人力资源信息系统经理表示有兴趣将适用于人力资源信息系统一线员工的方法和模型应用于其职位。比舍普首先带领经理完成了整个流程。该项目这部分的主要区别在于，经理想要帮助领导和推动团队文化。他们认为，要推动这种文化变革，需要做的不仅仅是成为价值观的代表。经理需要通过他为团队成员创造的东西直接影响其团队。经理希望分析中确定的工作输出成为文化范例，并影响工作场所文化。

他们完成了经理角色的客户图表，并特别关注交付给其团队的工作输出（这是图13-4中的多级变革模型的设计阶段）。与经理的直接下属一样，他们使用绩效链来详细描述绩效。另外，针对经理的绩效完成了价值观评审，该评审重点关注良好工作输出的标准，以及按照描述的标准生成工作输出所需的行为。有许多工作输出交付给了经理的直接下属。经理觉得，由于绩效领域的困难，员工感到很沮丧。在围绕频率、价值和偏好进行对话之后，他们选择了建议的编码，在审查建议的执行情况后更改了此工作输出的标准和行为。

六个盒子模型用于改变和发展与新行为、工作产出标准有关的行为影响。与经理的直接下属一样，他们使用了分析、头脑风暴和选择行为影响的流程。经理要求进一步协助，以将变革后的工作输出带给团队成员。指导计划和支持会议是为经理设计的。该模板用于记录计划的目的、影响、工作输出，以及完成工作输出和六个盒子分析所需的行为。

这里概述了一种衡量策略，以跟踪该计划随时间的执行情况（图13-4中的多级变革模型的设定目标和衡量阶段）。这些数据是在经理每周一次与他的直接下属进行一对一会谈之后收集的。经理说："在组织非常动荡的时期，因为这个团队实施了这个项目，所以我们得以成长。我们进行了变革，这是非常值得的努力。这确实改变了我对员工工作的看法，我现在考虑的是员工的绩效，而不是他们坐在工位上的时间。工作场所文化的变化是，我现在要考虑人，他们的技能，以及他们的行为对组织、流程和其他小组成员的影响。"

在完成所有这些步骤之后，他们现在致力于确定任务，帮助经理将选定的行为影响因素落实到位，支持目标绩效。这些任务主要分配给经理，其他人也会被分配一些任务。经理和比舍普每周或每两周会面一次。他们一起评估任务的完成情况并收集衡量数据以评估计划，一旦评估了衡量数据，就会添加一些其他任务，并移除一些新的行为影响因素。

经理和HRIS小组收到的反馈是积极的。当他们将多级变革模型应用于任务时，比舍普指导了经理数月。经理认为，他的团队成员现在对他们的工作有了更好的了解，并且他们可以将组织的价值观纳入他们的生产过程中。经理还表示，他有一种新的方法来查看其团队的工作。项目完成，并以经理满意而告终。管理人员对HRIS小组的绩效改进表示认可。中央人力资源共享服务小组中的其他小组在成员离职或没有成长时并没有替代成员，而是保留了相同数量的员工。

有关该项目成功和影响的消息传遍了整个中央人力资源共享服务小组。中央人力资源共享服务小组中其他小组的主管和经理希望绩效改进引导师比舍普参与其他项目。中央人力资源共享服务小组的负责人也开始表达对文化创建方法和其他绩效改进应用程序的兴趣。成功的证据是在与经理的辅导会议期间收集的，包括有关操作步骤的反馈、每周输出标准的达成，以及过程行为的变化。经理和HRIS小组的报告是积极的。通过每周有关成就和绩效变化的报告来强化报告制度和问责制度。

组织目前面临的挑战

在这个项目完成的时候，出现了一些挑战和问题。一个问题是，经理无法解释他的团队进行价值链和其他分析的流程。他们喜欢工作中取得的成果，但很难解释其运作方式和细节。另一个问题是，一旦交付了价值链文档，小组往往不会对它们进行更新。

此外，这项工作的完成所花费的时间也不短。领导者倾向于启动文化项目的想法，但很少为这些项目的成功分配时间和资源。作者认为，即使在组织文化等领域，人们仍然希望在数周的工作中得到一个为期两天的培训解决方案。在这方面所做的工作很重要，可能给组织带来很高的回报。

解决方案和建议

以下是一些建议，以解决与这个项目和文化工作相关的各种问题。从业人员和学者需要确定绩效改进技术和模型，特别是六个盒子模型和元权变模型，以影响绩效和文化。如果一个组织想要实现工作场所的文化变革，应该安排干预设计会议，邀请来自不同部门的代表参加；应该建立跨学科的设计团队来集思广益，共同探讨创建和维护文化的新合作领域。使用基于科学的方法可以系统地应用流程、关注结果、增加价值，并与关键的组织利益相关者合作。

绩效人员层级的员工不断表达保持积极文化和提高他们绩效的愿望。这些人不是缺乏动力，而是缺乏现实可行的方法和标准。有了更好的工具和对人的绩效与文化的理解，组织可以更好地完成其使命，个人可以提高他们的绩效。

关于比舍普与每个个体贡献者和经理共享的流程缺乏组织记忆，这是一个可以通过绩效支持工具解决的问题。因为个体贡献者和经理专注于分析他们的行为影响、他们的行为、他们产生的工作输出，以及与这些工作输出相关的业务结果，他们只看到产品，没有注意或回忆过该流程。开发工具促使员工回忆他们在绘图和分析流程中回答的问题，有助于激发持续的绩效改进流程。这些开发工具支持使用自上而下、由内而外和自下而上的策略来应用绩效改进技术和模型。价值链的思考和应用流程不仅仅是专家的工作，它是一个协作过程，组织中的任何人都可以应用它。成功的关键是系统地识别和沟通如何将行为影响范围内的活动和流程组织起来，对行为、工作成果和业务结果产生积极影响，从而实现可衡量的绩效改进。在实施价值链干预的流程中，我们完成了多个项目，包括创建新的文化规范、制订绩效计划，以及建立和维护新文化规范的指导程序。

关键术语和定义

业务结果：企业在完成其使命方面取得的进展。

能力：满足要求的能力。

文化：产品是如何生产的，以及对该产品的要求是什么。文化在组织中通过沟通方式、领导行为、绩效的强化或惩罚等多种方式表现出来。

工程学：利用科学原理设计和建造感兴趣的东西或解决技术问题。

反馈：执行结束后传递给执行者的信息。

连锁的行为或偶发事件：至少有两个相关的行为或偶发事件，其中一个偶发事件的刺激和/或反应是另一个事件发生的环境。

元权变：一组连锁的行为或偶发事件，其产物和选择的结果之间存在一种偶发性。

工作输出：对组织有价值贡献的行为的产品。

问题

1. 在对学习型组织进行分类以定义组织工作场所文化的变革流程时，应该使用哪些层级？
2. 如何影响绩效来改变工作场所文化？
3. 绩效的哪些部分最受组织价值观或价值观评审结果的影响？
4. 在元权变模型中，从选择者的角度来看，是什么维持和改变了文化？
5. 为什么了解客户的要求对理解和提高绩效很重要？

第14章

流变系统

约翰·特纳
奈吉尔·瑟洛
布莱恩·里维拉

概要

本章概述了组织在当今复杂环境中进行管理和运营的技术、工具和方法。当前的文献中缺乏这样的技术、工具和方法，那些试图学习和应用新工具来支持客户实施创新项目的从业人员因此而感到困扰。本章提供的技术、工具和方法来自学术界、工业界。作者将工具和练习整合在一起，为人们提供了一套涵盖创造力、创新、绩效改进、组织发展、组织改进和组织转型的做事方法。

引言

当组织周围的环境发生变化（如复杂性、环境威胁、全球化、潜在的流行病/大流行病）时，许多组织抱着同样的工具和技术仍会在当今复杂环境中起作用的错误观念去坚持最佳实践。组织、领导者和从业人员只是刚刚开始面对当前的知识、方法和练习在处理复杂问题时（如流行病等）将不起作用的现实。例如，汽车行业正处于拐点，由于电动汽车的拥有成本已经低于燃油汽车，因此这迫使汽车制造商转向生产电动汽车，而不是生产燃油汽车。汽车制造商还必须把目光投向电动汽车之外，开发制造全自动汽车。遗憾的是，这给汽车制造商带来了问题："现有的汽车生态系统难以把握。"这也为该领域带来了一些新的供应商和竞争对手（如苹果、英特尔、英伟达、三星）。这一拐点凸显了一个事实，即基于软件的创新正开始接管汽车行业的机电领域。然而，这一拐点并不只适用于汽车行业。

这一点在近期基于软件的创新对波音737 Max的控制影响中得到了体现。波音公司的机动特性增强系统（Maneuvering Characteristics Augmentation System，MCAS）合并升级了软件来解决航空公司的机械缺陷，以防止飞机失速。在解决"737 Max动态不稳定机身"问题方面，与"修改机身以适应更大的发动机"相比，机动特性增强系统被证明是一个更便宜的选择。提到这些只是为了突出组织目前所面临的不断变化的环境的复杂性：

显而易见，没有哪个部门是安全的，混乱正在加剧，天赋异禀又训练有素的商界领袖们没有适当的工具和模型来正确评估风险和利用机会。

2020年，新冠肺炎疫情肆虐全球。由于通过保持社交距离来避免社交接触的措施而导致的全球封锁，世界本质上已经停摆，或者像一些人所说的，重新设置了。为了减少新冠病毒的传播，美国和欧洲的主要汽车制造商已经暂时停产。这种影响已经扩大到不仅限于汽车制造商。大多数大型制造商被迫关闭，至少是暂时关闭。这些制造商包括耐克、Abercrombie & Fitch、Luluemon athletica和安德玛。一些制造商正在将其设备改用于生产当前这个时期需求量大的产品。例如，由于当地洗手液短缺，迪奥就用其设施来生产洗手液。特斯拉、通用和福特已宣布，它们将开始改用其设施生产通风机和其他医疗设备，而霍尼韦尔、3M和通用电气已经同意增加现有设施来生产口罩、洗手液和其他必要的医疗用品。

随着2020年早期亚洲的封锁，接着是3月欧洲和美国的封锁，这种发展趋势在全球范围内引发了我们从未经历过的大规模供需市场中断。根据一些专家的说法，这将导致"巨大的牛鞭效应，供应链经理们会拼命追求供需平衡"。这些问题突出了当前行业最佳实践中的新问题,"当前疫情的破坏正在改变行业结构",有些人甚至质疑敏捷和精益实践。

例如,精益实践(减少浪费和非增值活动)在如下方面特别成功:"使管理人员意识到浪费和成本差异的影响,提高了我们对标准化必要性的认识。"遗憾的是,这些做法也导致了我们今天面临的一些问题。当企业由于经济价值转向一个主要制造商时,它自己在面临供货中断和灾难时则更脆弱,这就是我们今天所面临的:"没有额外的产能,交货时间或库存没有缓冲余地,这些供应链缺乏所需的额外资源来应对意外事件"。事实上,只有2%的公司使用精益方案达到了它们的预期结果。相比之下,敏捷方法则侧重于交互、协作和变更,而不是流程、协商和随后的详细计划,在可预测的线性问题/项目上应用效果很好,但在复杂和非线性问题上的应用效果就不那么好了。同样的情况也出现在大多数绩效改进工作中,当应用于非线性、不可预测的问题时,许多都失败了。

当前我们所面临的被新冠病毒破坏的环境是一个真正复杂的环境。虽然敏捷、精益和绩效改进工具不能适用于复杂的领域,但是来自流变系统的工具可以——这正是它们被设计的目的。下面的内容将简要介绍流变系统,其中包括为管理和驾驭复杂性而设计的各种工具。本章将重点介绍流变系统的三重螺旋(复杂性思维、分布式领导力、团队科学)示例,用于显示其中的一些工具是如何支持组织和社区来驾驭复杂性及改进现有系统以满足今天的需求的,同时,这些示例也展现了创造力和创新的发生过程。首先,作者介绍了创造力和创新的概念。

创造力和创新

当讨论创造力和创新时,人们很难确定它们到底指的是什么:"创造力和创新在人们的心目中是如此紧密地联系在一起,以至于有些人会互换使用这两个术语。"创造力和创新是相似的概念还是不同的概念?或者,创造力和创新都是一个更大结构的不同组成部分?它们是同一流程的一部分还是分属于不同的流程?每个结构属于什么层次的分析?

创造力

在查看有关创造力的文献时,关键是要先确定/定义所讨论的内容。有很多文献认为创造力是从创新中分离出来的概念。创造力理论包括福特(Ford)的个人创造力行为理论(个人创造力理论),波提奇奥(Botticchio)和维亚勒(Vialle)和契克森米哈赖(CsikszenTMihalyi)的创造力情境模型(整体创造力理论），以及伍德曼（Woodman）、索耶（Sawyer）和格里芬（Griffin）的互动主义的组织创造力理论（组织创造力）。

创造力曾被定义为与个体、团队和组织架构有关的概念。在这里，创造力最好的定义是"产生原创和有用的想法"。

创新

其他文献认为创新是一个独立于创造力的概念。在有关创新的文献中，比较常见的有韦斯特（West）和法尔（Farr）的个体创新理论框架和韦斯特的团队创新氛围理论。

创新被描述为一种集体构建，发生在团队、组织或社区层面的分析中，"个人在团队中合作，团队在项目中合作，组织在联盟中合作，国家在国际技术议程中合作"。

尽管如此，一些文献仍然把创造力和创新看作同一个概念。在这些理论中，最常见的包括阿玛比尔（Amabile）的组织创造力和（组织）创新的成分论，周（Zhou）的家长式组织控制及创新和（组织、团队）团队创造力模型，布文拉夫（Bledow）、弗瑞斯（Frese）、安德森（Anderson）、埃雷克斯（Erex）和法尔的双元性理论，以及罗辛（Rosing）等人（2011）的领导创新理论。

这些理论认为，创造力和创新都是同一流程的一部分，各有各的角色。"创造力是创新的第一个开端，创新是那些新颖的、适当的想法的成功实施"。作为同一流程的一部分，创造力来自构思阶段（如新想法的产生），而创新则与新想法的应用有关（如将一种新产品推向市场）。

定义创造力和创新

根据本章的写作目的，作者假设创造力和创新作为创新流程的一部分共同参与了创新流程，创造力和创新在流程中扮演不同的角色。创新流程包括创造性和创新两方面的功能。创新流程的定义如下所述：

工作中的创造力和创新是尝试开发及引入新的、改进的做事方法的过程、结果和产品。这个流程的创造力阶段是指想法的产生，而创新阶段是指将想法付诸实施以改进程序、实践或产品的后续阶段。创造力和创新可以发生在个人、团队和组织等多个维度，也可以发生在这些维度的多个层面上。

根据定义，创新流程是由创造力阶段和创新阶段组成的，很明显，这个流程是跨职能的（如发生在多个层面）和多维的（如个人、团队和组织）。

创新流程已被证明是组织绩效的必要组成部分。人们发现它可以提高团队和组织的绩效。

流变系统™与流变三重螺旋™

流变的概念化来自意识觉察的获得："对判断、方向和偏好的即时决策的叙述。"在个人维度，达到流变状态被描述为"在这种状态下，人们潜心于一项活动，其他一切似乎都无关紧要；这种体验本身是如此令人愉快，以至于人们会为之付出巨大的代价"。这是运动员或艺术家在声称自己身处其中时经常描述的感觉。

在组织维度，当员工通过抑制约束条件应对持续的外部变化或威胁时，他们能够在适应、学习和发展的同时自由互动，这时，流变就实现了。从组织维度来看，通过复杂性思维、分布式领导力和团队科学的互联，流变系统将流变标识为从构思到交付的无缝过渡。这种流变状态是通过连接被称为流变三重螺旋™（见图14-1）的组件来建模的。

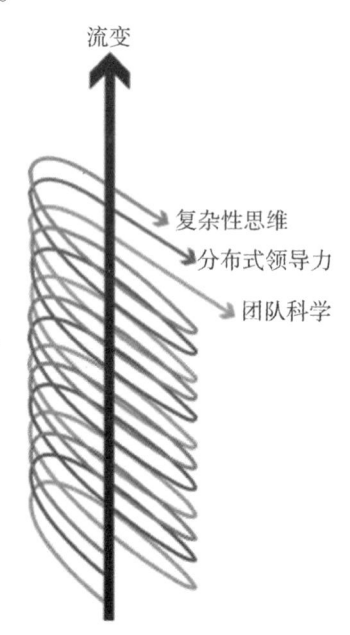

图14-1 流变三重螺旋™

用于处理复杂性的方法、技术和工具不同于那些用于解决简单和复杂问题的方法、技术和工具（如敏捷、精益），流变系统提供了一个"让组织理解复杂性的再想象系统，使其拥抱团队合作和基于团队的自主领导结构"。流变系统认为，阻碍

第14章 流变系统

组织达到流变状态的主要有三个区域。这些区域被称为螺旋（类似于DNA链），并被组合成所谓的流变三重螺旋™。三重螺旋必须相互连接，才能实现任何组织的流变状态。丰田生产系统选择使用螺旋而不是支柱，这表明这三个组件必须集成在一起，而不是筒仓或孤立的结构。流变系统强调建立能够促进和提高绩效的赋权约束条件（如领导、人员、资源），同时消除阻碍绩效的抑制约束条件（如最佳实践、政策、法规）。根据经验，螺旋区被认为是组织经常产生抑制约束的区域。通过将三个螺旋整合为一个螺旋，就像在一个扭曲和盘绕的DNA链中一样，组织能够更好地消除抑制约束，同时管理赋权约束，从而使组织实现流变状态，能够在当今模糊、复杂和不确定的环境中不断前行。

如图14-2所示，流变系统提供了一个方法、技术和工具清单，供组织在处理复杂和模糊问题时使用。提供的这个清单不是作为处方让组织遵循的。流变系统是一个可理解的系统，为组织提供可供考虑的选项。组织应该选择那些最适合自身和当下情形的工具。重要的一点是，选用的工具源于三个螺旋中的每个螺旋，这样它们就相互连接并嵌入组织的文化和结构中。本章的其余部分将对其中一些工具进行简要描述。

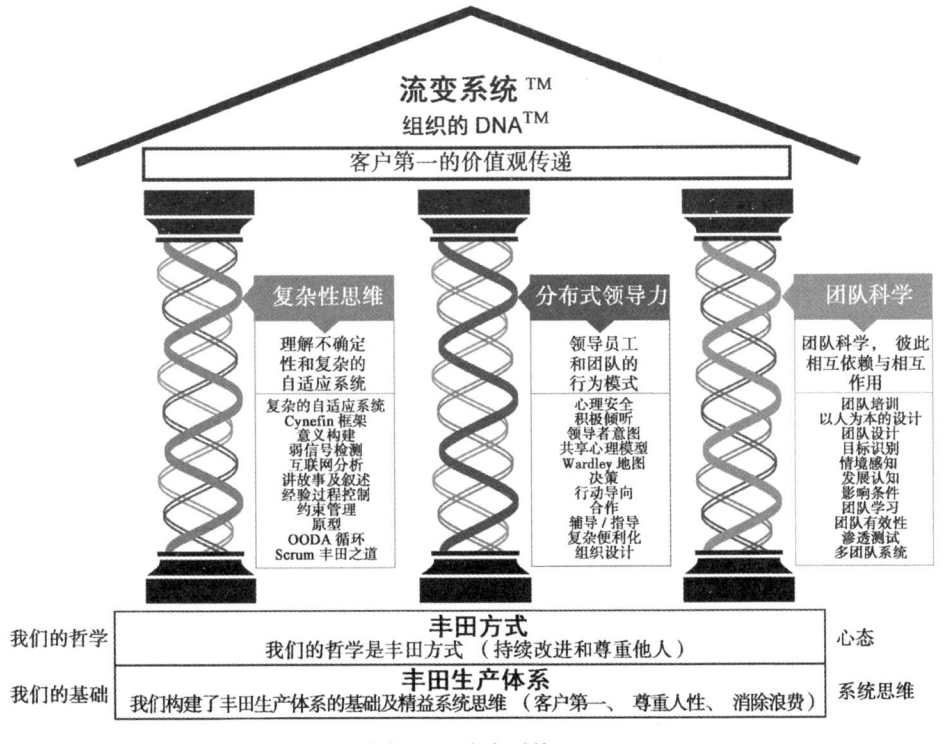

图14-2　流变系统™

流变系统的核心原则

流变系统以丰田生产体系和丰田方式为基础。丰田生产体系包括三个基本目标：客户第一、尊重人性和消除浪费。丰田方式是由持续改进和尊重他人这两大支柱组成的。流变系统就是在这些原则的基础上建立的，正如流变系统以客户第一为基础一样。流变系统由以下核心原则组成。

- 客户第一。
- 价值流动。
- 流变三重螺旋：
  - 复杂性思维；
  - 分布式领导力；
  - 团队科学。

客户第一

在很短的时间内，特斯拉（电动汽车和清洁能源公司）颠覆了汽车制造业。

除了丰田，特斯拉比其他所有汽车制造商的估值都高。全球最大的市场之一汽车行业的混乱，在一定程度上是由于特斯拉做了以下四件事：

1. 像开发软件产品一样开发汽车。
2. 简化了购买过程，将客户置于控制之中。
3. 利用其在电池技术上的实力，最大限度地降低汽车使用寿命内的总拥有成本。
4. 贴合为减缓全球变暖而日趋绿色环保的主要市场趋势。

像软件开发公司那样进行运营的吸引力在于保证了流程的灵活性、敏捷性和迭代性。这种方法已经在多个行业中引起了众多企业的极大兴趣，而有些企业才刚刚开始出现在软件行业。敏捷流程不仅越来越受欢迎，而且在全球的跨国公司中也变得越来越普遍。这些流程为员工提供了工具和技术，使他们能够更好地去适应变化的环境，这些变化源自客户、组织、管理机构（如地方和国家的政策），以及气候改变等。

特斯拉通过把客户放在产品的中心来理解客户的价值。大多数组织，尽管声称将客户第一奉为价值观，但往往不能为客户提供价值。在声称"客户是生产线最重要的部分"的同时，许多组织主要关注利润，"为股东提供价值"。这种对股东的关注正在被对利益相关者（如客户、员工、环境、社会）的关注所取代。

在第50届世界经济论坛上通过了《2020年达沃斯宣言》（为全球合作伙伴提供道德准则），股东资本主义被利益相关者资本主义所取代，全球众多CEO签署了宣言。这种对利益相关者而不是股东的关注，回到了德鲁克对组织的定义："商业目的只有一个有效的定义'创造一个客户'。"以利益相关者为中心给组织带来的好处还包括客户至上、法人责任制和社区/环境意识提高等。

尽管技术进步可以为组织提供竞争优势，但在2020年的全球格局中，大多数组织都能获得当前技术。在2020年全球复杂的环境中，竞争优势不是来自获得新技术，而是来自组织"对满足客户真正需求的技术的理解与适应"。最近发生的事情让这一点变得清晰起来，制造商改用了现有设施，转型生产当地短缺的医疗设备。灵活而有能力的组织将其设施转产以满足这些需求，生产急需的医疗设备，这是比以往更需要竞争优势的地方。组织有能力即时转产新的创新产品及急需产品，如生产供应短缺的医疗用品，将决定其未来的可持续性。目前的组织在这一时期缺乏灵活性和创新性，因为大多数组织在危机时期只是做出反应，而不是带头前进。从某种程度上来说，遵循创新思想而不是自上而下的命令，就是所谓的"流变"。组织必须具备持续调查环境、了解环境、识别环境中的微弱信号并在微弱信号成为更大的系统性问题之前就采取行动的能力。采取行动来确保价值不断地传递给客户，而不是被动地做出反应，这需要成为组织向前推进的新标准。

价值流动

"流变"源自构建理论，可以总结如下："对于一个有限大小的系统来说，要在时间长河中持续存在（生存），它必须以这样一种方式进化，即它能够更容易地获得流经它的强电流。"一个人在追求自己想要的结果时实现过程中的阻力最小，流变就是通过过程的不断演进来实现的。这个概念类似于河流流过岩石。随着时间的推移，河流改变了方向，绕过了岩石，减少了水流的阻力，让它更轻松、更自由地流动。

从组织绩效和创新的角度来看，只有达到流变的状态，才能实现兼具创造性和创新的创新流程。在流变系统中，实现流变的一种方法是关注约束条件。约束被定义为"一种被限制、限定或束缚在规定范围内的状态"。约束管理背后的理念不是消除所有约束，因为有些约束是必要的。例如，设一个最后期限（时间限制）或给项目一个预先规定的预算（财务限制）。可以证明这些约束对创新流程是有效的。这个理念是要消除那些阻止流变的抑制约束，管理那些激发创造力和创新的赋权约束。

流变三重螺旋™

正如图14-1和图14-2所强调的，流变三重螺旋™结构的组成部分包括复杂性思维、分布式领导力和团队科学。当这三个组件在组织内相互连接时，流变就实现了。只关注其中一个组件而不关注其他两个组件只能获得暂时的改进，因为组织内将保留太多的抑制约束。下面介绍了每个组成部分，以及它们与创新流程的联系，有关讨论在本章的开头。

复杂性思维

复杂性思维包括两个主要步骤：

第一步：理解复杂系统的特征。

第二步：拥有全球视角，认为系统、实体和事件是复杂的自适应系统。

在流变系统中，复杂性思维提供的方法、技术和工具包括复杂的自适应系统、Cynefin框架、意义构建、弱信号检测、互联网分析、讲故事及叙述、经验过程控制、约束管理、原型、OODA循环和Scrum丰田之道。下面几节将提供一些示例。

Cynefin框架

系统思维主要处理封闭系统，复杂性思维处理开放系统。作者承认，社会系统是由开放系统和封闭系统组成的。开放系统和封闭系统之间的重叠以及复杂性思维和系统思维之间的重叠，用箭头突出显示在图14-3的顶部，并用单词"重叠"注明。为了帮助领导者和组织明白他们所面临的环境或问题类型，流变系统™利用了Cynefin框架（见图14-3）。Cynefin框架最初由库尔茨（Kurtz）和斯诺登（Snowden）建立，然后被戴夫·斯诺（Dave Snowden）和Cognitive Edge公司更新。

Cynefin框架包含五个领域：无序、清晰、繁复、复杂、混乱。当面对一个未知的和不熟悉的问题时，我们往往处于无序的领域。一旦开始感知流程，找到能帮助我们搞清楚状况或问题的方法，我们就明确了所触碰的领域。清晰的领域与常见的已知问题有关，通常指线性问题和最佳实践。问题被标识为已知的已知。这里遇到的典型问题是常规任务，如数据输入或输入应用程序信息。该领域常见的工具和技术包括作业辅助程序和流程。

第14章 流变系统

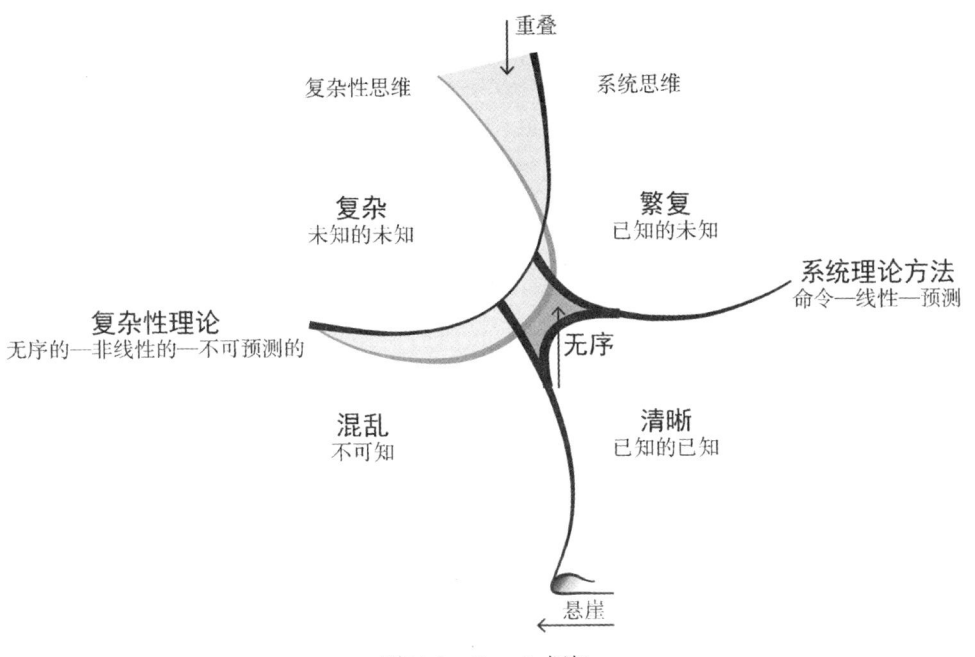

图14-3 Cynefin框架

繁复领域涉及的问题是线性的，但比清晰领域的问题要复杂。这些问题被标识为已知的未知，表明某些问题含有必须被发现的未知组件。这一领域的问题遵循传统的因果关系模型。大多数组织干预都属于这一领域；被称为最佳实践的敏捷方案、精益方案和大多数绩效改进干预都是围绕因果关系模型设计的。这个领域的问题通常被分解为子问题，通过探索研究这些子问题来识别随机模式。一旦解决了若干子问题，人们相信，最重要的问题将开始减少或完全得到解决。

复杂领域和繁复领域又是不同的，其中存在着太多的未知。该领域的问题不能被分解成子问题，而且问题通常定义不明确，包含在其中的变量也是未知的，还可能会随着时间而变化。当前的疫情就是一个复杂问题的完美例子。在这里，复杂领域的问题被描述为未知的未知；这些问题是非线性的，被认为是复杂自适应系统。复杂的问题是根据当时的实时状况通过应急措施来解决的，这些措施是对不断探索、实验和测试的响应。由于实时状况是变化的，所以解决某个问题的应急措施不太可能适用于下一个复杂问题。可以重复使用的是方法和工具，而不是解决方案。

混乱领域是不可知的。它与复杂领域的区别在于，在复杂领域中，问题和解决方案是可以想象的。相比之下，在混乱领域，问题往往是不可想象的，解决方案也是如此，因而被称为不可知的领域。这个领域涉及跨学科研究的创新实践，需要针对出现的问题设计新的方法和技术，因为目前的方法和技术无法解决。

在遵循复杂性思维的步骤中，鼓励从业人员识别他们所面临的问题或环境的类型。最好使用Cynefin框架来实现这一点，这也是流变系统中使用的工具。在某个领域使用的方法和工具与在其他领域使用的是不同的。我们今天最常用的方法和工具属于繁复领域。这些方法和工具包括敏捷、丰田生产系统或精益、丰田方式和大多数绩效改进方法。当处理复杂问题时，就需要新的方法和工具——流变系统展示的方法和工具就突出了其中的一部分。从业人员需注意的要点是，首先确定自己在哪个领域中工作；其次，从业人员要选择适合该领域的方法和工具。

复杂自适应系统与创新

复杂性思维的第二步涉及将系统、实体和事件视为复杂自适应系统。复杂自适应系统是指包含许多相互依赖、相互作用的个体的系统，这些个体具有自我组织能力、学习能力和适应能力，是自然而然出现的（不是设计的）。复杂自适应系统的例子包括团队、组织和社会团体。文献中有些概念被确定为复杂自适应系统，现仅举几个例子，如实践社区、创业精神、领导力和项目管理。复杂自适应系统的正式定义如下：

由许多代理并行运营的网络，控制是高度分散的，系统中的一致行为来自代理之间的竞争与合作。组织层次丰富，每一级代理都是其上级代理的构建基块，随着经验的积累，构建基块会被不断地修改和重新安排。关于环境的隐式或显式假设会由代理不断进行测试。

包含创造力和创新的创新流程也可以被看作一个复杂自适应系统。创新流程被描述为一个复杂自适应系统，并使用定性研究方法进行了测试。测试针对美国西南地区的知名艺术家进行了抽样调查，这些调查围绕复杂自适应系统的八个特征的结构化问题。通过测试这八个特征，确定包含创造力和创新的创新流程是否符合复杂自适应系统的标准。复杂自适应系统的八个特征是路径依赖性、系统历史性、非线性、突现、不可还原性、自适应性、在有序和混乱之间运行及自组织性。表14-1给出了这八个特征的定义。

表14-1 复杂自适应系统的八个特征

特　　征	描　　述
路径依赖性	系统往往对初始条件很敏感。同样的力量可能对系统产生不同的影响
系统历史性	系统的未来行为取决于它的初始起点和随后的发展
非线性	初始条件或外部环境的微小变化可能对系统的结果产生巨大且不可预测的后果
突现	将系统的结构转变为一个新的结构，使其更好地适应外部力量
不可还原性	不可逆的过程转换，不能还原到其原始状态
自适应性	开放系统影响外部环境系统，也受到外部环境系统的影响。开放系统必须能够对外部环境系统的变化做出反应
在有序和混乱之间运行	平衡和不平衡的状态看起来是随机的，但实际上不是。这种状态将引导基于代理的系统达到潜在的集体行为新水平
自组织性	自组织过程使系统变得适应性强，能对外部力量做出反应

特纳（Turner）和贝克（Baker）的研究结果支持了这样一种观点，即包含创造力和创新的创新流程确实符合复杂自适应系统的要求。该研究还支持了以下观点：个体的创造力确实支持创新流程，而创新流程确实会影响个体的创造力。作为一个复杂自适应系统，创造力和创新之间存在着动态的适应性互动，代理学习并适应挑战，他们在促进突现的宽松系统中运作。这种突现产生了一种真正具有创新性的、出乎意料的、未预料到的且具有启发性的新产品。将创新流程视为一个复杂自适应系统，组织可以更好地管理特征而不是个人，为领导者和实践者提供机会，从而为培养创造力提供必要资源。创新不能被控制或要求，只能被培养和促进。结果就是创建赋权约束而不是创建或保留抑制约束。

分布式领导力

在流变系统中，领导力已被扩展为"横向、纵向和组织内部每个位置的领导力"。分布式领导力从个人层面的自我领导力开始，延伸到团队层面的共享领导力。当使用基于团队的结构和多团队系统时，分布式领导力将继续与职能领导力一起来管理团队周围的边界。在高管层面，分布式领导力要求利用来自如下领导力理论的要素，如工具型领导力、全球领导力和战略领导力。这些领导力理论中的每个都被证明支持复杂性和基于团队的系统。正如研究者所要求的那样，这种分布式领导力模式是一种混合的领导力模式。有人呼吁整合领导力理论来"发展领导力领域"。

流变系统提供的用于分布式领导力的方法、技术和工具包括心理安全、积极倾听、领导者意图、共享心理模型、Wardley地图（价值流图和其他可视化技术）、决策、行动导向、合作、辅导/指导、复杂便利化和组织设计。

在任何组织能够真正适应之前，它必须首先将其权力委派给那些最接近工作并每天与客户互动的人员。为此，领导者必须灌输安全文化，而不是当今许多组织中普遍使用的传统的命令与控制文化。发展和维护一种高度心理安全的文化需要领导者参与。心理安全被定义为"相信人际风险的正式或非正式后果，如寻求帮助或承认失败，都不会是惩罚性的"。从组织绩效的角度来看（如组织设计），创建心理安全的文化/环境只是第一步。领导者还必须制定"高标准，激励并促使人们达到这些高标准"。

这种激励员工和团队实现具有挑战性目标的想法基于领导者意图这一概念。领导者意图是将领导者想要的结果呈现给追随者或员工。然后，追随者或员工开始着手实现领导者期望的结果，而且他们明白，如果出现无法解释的障碍，他们可能会改变方向或方法。最终的结果可能并不完全与领导者所期望的结果相同，但在特定环境背景下这些结果是可以接受的。这样就把决策能力下移至真正从事工作的人，能够在工作中培养主人翁精神，同时为人们所做的工作注入新目的，从而进一步促进创新。

领导者意图也是处理复杂问题的重要工具。复杂问题没有明确的解决方案，而且往往定义不清，因为问题很难定义。由于复杂问题的性质，领导者无法向追随者或团队指出明确的方向。复杂问题可以是而且常常是"在没有详细计划的情况下执行"。在处理复杂问题时，重要的是要经常调整、迭代和探索，要求那些最接近工作的人员有决策能力。

复杂性处于领先地位

流变状态的实现始于敬业的领导者。实施复杂性思维能让组织步入正轨，组织必须得到整个领导层提供的支持与整合，才能获得回报。正如前面所强调的，无论是一个组织正在应对供应链中断，还是一个国家正面临流行病的威胁，组织都必须在各级领导模型中融入复杂性思维。

在处理复杂问题时，小型、多样化的团队比大型团队更有效。小型团队可以更有效地解决分歧、复杂和不确定的问题。大型团队可以使用最佳实践来解决清晰和繁复的问题。然而，对于复杂问题，需要更小、更多样化的团队。

与大型团队相比，小型团队更有能力执行快速实验、探索、调整和重新测试。这种快速测试或并行/顺序探索对于弄清复杂问题至关重要。遗憾的是，由于领导结构的构建不旨在支持这些基于团队的结构，或者由于总体上缺乏来自领导的支持，这些努力常常受挫。这些努力往往会因为"缺乏有效的基础设施和业务支持"而失败。

当复杂性处于领先地位时，从业人员可以遵循以下指导方针。

1. 仅仅因为它看起来像钉子，并不意味着你需要一把锤子。从复杂系统的视角看，背景环境是不确定的，因此决定做什么不是简单地重复你上次在相同情况下的简单操作。情况很可能完全不同。

2. 由多数人做出的决定往往比少数人做出的决定好。任何决定的前提都必须是从多个角度（多元论）进行的全面考虑（批评）。这可能是各种不同模型的应用，或者只是简单地询问多个人的意见。这样的方法很自然地导致了创造性思维，并使得在做出决策之前可以发展出更丰富的理解。但是要注意，因为"人多可能会误事"，而且在没有时间的情况下，个人领导可能比集体决策更有效。

3. 期望是错误的（或者至少不是完全正确的）：决策过程的多元化和批判性是有限的。但是，即使拥有世界上所有的时间和资源（以及做"正确"事情的承诺），也只能基于我们目前的最佳理解来做出决策，而这种理解永远是不完整的。每件事情都与其他事情相关联。我们无法考虑所有的事情，所以我们会人为地建立边界来帮助我们做出决策——没有这些边界我们将无能为力，有了它们，我们的回应虽然是有限的，但至少我们有一些回应。

4. 你可以。当知道自己的模式被证明是无效的（甚至适得其反）时，人们有充分的准备和足够的信心去改变自己的想法，这实际上是一种美德，而不是一种罪过。复杂的组织以不可预见的方式发展，因此我们必须做好"与时俱进"的准备。基于过去的经验做出决策的简单行为就可以改变未来的发展方向。面对越来越多的相反证据时不要错误地升级自己的承诺。教条主义很少是有效的策略。

针对不同环境重新使用现有工具也可以产生创新。这又追溯到功能固定的概念，在这种概念里，锤子不仅仅是一把锤子，它也可以用作楔子或去除钉子。重新利用现有设施以满足危机时期日益增长的需求是创新的一种方式。此时问题就变成了,为什么这些行动是被动的(危机后)而不是主动的?具备弱信号检测(复杂性思维)能力的领导者,当复杂问题出现时,他就可能获得足够的信息,从而提出这样的改变。组织本应该提前调整或改变其战略,而不是等到问题出现之后再做。具备决策能力并采取相应行动,是危机时期所需要的,也是流变系统所描述的。在处理复杂性时,如果没有合适的领导力思维,创新就会因为有太多来自领导的抑制约束而无法发挥作用。

团队科学

团队科学领域是一个多学科领域,涉及团队及工作小组的协作功能。团队科学研究的是与团队和小组相关的行为、先决条件、协作过程及结果。团队科学包括:

区分有效团队流程和绩效所必需的知识、技能和态度;开发有效的绩效评估系统来跟踪团队的表现;建立团队级别的反馈方法,为团队提供对其进度和需改进领域的诊断。

流变系统中提供的团队科学的方法、技术和工具包括团队培训、以人为本的设计、团队设计、目标识别、情境感知、发展认知、影响条件、团队学习、团队有效性、渗透测试和多团队系统。

团队培训

在团队能够正常运作之前,必须首先进行团队培训。团队必须经过团队合作技能培训,才能被认为是一个有效的团队。团队还必须作为一个凝聚力单元来受训,以便他们学习和练习团队合作技能。组织的一大败笔是,当员工被召集在一起解决问题时就被称为一个团队,并没有经过培训。没有经过团队合作技能培训,团队成员在解决完问题后将恢复为单独的任务者,从而消除了真实有效的团队所能带来的好处。研究表明,接受过团队合作技能培训的团队比未接受过培训的团队更有效。团队培训干预措施必须围绕与情境相关的团队能力进行设计,并且在教授这些能力时必须遵循教学策略。用于设计团队培训干预措施的教学策略也需要进行评估,以表明学习已经实现。在复杂领域中最有效的干预可能就是为团队提供团队合作技能培训,以便他们能够有效地工作。因此组织不仅要关注任务,还要关注团队合作技能的发展。

团队创新要求团队成员接受团队合作技能培训。团队成员必须能够一起对不同的想法和概念进行头脑风暴,而不会因此感到威胁。对于这些讨论,建设性的批评是必要的，并且必须以不会引入破坏性冲突或焦虑感的方式进行。这些考虑，以及还有其他关于目标、过程和结果的讨论，都应该被纳入团队培训中。一旦团队成员能够像团队一样运作，包括能够自我管理团队合作技能，他们就可以开始构思和创新。

实施敏捷方法失败的主要原因之一是忽视团队合作技能培训。大多数组织都把注意力集中在根据Scrum概念进行基于团队结构上的实施。虽然Scrum通过使用被称为Sprints的迭代周期为团队提供了一种有效的方法来计划和安排任务，但它并不涉及团队合作技能。许多基于团队结构的实施的失败尝试都可以归因于这种错误，只关注任务，很少甚至没有考虑到团队合作技能的发展。团队必须接受团队合作技能的培训，而不仅仅是完成手头的任务。

组织也可以在不改变其层次结构或领导力结构的情况下向团队过渡。只有在新组建的团队接受过适当的团队合作技能培训，并且为适应团队和复杂性组织的领导力结构也发生改变之后，领导力才能成功。这里强调了一个观点：团队科学应该与复杂性思维和领导力相结合。如果不先接受如何成为团队的培训，团队就无法解决复杂问题，并且组织也不能利用团队的优势，除非首先改变其层级结构和报告结构以适应这些团队。一旦使用共享领导力模式进行自主运作，团队就可以创新，团队就成了领导力的典范。

多团队系统

当考虑如何扩展基于团队的结构时，组织应该利用从多团队系统（Mutltiteam System，MTS）的团队科学中获得的知识。多团队系统的定义为：

为应对环境突发事件，两个或两个以上的团队直接且相互依赖地进行交互，以实现集体目标。多团队系统边界的定义是，系统内的所有团队在追求不同的近端目标时，至少共享一个共同的远端目标；并在此过程中表现出与系统内至少一个或多个团队的输入、过程和结果相互依赖。

如果两个或多个团队的团队目标（近端目标）与多团队系统的目标（远端目标）一致，则可以将其合并为一个多团队系统。这种目标的一致性将团队与多团队系统联系起来，以便其能够自主地朝着在多团队系统级别上设定的更大的组织目标前行。在这种情况下，团队使用共享领导力模式自主运作。这些团队通过职能领导力（理论）进行监督。边界扳手（功能负责人）执行基本功能。其中一些功能包括管理团队之间的交互、协调团队之间的活动、保持近端目标和远端目标的一致性，以及为实现多团队系统的目标（远端目标）提供必要的资源。

在扩展基于团队的系统及在实现多团队系统时，组织需要改变其领导结构以更好地适应多团队系统。团队的角色、目标结构和功能在扩展团队时发生改变，这些必须得到领导层的支持。分布式、混合的领导力模型的目的之一是适应多团队系统。这一点也显示了三个螺旋的相互连接。为了处理复杂的问题，一个人必须能够利用规模较小的多元化团队。为适应这些新的多团队系统结构并更好地处理复杂性，领导力结构必须改变。

多团队系统为组织提供了解决更重要、更复杂问题的能力。这一概念源于社会生态学领域。当面对社会系统时，如在组织和社区中，有必要确定问题所涉及或影响的各种环境或系统。例如，社会生态学已经确定了在解决任何重大复杂问题时都必须考虑的四个主要环境：自然环境、人造环境、社会文化环境和虚拟环境，如图14-4所示。自然环境代表自然（植物、动物、昆虫），人造环境与人类设计的物理环境（如建筑物）有关，社会文化环境包括组织和制度系统（如法律制度、伦理、宗教），虚拟环境涉及计算机和移动技术（如互联网、社交媒体）。

图14-4 社会生态学模型

由于问题和解决方案是未知的，所以复杂问题不能被分解成较小的子问题。社会生态学采取了另一种方法，把复杂问题分解为多个层次。这些层次涵盖"从微观到宏观的环境，包括对个人、小组、组织、机构、社区和全球层面的分析"。这样做的好处是将所有参与该问题或受问题影响的利益相关者都包括在内。这对于组织创新很重要。创新需要必要的多样性，而多样性来自多个主体之间的相互作用，每个主体都有自己的经验和背景。组织中的主体来自多种环境，这既有助于组织多样性，又利于组织从受问题影响最大的多个来源捕获信息。这种多层次的方法也是组织将创新过程视为复杂自适应系统的一种方式，它捕获了与要解决的问题或要开发的产品交互的所有主体。创新，作为复杂自适应系统，也可以通过把多层次的方法转化为多团队系统来对它进行管理（见图14-5）。可以将多团队系统作为构建和管理多种环境的手段来实施，这凸显了组织拥有支持多团队系统的组织结构（分布式领导力）的重要性。

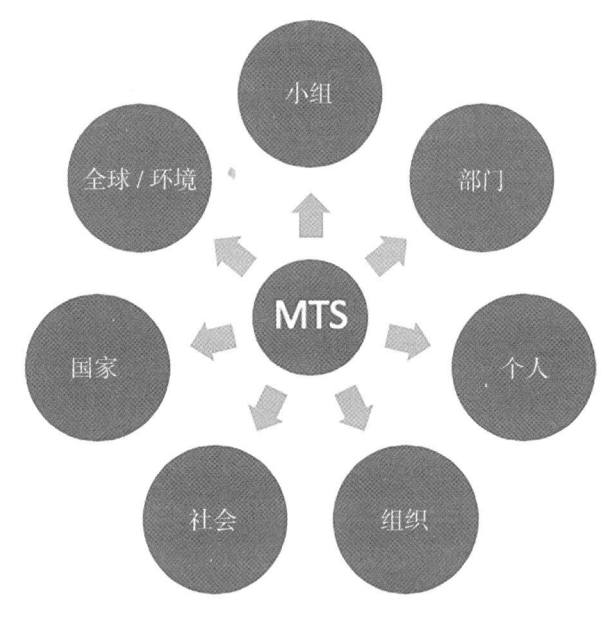

图14-5　社会生态学模型的MTS方法

结论

由于当今的复杂性，使用昨天的工具进行操作将被证明不是一种有效的战略。目前，企业"正在激烈地对抗初创企业和其他竞争对手的攻击"。报告指出，超过90%的现任高管支持在他们的组织中实施敏捷，但这些组织中只有不到10%真正实现了敏捷。许多实施敏捷和精益措施的失败尝试，导致人们认为这些措施不能解决他们遇到的问题，因而就产生了诸如"伪敏捷""伪精益""敏捷的终结"等术语。然而，失败的原因可能只是使用了错误的工具。

根据作者的经验，组织无法应对复杂的挑战是因为他们不能执行以下任务：

1. 识别复杂性，不知道如何在复杂环境下工作。（复杂性思维）
2. 组织结构和领导力结构不健全。（分布式领导力）
3. 团队合作技能和团队结构定义不明确。（团队科学）

我们的发现与该领域的其他领导者的发现相似。在实施绩效改进计划之前，必须确定适当的方法、技术和工具。"并不是每个功能都需要构建敏捷团队；事实上，敏捷方法并不适合某些活动。"首先，搞清楚需要解决的问题或环境的类型（如清晰的、繁复的、复杂的、混乱的）是必不可少的第一步。其次，了解适用于每个领域的适当方法、技术和工具对于任何绩效改进计划都是至关重要的。对于复杂的环境或问题，流变系统提供了可以被任何领导者或从业人员使用的一系列方法、技术和工具。

总之，流变系统为个人和团队提供了在面对复杂环境或问题时能实现最大化绩效所需的工具。它为领导者提供了技术和结构，使个人和团队可以在开发和管理赋权约束的同时消除抑制约束，从而进行创新。分布式领导力为组织提供了将战略和全球意识注入整个组织的结构和技术，并提供了在复杂时期推动组织前行的工具和技术。通过这三个螺旋的相互连接，组织能够更好地驾驭复杂性，从而进一步促进组织中各个层次（个人、团队、多团队系统、组织）的创新。

关键术语和定义

复杂性：处于不确定状态，其中的环境和条件或与问题相关的变量不断变化且不可预测。复杂领域的问题被标记为未知的未知，具有模糊性、非线性特征，对问题和解决方案没有明确的定义。复杂领域的问题被认为是复杂自适应系统。

复杂性思维：利用适当的方法、技术和工具来解决复杂问题并在复杂环境中进行管理的能力。复杂性思维包括以下两个步骤：（1）了解复杂系统的特性；（2）拥有全球视角，认为系统、实体和事件是复杂自适应系统。

创造力：产生新的或原创的有用想法的行为。创造性行为被归类为个人、团队或组织的架构。

分布式领导力：一种具有分散的、自上而下的、自下而上的和水平分步的混合领导力模式，将决策能力带给那些最接近工作的人。分布式领导力包括个体层面的自我领导、团队层面的共享领导、多团队系统层面的职能领导，以及执行层面的工具性领导、全球性领导和战略性领导。

流变：处于"即时"状态的参与状态。当员工可以自由地互动、适应、学习和发展以应对环境的变化或威胁时，就可以在组织层面上实现流变。组织中的流变可以通过复杂性思维、分布式领导力和团队科学这三个螺旋的相互连接来实现。

流变系统：一种概念性的理解系统，提供了一系列的方法、技术和工具，可供组织在处理复杂和模棱两可的问题和环境时使用。

> **创新**：将新想法或产品推向市场或吸引更多受众或人群的行为。创新被归类为在团队、组织或社区分析层面上进行的集体构建。
>
> **创新流程**：创造力和创新被认为是用来构思、设计和开发新想法或产品的同一流程的两个不同阶段。创造力是创新流程的第一步，是产生新想法的行为。创新是创新流程中的第二步，开发或应用原创创意或产品，并将其推向市场。创新流程被认为是一个复杂自适应系统。
>
> **多团队系统**：两个或两个以上的团队独立地朝着自己的团队目标（近端目标）前进，并相互依赖地朝着更高的集体目标（远端目标）前进。多团队系统的边界是可渗透的（如产品、流程），并通过职能领导力模型进行管理，该模型促进了领导者与团队的互动而不是领导与追随。
>
> **团队**：两个或两个以上的人独立又相互依赖，为实现共同目标而协同工作。
>
> **团队科学**：研究工作场所团队的多学科领域。该学科的研究重点在于构成有效团队和多团队系统的知识、技能、能力和其他特征。

问题

1. 将复杂性思维的两个步骤应用到新闻中的当前问题或你熟悉的当前问题中。使用Cynefin框架确定问题所在的领域（无序、清晰、繁复、复杂、混乱），并解释原因。确定可用于所选领域的方法和工具。最后，如果它是一个复杂自适应系统，该如何看待这个问题？它是一个复杂自适应系统吗？请解释。

2. 确定应采取的具体步骤，用以整合流变三重螺旋™结构中的三个螺旋（复杂性思维、分布式领导力、团队科学）。组织应该如何整合这些螺旋来实现组织流程？

3. 创新流程要求组织及其员工处于流动状态。确定可能阻碍创新流程的抑制约束列表和可能支持创新流程的赋权约束列表。为每种情况列出5~10个约束条件，并说明如何管理这些约束条件以支持组织或机构的创新流程。

第15章

领导力教练

约翰·拉扎尔

> **概要**
>
> 芭芭拉是一家综合销售业务外包公司的人力资源开发经理,绩效非常糟糕。在收到了有关其客户服务质量及与同事合作的投诉后,她的经理选用教练辅导来提高她的关键技能和相关绩效。芭芭拉欣然接受了为期一年的教练辅导机会。她和教练共同制订了个人发展计划。由她自己完成评估,由教练组织360度访谈并询问相关信息,再由她和教练共同完善个人发展计划和目标。定期召开教练辅导电话会议、安排学习任务,并定期对进步、挑战和吸取的教训进行回顾。总的来说,她在多项情商技能上取得了进步,由此带来了更好的客户服务和更好的同事合作。当被重新安排承担责任时,她很好地适应了,领导并参与了两个关键的项目。

组织背景

A2Z公司是12年前由顶级销售人员和销售行业顾问创立的。公司最初的业务是满足特定销售行业的市场需求。随着时间的推移，业务范围逐渐扩展到整个销售运营生命周期，最近已经深入发展到改善和实现卓越的运营，提供市场领先地位和卓越的客户体验。公司已在美国、中国和印度拥有逾2 000名员工。3年前A2Z公司被一家风险投资公司收购。未来3年，公司要实现快速增长和盈利目标。

海伦·舒马克（Helen Shumaker）在过去3年一直担任全球人才（Global Talent）副总裁。她曾在全球人才中国分公司工作了6年，任人力资源部副总裁，创建了人力资源管理体系和更具西方风格的管理文化。现在她回到了美国总部，有4个直接下属。全球人才总部和印度分公司（最近的海外地点）负责设计、开发和实施关键人才计划。全球人才中国分公司主要依靠自己的一套管理实践来独立运作。大部分培训是为了支持新员工入职和发展技术技能。在过去的5年，全球人才为CEO及其5名直接下属及3名中层管理人员提供了领导力培训。

案例描述

一年前晋升为人力资源开发经理的芭芭拉·约翰逊（Barbara Johnson）正努力开展工作。她负责开发人力资源内容并执行政策和程序，以及发展她的3个直接下属。最初，她作为个人贡献者工作了两年。她在未受到任何管理或领导力培训或指导的情况下去履行其管理职责。

自从担任新职务以来，她倾向于按时完成和交付工作，但工作不能按期完成且错误百出，不仅需要返工，还降低了客户（包括CEO和首席运营官）对她的信任。同时，她非常关注任务是否被正确完成，并倾向于微观管理，这导致她的直接下属对其非常不满意。在具有挑战性的情况下，她经常在情绪上过度反应，引发那些与她互动的人的防御和不满。

芭芭拉的经理海伦建议进行教练干预，以改善芭芭拉的表现，为所有相关人员带来更高的满意度。当时有位教练（作者）一直在为CEO和高级领导团队的4位副总裁提供领导力教练。芭芭拉意识到自己的表现不达标，因此准备接受领导力教练。她自己也承认，她的情绪不稳定，做事死板，在让内部客户对人力资源问题感到满意方面只取得了部分成功。她认为这是一个值得充分把握的重要机会。

关于教练和领导力教练

根据教练协会的说法,"教练是帮助人们实现积极改变和成长的人际交往过程。通过利用先天优势,发现内在动机并提出授权问题,教练可以培养自我产生的洞察力,且使愿景和目标清晰。这个过程可以被任何想要对自己或周围的世界做出积极改变的人所使用"。关于领导力教练的定义,人们似乎尚未达成共识。李(Lee)和弗里施(Frisch)给出了他们的定义:"雇主赞助的……在组织环境中,教练和领导者之间的关系旨在改进领导者的当前绩效,为未来发展提供支持或帮助领导者向新角色过渡。"谈及领导力、执行力和教练,还有这样的描述,"一旦教练和组织就需要完成的对用户(被教练者)和客户(组织)都有利的工作达成协议,基于承诺的架构就建立起来了,在这个架构中,教练得以实施"。

经理知识渊博并与开发工作保持一致有助于参与的成功。教练是结构的守护者、流程的指挥家,始终与客户制定的协议保持一致。

史蒂芬·科维(Steven Covey)的格言"以终为始"为人们提供了很好的借鉴。某些活动和意图为后续活动奠定了基础。例如,要一开始就行动起来,在一个安全的心理空间中与用户建立温暖、尊重和信任的工作关系,同时讨论和发现他们的教练目标。提出问题以了解用户及其世界:哪些领域值得改进和改善?为什么要着眼于特定的领域来改进?项目结束时,成功会是什么样的?对你的影响是什么(如你的行为变化)?对你的团队可能有什么影响?对业务可能有什么影响?此外,与用户的经理讨论并调整工作以获得最佳支持。量化(并在可能的情况下确定)进步和成功的衡量标准,建立有成功标准的里程碑,作为衡量进度和过程成功的一种方式。

早期活动之一是收集有关用户及其状况的数据。更客观的数据可以提供更多的视角和感知,从而为目标的创建和细化提供信息。数据可以描述以往的绩效、当前的责任和未来的职业方向与抱负。它们可以揭示人们在工作环境中思考、感受和运作的动态,他们的偏好和兴趣,以及他们在预期(正常)和意外(紧张)环境下的行为。完成自我评估并经过讨论后,就能确认已知内容,并确定未知领域。与教练的对话,特别是关于360访谈汇报中的数据的对话,可以培养新的意识和反思的机会,并发展对自己的见解,而这种见解通常不太容易获得。这可以扩大选择范围,从中选择不同的、可能更好的行为来进行试验。这通常是整个教练项目中最具影响力和洞察力的经验。

重要的是要安排定期的教练谈话,以提高自我意识,进行正念反思、洞察、选择、试验和学习。教练情境中支持自我反思学习的几个属性条件包括尊重、不判断、融洽、真实，开放性问题和行动学习任务。能集中注意力和激发活力的节奏是最佳的。也就是说，用户完成的最重要的学习工作发生在教练对话之间。这时他们处于工作环境中，在学习过程中锻炼自我领导能力。是时候尝试做一个不同的、新的"观察者"了，尝试新的思维方式、感知方式和行为模式，然后注意接下来会发生什么。

接下来的教练对话将包括对经验和教训的讨论，以及任何需要注意的当前情况或紧急状况。通常，在讨论近期经验之前，必须首先讨论紧急状况；否则，情绪可能令人不知所措并分散注意力。教练负责读懂用户的需求，并精心安排好对话的重点。事实上，在作者看来，教练有责任确保用户学习所需的所有对话都能顺利进行。

研究发现，绩效环境中的其他根本原因有时可能对开发工作产生不利影响。如果想减少这种不利影响，那么在教练设计时就应该考虑这些原因。这基本不需要直接改变环境（用户可能无法控制的事情），而更多需要转变观点、叙述或态度，并采取一种新的思维方式和行为方式。当应对身份升级、实践和能力的挑战时，用户将锻炼自我领导能力。

支持领导力教练的模型和框架示例

教练通常会使用模型和框架来加深用户的理解，并构建新的区隔和可能的理解方式。教练培训旨在帮助用户开发一种看待自己、他人和世界的新方式（一个新的"观察者"）。这为实验和学习带来了新的选择和机会。随着时间的推移，用户会开发出更适合当前环境的新知识、技能和态度，其绩效水平也会更高。模型和框架可用于识别新的对象和关系，从而将相关特性带到前台。下面是用户使用的一些模型。

绩效改进领域采取了系统的、询证的、面向结果的、为其多个利益相关者创造价值的方法。研究领域侧重于在社会、组织、过程和执行者层面上调整和改进绩效。绩效改进方法论源自多个不同的学科。对于当前或预期的任何绩效问题，严格的分析有利于识别根本原因，可采取适当的干预措施并根据给定的要求对结果进行评估。

为了更好地了解情境中的用户绩效，要采用与绩效测试人员一样的视角并对绩效环境感兴趣。不仅要看可以使用什么样的教练策略来实现用户确定的学习、发展和绩效改进目标，还要分析环境，看它是否符合并支持期望的绩效。识别出偏差或不足后可以设计弥补因素并将其包含在教练干预中。

关于成人发展的研究表明，大多数（75%）的经理/领导者运作不佳——他们倾向于表达自己的反应性倾向而非创造力。从社会化转变到自我创作（和自我转化）的心理复杂性水平需要改变心态，升级行为模式。一定程度的反应性倾向（最高为30%）可以支持有效的领导，如再加强，则会削弱并严重妨碍有效的领导。反应性倾向与领导效能呈负相关关系（$r=-0.68$）。相反，创造力倾向与领导效能呈正相关关系（$r=0.93$）。

本体论教练理论基于马丁·海德格尔（Martin Heidegger）的哲学著作，J. R. 奥斯汀（J. R. Austin）和J. J. 塞尔（J. J. Searle）的语言行为理论，以及认知生物学家温贝托·曼图拉娜（Humberto Maturana）、费尔南多·弗洛雷斯（Fernando Flores）、拉斐尔·埃切维里亚（Rafael Echeverria）和朱利奥·奥拉拉（Julio Olalla）、艾伦·席勒（Alan Sieler）的观点。人类是自身的观察者，他们不仅看到世界独立于自身，而且在与环境及他人互动的同时改变自身的结构。听、说、语言是社会参与和承诺的中心。

生成型领导力是由罗伯特·邓纳姆（Robert Dunham）在本体论教练理论的基础上发展起来的，并被应用于组织。它关注的是领导者及其团队成员之间的互动、团队成员之间的互动，这些互动能否被激活取决于对话的质量。目的是建立学习社群和团结、积极、协调、高效的团队与组织。

在这种方法和本体论教练理论指导下，观察者/行动者/结果（OAR）模型认为，作为人类，我们所做的每件事都与我们对最重要的事情的关心有关。如图15-1所示，动作剖析描述了元素之间的关键关系。我们的关心和关注引发了我们与自己和他人的对话。这又反过来导致了我们的承诺，我们选择将注意力、意图和精力投入其中。这些都会转化为我们承诺的行动，这些行动会产生（或不会产生）我们预期的结果。因此，我们了解了，我们的生活方向和质量取决于我们关心的内容，以及我们进行的或没有进行的谈话的质量。

虽然在无法获得预期结果时，我们往往倾向于集中精力改变我们的行动，但这个模型表明，我们更关注上游——我们最关心的东西。我们的工作重点改变了吗？我们的承诺是否仍然有意义和适当？带着新眼光成为不同的观察者/行动者，那么世界的发生方式（环境）及我们的选择范围、行动和可能的影响都会发生变化。

第15章 领导力教练

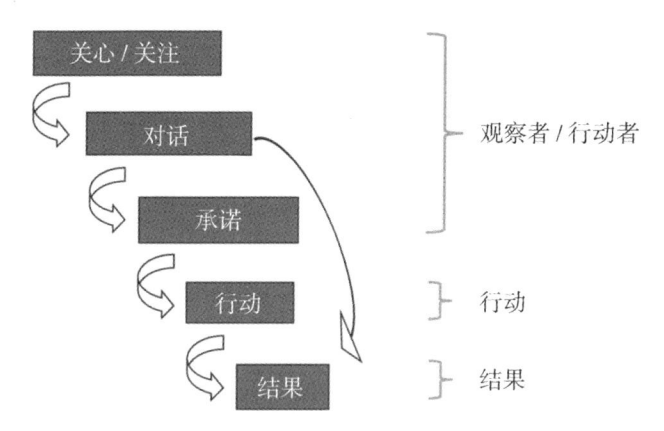

```
关心/关注
  ↓
  对话          ⎫
  ↓             ⎬ 观察者/行动者
  承诺          ⎭
  ↓
  行动          } 行动
  ↓
  结果          } 结果
```

图15-1 动作剖析描述了元素之间的关键关系

过去25年对情商（Emotional Intelligence，EI）的研究表明，情商比智商（Intelligence Quotient，IQ）对高绩效和业务成果的贡献更大。情商的几种不同模型和评估方法已经被不同的研究者开发，但似乎具有类似的结构。例如，戈尔曼（Goleman）的情绪/社会能力量表（ESCI）有4个领域：自我意识、自我管理、社会意识和关系管理，以及21种不同的能力。其他模型在领域和能力方面有些许不同。

所有这些都与（自我和他人）意识、管理（自己的冲动、和他人互动的方式）和发展有效的工作关系有关。

在任何教练关系中，最重要的动力之一就是创造一个心理安全空间，让用户感到足够的安全，可以安心地探索和挑战自己当前的动机、假设、期望、信念和身份。当由领导者（或教练）创建安全空间时，员工同样需要付出努力、良好协作，并保持弹性和灵活性，这是我们希望领导者提供的东西，以及优秀的领导者根据他们的身份和行为方式提供的东西。埃德蒙森（Edmondson）在20多年的研究中发现了8种能够培养心理安全感的领导行为，可为教练在领导力教练中提供指导。两个例子包括承认现有知识的局限性和强调失败是学习的机会。

要成功应对环境的不稳定性、不确定性、复杂性和模糊性，需要强大的心理和情感复杂性及成熟度。自我设计和发展到新的心理复杂性水平是可能的。一方面，管理者可以使用一系列的发展活动（如指导、教练、教育、培训、拓展任务等）来进一步发展人们的认知/情感能力。另一方面，人格挑战在很多方面会导致糟糕的绩效和职业偏离。

随着事情发展的节奏越来越快，以及人与物的互联性增强，我们知道世界各方面变得越来越不可知和复杂。然而，我们仍然必须能够领导。由于存在复杂性，原有的因果关系不再成立，根据过去无法预测未来，最佳实践也不能像预期的那样发挥作用。在这种情形下，为了能有效应对，我们的心理复杂性必须相应地提高。有多种方法可以提高我们的认知能力并养成新的习惯。例如，对于问题解决情形，方法包括寻求多个角度，提出不同的看法，系统思考，升级局限的思维模式，运行小型的允许失败的实验，以期更好地理解和应对未知和不确定的环境。

自决理论（Self-Determination Theory，SDT）已经有超过1 000项关于人类动机的研究了。这些研究反复证明，吸引员工参与组织环境的前三个动机是自主性、关系／归属感和能力／掌握能力。领导者（和教练）创造的利于激励因素存在和发挥作用的条件越多，员工在工作中就会越有动力、越投入、越满意。

埃德加·舍恩（Edgar Schein）是一名组织心理学家和顾问，其在组织发展、文化和领导力领域已经工作了40多年。他最近的著作之一反映了他的"谦逊的问讯"理论。他将其定义为"一种把人引出来的艺术，一种提出你不知道答案的问题的艺术，一种基于对对方的好奇和兴趣而建立关系的艺术"。基于好奇心提出问题是教练的重任，只提供建议很少能促进学习、创作和个人责任感。

希克斯（Hicks）和彼德森（Peterson）提出了一个有价值的观点：发展渠道是学习发生的必要和充分条件，包括洞察力（人们知道发展什么吗）、动力（他们愿意投入时间和精力吗）、能力（他们是否拥有所需的能力）、现实世界的实践（他们是否有机会在重要的地方应用他们的能力）和问责制（他们是否内化了自己的能力并为真正提高绩效和结果负责）。最近，彼德森增加了第六个必要条件：教练—用户关系（这种关系是否支持用户议程所需的信任、理解和接受／支持）。对于教练来说，这些都是非常有用的问题，他们可以自问并使用答案来指导教练过程。

教练用户

尽管芭芭拉聪明又有动力，但她的工作方式（快速完成工作、严格捍卫政策和程序、以牺牲服务对象为代价的特权规则、对直接下属进行微观管理）让她得不到信任，也让她身处不友好的工作环境中。她充满活力的风格往往与其他人的低节奏不匹配。她似乎不关心别人的关切所在。

在教练工作的早期，用户完成了两项自我评估。芭芭拉接受了伯克曼方法评估（Birkman Method Assessment），并完成了价值清单。伯克曼方法评估提供了图片，解释了她的感知方式和操作方式，强调了正常行为和需求的范围，以及她的兴趣。该评估规范了她特定而独特的方法，对她的最佳行为和塑造了她工作方法的兴趣进行了肯定的陈述，还解释了她的压力行为，那是她的社会期望需求没有被满足时其做出的低效行为。价值清单使用结构化流程来判定人的价值观和主要价值观驱动因素，并对因素进行优先级排序，然后创建关于所有价值观如何以连贯的方式组合在一起的叙述。该工具使用户能够更好地观察自己和自己的价值观，更好地理解自己在工作和其他环境中的表现。

在领导力教练的第一年，芭芭拉（与经理保持一致，经经理同意）选择了三个重点领域进行教练：（1）管理自己的情绪和情绪能量，为有效沟通创建一个心理安全空间；（2）完成符合客户标准的任务；（3）做好授权。

基于她对上述目标领域的改进决定，教练起草了一些问题，用于360度访谈过程，以形成关于用户的一系列观点和看法。受访者由教练确定并经其经理确认。访谈在互动的五个月内完成，产生了定性（专题回应分组）和定量［五级李克特量表评分（5-Point Likert-scale Rating）］数据，提供了范围和均值，以审查、理解、讨论及决定如何明智地使用这些信息。当360度访谈数据呈现出来时，教练询问了这些数据对她意味着什么，她对评论和分数感到震惊并陷入沉思。虽然她在某些领域有较高的操作水平［例如，"实现业务目标"；"使他人（包括我自己）对承诺的交付成果负责"］，显然，她在其他方面表现得不够好（例如，与同事建立信任；建立协作的工作关系；与A2Z的文化和价值观保持一致）。这在平均分和具体评论中都体现得很明显。

教练和芭芭拉安排了每两个月一次的教练沟通电话，以制订她的发展计划。最初，芭芭拉的目的是建立对其潜在绩效动态的自我意识和洞察力。下面的四个例子说明了潜在的信念和叙述是如何阻碍芭芭拉的。

当被问及为什么她的工作中存在错误时，她在反思时指出，她坚信最重要的事情是迅速完成工作。这是一个长期存在的信念。当被问及基于她的工作，她认为她的客户觉得什么是最重要的时，她思考了一下，然后说完整性和准确性是最重要的，比速度更重要。这种说法更靠谱，因为出错就需要返工，从而延长了完成的时间。芭芭拉突然意识到，这种旧有的思维和行动习惯不再对她有用。她可以选择创建不同的承诺来指导自己的行为，并开始练习在规定时间内按时、准确、完整地完成任务。

在人力资源工作中，芭芭拉精力充沛、方法有力，但常常无法与客户融合在一起。当被问及她是如何看待自己的工作方式和服务客户的方式时，她变得情绪激动，似乎太不理智。她说，几年前，她的兄弟在一起帮派枪击事件中丧生，其实他只是一个无辜的旁观者。由于这次创伤，她在潜意识里决定要保护自己的客户。她采取的形式就是对政策和程序的立场非常坚定，并专注于这些，而不是倾听客户的顾虑并想办法解决。一旦意识到这一点，她就知道该如何去做了。她的高激发状态虽然是根深蒂固的，但也可以被打断——如果她能在0.3秒内识别并行动的话。如果可以打断或当她被打断时，她就可以选择其他不同的回应。随着时间的推移和有意识的练习，她确实将自己的激发水平调整到与情况相称的水平，并且能够更好地调节自己的行为。她能够把注意力放在客户身上，更好地倾听他们的顾虑和麻烦，并根据情况做出更敏锐和相称的表现。她开始重建信任并创造价值。

芭芭拉从来没有管理过别人。她没有接受过任何管理方面的培训或指导。她对管理的了解来自观察其他人的管理和领导，然后自己决定这些是不是她想要效仿的行为和态度。当向下授权时，她倾向于微观管理。她错过了很多委派或分配任务的机会，因为她觉得由自己做这项任务更舒服。讨论揭示了她的一些基本假设（他人不称职或不值得信任）和故事（有疑问时，自己动手做）。面对挑战，她可以看到自己对待直接下属的方式正在影响她的行为和他人的反应。当她完成指定的文章阅读任务时，她意识到自己正在做出改变。当她完成一项练习，以识别并写下当前和期望的状态声明，为委派任务提供信息时，她可以清楚地看到自己致力于做出的转变。她开始有意识地观察和专注于新行为的实践，而不是摆脱她熟悉的舒适感觉。她对自己的员工采取了不同的态度，开始更轻松地分配任务，甚至考虑分配一些对自己和员工都有发展意义的任务。通过练习和坚持，她开始成为一名更好的经理。授权增加了，微观管理减少了，为她的员工寻找或创造发展机会的频率增加了。

芭芭拉不得不反复处理的一种情况是，首席运营官弗兰克·卡尔佩珀（Frank Culpepper）要求她做一些时间紧迫的特殊项目。她无法控制这些要求是否或何时会出现。她几乎没有机会拒绝这样的要求。她感到无能为力，无法负责任地管理自己的工作并做好工作。教练谈话探讨了她如何才能做到富有同情心和责任心。她认识到这些限制性的假设，并改变了自己看法。她得出的结论是，虽然她不能拒绝弗兰克的要求，但她可以讨价还价，为做好自己的工作争取足够的条件。这意味着她可以与海伦沟通并重新安排她的优先事项，相应地重新设定期望值，并与那些因她的优先事项变化而受到影响的人进行沟通。她还可以与弗兰克重新协商使其满意的条件，让条件更适合自己。这给她带来了以前从未体验过的自主权。这样，即使面对不确定性，她也觉得自己充满力量，并且始终走在积极的前进道路上。她也开始意识到环境是如何影响她的情绪和表现的（或提供支持，或制造障碍）。她开始预测自己需要进行哪些对话才能主动避免障碍。她开始战略性地思考她的工作关系及客户想要和需要什么。

在过去的一年里，芭芭拉有许多类似的经历、顿悟和洞察力。新的选择出现了——困难的选择，但这些选择将把她带到她想要的方向。她有很多锻炼自我领导力的机会，并利用了这些机会。无论是思考还是做事，旧习惯都是很难改变的。遗忘和再学习可能会令人不舒服甚至痛苦。面对挑战，没有什么可以代替韧性、毅力、灵活性和实践。

按照计划，在教练的帮助下，芭芭拉和海伦进行了互动结束对话。这是一个机会，可以审查迄今为止完成的工作、得到的进展、产生的结果、汲取的经验教训，以及下一步要采取的措施。双方都很高兴。与内部客户及直接下属的更好的工作关系开始建立，更好的工作产品开始交付，客户满意度开始提升。当被询问时，芭芭拉想继续与教练合作。经理同意了，并在第二年起草了一份新的教练合同。

第二年开始后不久，芭芭拉的工作发生了变化。由于之前首席运营官对她的表现不满意，她被免去了经理职务，改为个人贡献者。她不再有直接下属，而是有了新的机会，在两个项目中扮演重要角色。她接受教练的机会减少了一半。她确定的两个重点教练领域是：①克服自己被降职的沮丧，同时保持积极的态度，并积累学习经验；②在为每个项目提供价值的同时，发展更好的客户关系。

最初的教练讨论和提问集中在她自己的故事和关于她地位变化的解释上。她被消极的故事所困扰，这些故事使她沮丧，而且使她无法专注于接下来的重要工作。在两个多月的时间里，芭芭拉把工作变更重新定义为积极的变化，让自己认识到自身优势并提供了做出贡献的机会。一旦她做出了这种改变，自我强加的约束就消失了，她完全有能力抓住面前的机会。这一转变加快了她与其他人在自己领导的项目上的协作工作。她深思熟虑、积极主动，邀请团队成员充分参与复杂的工作，并在遇到挑战时积极应对。她联系了她的内部项目客户，明确了满意的条件、优先级别和对话的节奏。她预测可能发生的故障、协同制订应急计划、提出支持请求，并定期向客户汇报工作进度，管理他们的期望并控制她自己的情绪。最后，这两个项目都按时、在预算内完成且没有发生意外。她的客户高兴地宣布项目取得了巨大成功。

有很多因素促成了芭芭拉发展历程中的学习和进步：
- 学习和提高的动力。
- 勇于挖掘并挑战自己陈旧的、自动的（习惯性的）假设、信念和行为。
- 定期进行教练对话的节奏。
- 清晰的方向和可观察的关于成功的描述。
- 与她的经理就教练重点达成一致。
- 明确经理在整个过程中如何支持她。
- 为教练和客户创造心理安全空间，以便进行具有挑战性的对话。
- 使用前馈，从绩效环境中选定的同事那里收集数据和建议。
- 对尝试、注意、学习和转移的内容进行严格汇报和讨论。
- 实践可能成为新常规和新习惯的新思维、感觉和行为方式。

争议、争论和问题

在任何组织中，管理者在员工的绩效环境中都扮演着关键的角色。平均而言，影响绩效的因素有70%～80%来自环境，而不是个人。无论是在政策、程序上，还是在管理/领导风格上，管理者都是各种管理实践的代表。根据最近的研究，70%～75%的管理者是无效的领导者，依据他们的领导方式所产生的结果甚至比为产生结果而付出的努力还要少。

（注：本节和下节分享的关于领导力的观察和评估基于A2Z CEO、5名高级经理和3名经理6年多的培训经验。）

通过对领导风格的观察，CEO马蒂·哈钦森（Marty Hutchinson）主要是权威型领导。换句话说，具有这种风格的领导者动员其他人朝着一个共同的愿景前进，就好像他在说"跟我来"。此外，他采用强制手段管理下属，最初亲力亲为，对下属进行指导和微观管理（"照我说的做"），直到他们变得足够胜任。然后，他会采取自由放任的立场（完全放手），除非他们的绩效下降。届时，他会介入为他们解决问题，并再次强制管理。

不管在哪个职能部门，如市场、销售或运营，他都愿意积极参与，并在细节层面做出贡献。由马蒂领导的年度战略规划工作往往会列出一长串"需要由他的高级领导团队实施的优先事项"清单。其中的优先事项经常更改和添加。

除了他的远见、魅力和其他优势，马蒂在管理和领导方法上还面临许多挑战：

- 有时会在其他人面前发脾气、大喊大叫、贬低他人，因此，管理者在提出问题和顾虑时往往感到担心。
- 会"偏袒"某些管理者，愿意为他们变通或打破规则。
- 有时忽视并违反已公布的人力资源政策或流程来采取预期的行动。
- 有时会匆忙下结论并迅速做出决定，试图解决问题，而没有征求他人的意见，也没有考虑更广泛的影响和意想不到的后果。

总之，上述行为模式给CEO的直接下属和其他管理人员（如芭芭拉）带来了不确定性和担忧。有些人对言语辱骂行为很敏感，并因为责任被削弱而苦恼。CEO经常在没有理由或不考虑能力限制的情况下就宣布变更或添加优先事项，这扰乱了许多人的计划。芭芭拉的经理海伦经常被马蒂不断变化的领导重点推向不同的方向，并因此面临着缓冲和将沟通转化为可采取行动的请求的挑战。反过来，芭芭拉觉得自己与CEO之间的关系处于模棱两可且危险的境地，她不确定自己会收到什么样的评价，也不确定这些评价是否带有批判性。

解决方案和建议

似乎针对这个特定的绩效问题提供的领导力教练解决方案是很适合的，执行得当并产生了预期的结果。但是，它仍不足以解决更多系统性和管理性问题，这些问题是客户绩效背景的一部分（但不是合同规定交付内容的一部分）。

在六个月内，CEO和首席运营官决定解散全球人才（Globle Talent）。海伦即将退休，她所在部门的成员被解雇了。学习和发展、薪酬与福利都被重新分配到各区域，不再有全企业范围内的人力资源计划或实践。可以将这视为解决极端管理问题的一种方法。

不过，有一些建议可以提供给其他正在阅读本章的领导者。大多数领导者都无法进行有效管理。然而，他们需要表现良好，以最大限度地为他们的组织创造机会，因为组织的绩效无法超越领导层的群体意识。许多组织的领导者都认识到了这种差距。例如，在2019年全球人力资本趋势调查中，80%的受访者将领导力列为其组织的高优先级事项，但只有41%的受访者认为他们的组织已经准备好或非常愿意满足他们的领导力要求。

对领导力发展的投资，特别是经过深思熟虑并系统地进行投资，可以带来持续的绩效改进和竞争优势。

领导力教练是开发工具包中的一个重要工具，可以作为独立的干预手段，但更重要的是，作为混合解决方案的一部分，它是一种催化剂。

复杂性和不确定性日益成为我们生活的一部分，领导力的领导力——全面培养人才，尤其是有效的领导力和后备力量，是必需品，而不是奢侈品。坚持培养人才和支持实践，需要勇气、远见和承诺。那些坚持不懈的人很可能从中获益。

领导力教练的未来发展趋势

- 自称教练的咨询师和心理治疗师大量涌入：随着领导力教练越来越被认可、重视和接受，其职业也受到了欢迎。心理治疗师、咨询师和顾问都被吸引到教练这一职业中来，他们可以发挥才能、做出贡献，并获得经济上的成功。另外，在职业转型时，他们不一定要完成任何教练培训，可能只是掌握了表现良好的教练所需的一部分技能和框架。这对那些试图筛选教练候选人并将"最佳"教练与客户匹配的组织来说是一个持续的挑战。

- 教练成本：领导力教练的成本相对昂贵，因为教练通常是一对一的，或者作为领导力开发项目的一部分。然而，教练仍然被认为是非常有价值的、值得投资。与此同时，人们做出了许多努力，在保持教练有效性的同时降低成本。一种方法是使用人工智能教练作为交付方式。随着技术的不断进步，这种做法可能会越来越流行。其他选择包括采用一对多的教练方式（小组和团队教练）。另一种方法是进行虚拟的教练对话，可以同步（通过电话或视频会议），也可以异步（通过电子邮件或类似的应用程序）。这些方法简化了后勤工作，降低了亲临现场的旅行成本。最后，一个越来越受欢迎的选择是培训和指导领导者具备教练型的领导风格。

- 教练方法的证据基础：在过去的15~20年，许多大学、专业组织和出版物都致力于测试、记录和评估各种教练方法，包括对功效、与理论的关系，以及与生物学和神经学潜在关系的研究。例如，悉尼大学的教练心理学课程、哥伦比亚大学教师学院的教练课程、教练学院、神经领导力学院、《领导力季刊》、《国际循证教练与辅导杂志》、《教练：国际理论杂志》、《研究与实践》，上述机构或期刊均教授、研究和/或发表严格的循证研究。

- 教练实践和科学证据的融合：潜在的神经和心理机制能使教练生效，在过去的20年里，越来越多的研究文献为此提供了解释性证据。这包括正念对情绪反应、压力管理和心理健康的积极影响；情绪在决策、动机和人际交往中的作用；同理心在加强社会联系、建立动机和增强信任方面的作用；通过触发自我管理反应性倾向，然后做出明智的选择；对话神经学、神经递质和社会交往；与有效的人际交往行为有关的大脑功能。

- 对教练方法、参与和项目的评估：始终存在一个问题，即是否有任何特定的方法、参与或项目被证明是有效的。组织客户想知道他们的投资是否成功，如果成功，是否产生了回报。目前的主要趋势仍然是使用"笑脸表"来确定参与者对课程、学习环境和教师/教练的反应。另外，有许多方法（如成功案例、预期回报率、业务影响和投资回报率）已经被使用并被证明有效。研究人员和教育工作者已经明确了确定教练有效性所需要解决的评估问题的范围。

- 虚拟教练：出于成本和后勤方面的考虑，虚拟教练对话已然成为发展趋势。从电子邮件到电话，再到视频会议，虚拟教练提供了相似的访问权限，但效果不尽相同。视频会议最接近于现场的面对面互动，但无法获得与他人在一起时所产生的社交能量，也无法与他人建立融洽的关系。当教练参与开始时，正是建立信任和营造安全感的时候，这是最重要的。视频会议还支持一对多的情况（小组和团队教练），而无须在地理位置上接近。

- 小组和团队教练：学习和发展有多种形式。虚拟教练可以应用于小组环境中，让团队学习如何更好地进行合作，并让有兴趣学习相同领导力内容的工作组一起学习。如果以虚拟方式进行，从成本和后勤方面考虑会带来更多的好处。在小组中学习的两大优势是：向他人学习和在小组环境（休息室）中学习。然而，在这样的情况下进行领导、促进和教练，有些教练可能需要掌握额外的教练技能和框架。

- 教练/咨询混合解决方案：教练已被证明是一种有效的干预措施，无论是单独使用，还是与其他干预措施如培训一起使用，都是可行的。因为大多数绩效问题往往有多个根本原因和相关的干预措施，因此有时就有必要提出一种混合解决方案——一套综合的、协同的干预措施，可以为当前正在考虑的问题提供最具成本效益和可持续性的解决方案。随着与组织中不同的利益相关者（客户）进行沟通和协调，混合解决方案成为增值选项。

结论

本章介绍了一个领导力教练案例，其目的不仅仅是试图解决当前的绩效问题，在描述教练时将其置于了更大的组织环境中，并使用了一系列工具。考虑到对客户最重要的事情，任何教练都有选择工具以及何时使用该工具的自由，就像关注客户谈话的不同部分一样。

根据客户的目标，教练试图更好地了解客户世界的形状和边界。这不仅包括外部的绩效环境，也包括客户的内心世界——他们的信念、假设、期望、心态和故事。开放式问题带来了新的自我意识、反思和洞察力。用法国小说家马塞尔·普鲁斯特（Marcel Proust）的话说："发现之旅不是去新的大陆，而是以新的眼光看待。"用新的眼光，客户确认了她所生活的世界、当前的突发事件及其局限性，并被激励去设计更好的东西。她进行了实验，标出哪些效果好，哪些效果不太好，并就如何学习和提高自己的绩效做出了设计选择。她改变了行为举止和个人叙述，以支持和维持所选的新方向，最终通过努力取得了成功。

领导力教练已被证明是有效的。无论是现场操作还是虚拟交付，它都可以在个人和小组环境中工作。该案例研究为这个论点提供了另一个肯定的数据点。挑战和机遇，特别是考虑到当今的不确定性和突发的中断，就是为组织（作为潜在客户）开发相关的、引人注目的商业案例。客户必须评估此类投资相对于其他替代方案将带来更高的价值，并决定需要持续努力地培养领导者以增加竞争优势。游戏开始！

问题

1. 混合解决方案：根据对当前绩效问题的描述和你选择的一个或多个其他管理动态的描述，起草一个什么样混合的解决方案（教练和咨询的组合），能以协同和相互依赖的方式解决问题？

2. 提议干预的商业案例：鉴于当前绩效问题的描述，你可以创建什么样的商业案例来交付增值工作？需要包括哪些内容？你将向谁介绍你的案例？

3. 对参与成功的评估：给出当前绩效问题的描述，你将如何制订评估计划？你将评估什么以及如何评估？

第16章

欣赏式探询、绩效改进和积极心理学的应用

南希·克恩·伯恩斯

> **概要**
>
> 作为多个组织的成员，你可能发现存在跨越这些组织的关系和情况。当回顾这些关系和情况的交集时，使用创新的绩效改进原则和实践提出建议是一个好主意。
>
> 本案例研究描述了非营利性、基于信仰的组织是如何获得积极建议的。借助欣赏式探询的概念、绩效改进10项标准，以及《心流》中所描述的积极心理学，从业人员能够"退一步，海阔天空"。尽管教会托儿所的财务前景面临着严峻的挑战，能否继续维持需要重新考虑，教会理事会的一些成员也对托儿所的财务状况表示关注，但其他人认为托儿所是有价值的，应该继续运营下去。于是，理事会主席任命了一个特别工作组来审查托儿所继续存在的可行性。

组织背景

路德教会（化名）成立于20世纪70年代，到21世纪初期，已经成为拥有280名成员的活跃教会。

路德教会托儿所是一家非营利性的日托机构，在招聘和招生方面没有歧视，获得了田纳西州的许可，可招生44名2个月~5岁的儿童。它由路德教会赞助支持，并由其负责具体事务，田纳西州公共服务部和路德教会幼儿事工（Early Childhood Ministry，ECM）委员会对托儿所进行评估。托儿所提供以基督教为基础的课程、教学和照料。

非营利性机构

托儿所作为非营利性机构，由路德教会拥有和赞助支持。在教会组织内，ECM聘请了一位主管，在路德教会的帮助和支持下管理托儿所。ECM对路德教会的理事会和会众负责。

ECM制定政策，并与主管一起敲定预算。路德教会理事会负责托儿所的日常运营并提供财务支持，所以必须由它批准预算。

奠定基础

在21世纪初期，路德教会托儿所提供半日事工。3年之内，托儿所成长为提供全日事工。2016年，托儿所能容纳44名儿童，但是入学人数从42人下降到34人，这引起了理事会一些成员的担忧。

现任教会理事会成员对托儿所的历史并不熟悉。但是，他们确实知道理事会为特别事工分配了资金。多年来，教会一直同意为这家托儿所拨款。

由于收入下滑，加里·伯恩斯通（Gary Burnstone）为下一财年申请了额外资金（4万美元）。这似乎是年度预算的很大一部分。教会理事会会长查理·纽伯格（Charlie Newburg）任命了一个日托工作小组（Mission Daycare Task Force）来调查托儿所的财务状况并向理事会提出建议。这个工作小组的成员来自教会成长、管理、财务等部门，还包括ECM及教会理事会成员，确保涵盖了各个部门。

在此，了解教会理事会工作小组的角色和责任是绝对必要的。

教会理事会

教会理事会由会长、副会长、记录秘书、司库、财务秘书、路德教会妇女宣教联盟主席，以及长老、财务、教会财产、基督教教育、管理、青年事工、基督徒团契、幼儿事工、高级事工、科技及教会成长等委员会的主席。其中，牧师、记录秘书、财务秘书和路德教会妇女宣教联盟的主席都是无投票权的成员。

职位和董事会

会长是该项目的执行董事。他主持理事会会议，确保对会众的管理符合路德教会的章程和细则。

在会长缺席的情况下，副会长主持教会理事会的会议。副会长根据要求协助会长。

财务委员会由主席、司库、副司库和财务秘书组成。他们监督教会的现金流，协助委员会制定预算，并监督与工资、保险、抵押贷款、用品和设备、办公室库存、复印机和物资供应有关的支出。委员会向理事会提供财务报告。

教会成长委员会带领会众实施计划，传播教义，促进会众数量的增长。

管理委员会作为教会的"管家"或"管理者"，关心教会的整体计划。

幼儿事工委员会指导幼儿事工的活动（路德教会托儿所），确保对学生的培养与基督教教育委员会保持一致。

案例描述

2016年秋季，ECM要求教会理事会审查路德教会托儿所的运作。ECM成员希望对结果发表公正的看法，以确保正确理解和管理所有方面。这与要求路德教会支持托儿所的请求相吻合。为此，教会成立了工作小组，成员来自教会成长、管理、幼儿事工、财务委员会和教会理事会。

此外，作为教会年度预算流程的一部分，教会管理委员会将资金分配给教会的特别事工。几年前已商定，用于托儿所的教会预算资金将通过此流程进行分配。当申请金额超过通常的预算时，就要请求额外资金用于预算分配，并在下一年度的第一季度再次进行审查。

由于这项事工涉及的人数众多，工作小组感到有必要对情况进行彻底分析。

组织目前面临的挑战

由于入学率低于预期，路德教会理事会对教会托儿所能否继续存在表示担忧。由于教会资助了托儿所的运作，因此他们需要审查情况，在考虑财政责任的同时确定能保留最佳流程。许多人发表了意见，但没有人完全了解情况。

2000年，路德教会决定为森特维尔（Centerville）的社区和会众提供由教会赞助的为时两小时的学前教育（3~5岁）项目。第一年后，市场调查确定森特维尔社区需要一个全天的学前教育项目。在2001年的9个月的时间里，路德教会利用有限的空间为3~5岁的孩子提供完整的日托项目。到2003年，日托已扩展为全年项目，托儿所规模逐渐扩大，能够容纳6名1~3岁的幼儿和18名3~5岁的学龄前儿童。

2006年，教会承诺提供赞助并将日托作为当地社区事工。这意味着教会提供场地及其维护、游乐场地及保养（包括草坪服务）、支付所有公用事业费用、财务和工资记录保存服务，幼儿事工委员会监督托儿所的运作，包括复印机在内的办公用品，供做礼拜的教堂，以及在必要时提供经济支持。

但是到了2016年年底，入学人数从上限44名降到了36名。这引起了教会领袖的关注，尤其是在被要求增加运作支持时。加入教会的许多新成员，有相当一部分在教会理事会任职，他们并不了解托儿所之前的历史和签订的协议。

工作小组的构成和干预方法

如前所述，教会理事会会长查理·纽伯格任命了一个工作小组，以调查托儿所的财务状况，并向理事会提出建议。工作小组的负责人和成员内德拉·萨姆斯（Nedra Sams）博士建议他们采取系统的方法来分析这种情况。萨姆斯博士熟悉范·蒂姆、莫斯利和德辛格所著的《绩效改进基础》一书，并找到了一个研究圣卢克路德教会和学校的案例。在阅读该章节时，她了解到类似的流程可以应用到路德教会的案例中。萨姆斯博士在与工作小组会面时考虑了绩效改进的工具。

罗杰·谢瓦利埃（Roger Chevalier）认为，重要的是制定"明确的期望、愿景和行动方针"，以确保达成共识。萨姆斯博士鼓励工作小组就调查情况和要求采取的方法达成一致。作为一名经认证的绩效技术专家，萨姆斯博士在主持会议时遵循了绩效改进10项标准。她还鼓励采取欣赏式探询方法，并建议团队成员考虑教会和托儿所的积极方面。从第一次会议开始，团队成员就按照提议的积极方法进行合作。

首先，工作小组成员会面，对问题、关注事项和观察结果进行头脑风暴。通过这种方式，他们对情况采取了系统的看法，并按绩效改进10项标准中第2项和第5项"确定需要或机会"。小组成员将这些想法进行分类，分别归为使命、社区、财务、机会和挑战。为了便于讨论，这些项目被记录员记下并可以在显示屏上看到。在两周内举行两次会议，以使工作小组能够迅速完成整个流程。下个月将举行会众选民大会，所以日程安排也很重要。理事会会长要求工作小组在本月月底之前提交报告，以便为该次会议做好陈述准备。在这个阶段，工作小组将重点放在其工作结果上，而不是试图确定解决办案。这与在确定初始需求时采取解决方案中立的方法是一致的。

由于工作小组许多成员已经退休并经常出差，所以他们讨论了出差时间表和角色/职责。这有助于既定目标的实现。他们决定通过多种方法来完成分析，包括头脑风暴、事实调查、标杆学习、观察、财务审查、社区调查审查和评估审查。

为了确定策略，工作小组成员计划审查当前状况和预期结果。他们同意考虑工作小组和成员的问题。他们决定，最终的策略将考虑知识管理、教育、培训、文档、职位描述、持续改进、指导、战略规划和财务预测。

应用方法

该项目的方法遵循了国际绩效改进协会定义的绩效改进10项标准。在进行访谈和举行会议时，该团队还使用了欣赏式探询提纲。例如，访谈问题集中在托儿所良好的发展趋势而不是问题陈述上。演讲者在制作幻灯片和与教会成员进行讨论时应用了积极心理学知识。这包括使用积极的词语来描述情况和陈述所获得的事实。根据契克森米哈赖的说法，"心流是……一种终极体验状态"，演讲者使用表达乐观的词语，帮助会众从更有希望的角度理解信息。契克森米哈赖进一步讨论了通过"提供有利于［成员］体验心流的条件"来提高组织幸福感的策略。此外，他指出，柯林斯（Collins）和波拉斯（Porras）讨论了正确建立组织以提高生产力的重要性。

绩效改进

根据国际绩效改进协会的说法，"有能力的从业人员在人类绩效技术的实践中需要遵循10项标准"。与标准相关的术语"技术"是各种原则"应用背后的科学"。以下描述是根据《工作场所绩效改进手册》中所列的标准进行的总结：

关注结果并帮助客户关注结果。

系统地审视形势，考虑到更大的背景，包括竞争压力、资源限制和预期的变化。

通过工作方式和工作本身来增加你的价值。

根据需要利用伙伴关系或与客户和其他专家合作。

在流程的各个方面都要系统化，包括对需要或机会的评估。

在流程的各个方面都要系统化，包括对工作和工作场所的分析，以确定限制绩效的原因或因素。

在流程的各个方面都要系统化，包括解决方案的设计或解决方案需求的说明。

在流程的各个方面都要系统化，包括所有或部分解决方案及其要素的开发。

在流程的各个方面都要系统化，包括解决方案的实施。

在流程的各个方面都要系统化，包括对流程和结果的评估。

有关应用人类绩效技术原则和标准的更多详细信息，请参见国际绩效改进协会网站的"获得认证"部分。

欣赏式探询

实践欣赏式探询的好处之一是探索组织的积极方面。人们往往很容易把注意力集中在消极的方面或问题上，但这种方法可能无法清楚地说明情况。库珀里德（Cooperrider）、惠特尼（Whitney）和斯塔夫罗斯（Stavros）断言，实践中应包含某些组成部分："对组织中'可能的艺术'的探究应该从欣赏开始；探询什么是可能的，应该产生适用的信息；对可能发生的情况进行调查应该具有启发性；对组织生活中人的潜力的探究应该是协作的。"

欣赏式探询周期包含四个步骤："发现、梦想、设计和命运"。这些步骤符合绩效改进的原则。发现是了解需求的一种努力（需求评估）。梦想包括着眼大局和一种期望状态（关注结果）。设计是为机会找到正确的解决方案的努力。命运包括达到预期的结果和评估成功。根据库珀里德和惠特尼的说法，"欣赏式探询的潜在假设是，组织是一个'被拥抱的解决方案'，而不是一个'需要解决的问题'"。

萨姆斯博士鼓励在整个项目中采取积极的方法。通过关注托儿所的背景和各个方面，工作小组能够运用欣赏式探询方法寻找事实。通过"发现"当前的状态和"梦想"的未来状态，他们能够设想一个更有效运行的托儿所。他们也能够通过采取中立的方法来找到未来的方向和解决方案，而不是直接下结论。

第一阶段的时间表和结果

工作小组创建了一个时间表，以保持项目的进展。由于会长在2016年9月的理事会会议上任命了工作小组，他希望在11月的会议上向会众提交一份报告。

工作小组会议于10月12日及21日举行。在11月17日的会众会议上，萨姆斯博士介绍了工作小组成员的组成，来自教会成长、财务、幼儿事工、管理及长老等各委员会。她告诉教会会众，在选择小组成员时主要考虑因素包括信仰、使命、社区、财务、挑战、机会和请求。

工作小组考虑到了社区的需要。根据罗杰·考夫曼（Roger Kaufman）的观点，审视"巨型视图"是很重要的，这样才能考虑社会的需求。在《社区生命体征》一书中，考夫曼考虑了有助于社区"生存与繁荣"的要素。根据社区评估，萨姆斯博士分享了以下看法：

- 在中央县（化名）有一个大的教会驻地。
- 路德教会托儿所在社区中被公认为"最佳托儿所"。
- 路德教会托儿所符合教会在社区中分享基督之爱的使命。
- 服务社区的机会。

从社会角度来看，重点包括：

- 路德教会托儿所是镇上唯一一家接受婴儿的托儿所。
- 有一个等候名单，供家长为将来预留名额。
- 森特维尔市（化名）需要高质量的托儿所。
- 路德教会托儿所在社区建立了良好的声誉。
- 路德教会托儿所希望有专门的志愿者来帮助孩子提高阅读水平。这与中央县学校的"阅读引领未来"计划相一致。

财务和业务方面的考虑是作为一项正在进行中的工作提出的。更多的信息将被收集。在这次会议上，分享了以下内容：

声誉是一项无形资产，可以计入资产负债表。教会在社区的声誉对于教会的成长和进步及履行其使命至关重要。

- 工作小组认识到对会众负责的重要性。
- 管理预算，支持托儿所。

初步评估指出了一些挑战：

- 路德教会托儿所的工资很低，导致高质量教师的流失。
- 低工资产生了招聘／培训周期的需求。（法规要求新聘员工需接受74小时的培训。）
- 法规对路德教会和其他托儿所设施提出了进一步的要求。
- ECM确认，路德教会托儿所最多可容纳48名儿童。
- 若达到财务收益最佳，最少需招生43名儿童。目前登记的儿童是34名。

提供的机会如下：

- 与这个社区分享基督的爱。
- 支持青少年培养项目。
  - 新牧师；
  - 主日学校（牧师和教友正在努力取得进展）；
  - 儿童将来可能会参加青少年组。
- 儿童和青年是路德教会的未来。
- 当地的托儿所可能获得路德教会的资助。
- 集体讨论解决方案。

对会众的要求：

- 为接下来的三个月提供支持，以便路德教会的工作小组可以进一步审查并提出建议。
- 承认当地社区的人们有很多需要。
- 家庭需要优质的日托服务。

作为这项工作的结果，会众投票决定按要求为头三个月提供资金（10 000美元），并允许工作小组继续进一步的研究。

工作小组研究：访谈、讨论、信息审查

除了董事会成员，工作小组还与几名参与托儿所运营的人进行了面谈和讨论。例如，一名小组成员多次与托儿所主管会面，讨论规章制度、时间表和职责，并观察运营情况。在访谈期间，观察员注意到，由于不断受到干扰和出现紧急情况，主管需要非常灵活。这些干扰包括生病的儿童、工作人员家属的死亡、生病的教师、寻找替代者等。这些情况都得到了专业和耐心的处理。主管在记录和遵守规则方面负有很大的责任，观察员注意到她在这方面做得很好。她对检查、监管等领域进行管理，并在必要时采取了适当的行动。

运营审查

萨姆斯博士花时间审查了托儿所的运营情况。她注意到下列情况：

- 为了感谢会众的支持，主管在礼拜仪式中做了额外的演讲。
- 主管通过提供服务和接受教育为自己充电。
- 主管花费大量时间确保托儿所符合规定。她持续维护和更新手册。评估包括幼儿教育需求量表（ITERS）、幼儿教育评估量表（ECERS）、联邦食品计划评估、消防检查、卫生部门检查和州许可。

第16章 欣赏式探询、绩效改进和积极心理学的应用

- 在最近的审查中，州评估员发现了一些违规行为，导致托儿所失去了三星评级。田纳西州的"日托之星"计划的评级范围从一到三星不等，具体取决于托儿所的年度州级评估。主管说，可能会因观察员察觉到的轻微失误而导致托儿所降级。主管正在解决问题的根本原因并加以纠正。整改后，托儿所将更新的内容提交给州政府审核。这个过程需要一些时间，并不能立即升级。

访谈结果

为了深入了解这家托儿所的启动过程，工作小组还对曾参与托儿所工作的前任领导进行了访谈。在与40英里外小镇上从事托儿所服务的前任和现任领导者讨论后，工作小组确定那里的大多数儿童都不是教会成员。教会成员资格不是优先考虑事项。

通过访谈那些在教会工作的人、那些经常在路德教会做志愿者的人，以及观察礼拜的过程，工作小组获得了真知灼见。一些教会成员表达了把路德教会的运营列为优先事项的重要性。一些成员提出了经过审查和研究的问题。在对提出的所有问题都进行了审查后，工作小组的结论是，这些问题已得到解决。

他们还寻求了外部专家的帮助，包括与一家托儿所的前主管进行交谈。她提供了关于森特维尔多年来的变化及联邦政府计划对私人托儿所的影响的见解。根据她的经验，家长会优先选择由联邦政府资助的（免费或较低费用的项目）托儿所，这导致了私人托儿所入学人数的整体下降。

信息审查

工作小组审查了来自路德教会档案的信息，包括一些过去的教会理事会会议记录和商业计划/文件。一个非营利性的、涵盖托儿所运营的计划得以创建。工作小组的每一位成员都从其各自的委员会代表的角度提供了见解。

教会财务委员会指出，需要考虑间接费用。如上所示，这是2006年协议的一部分。幼儿事工/财务委员会在工作中职责分离，对财务运作进行了尽职调查，实现了良好的监督。审计委员会指出将继续进行监督。

ECM为事工举行了募款活动，同时管理委员会根据教会的宗旨进行了拨款。人们认识到，由于工资周数的增加和联邦资金的延迟，财务状况在这一年里可能出现波动。在这种情况下，使用应急资金可能是适当的。

从教会成长委员会的角度来看，这是公认的事工，在社区中建立了声誉。路德教会的成员自愿带领孩子们阅读、维护设施、准备食物，以及参与其他

活动。

路德教会托儿所被社区许多人认为是"最好的日托中心"。

巨型视图

罗杰·考夫曼指出了从"巨型视图"或社会视角看待情况的重要性。这就意味着我们要从教会整体的角度来看待问题,并且把当地社区看成一个整体进行审查。这样,工作小组就可以从更高的层面了解路德教会和托儿所所扮演的角色。

由于教会和托儿所也是一个更大的组织结构的一部分,属于路德教会密苏里总会,因而工作小组考虑了总会的观点。总会为教会提供整体的教义和实践,因此其观点值得探讨。

路德教会密苏里总会地区研究及文章

工作小组通过电话会议与路德教会密苏里总会的路德教会学校地区代表埃德加·普雷斯曼(Edgar Pressman)会面。普雷斯曼先生提供了一些竞争性分析和一篇关于路德教会学校状况的文章。他说,文章中的信息仍然有意义。以下是文章中的一些要点:

1995年对路德教会密苏里总会托儿所项目进行的一项需求评估研究显示,路德教会密苏里总会托儿所项目中有近80%的工作是会众的事工。然而,当付诸实践时,研究发现,在托儿所项目的需求中,加强会众与托儿所项目之间联系的需求是最高的。

最新的路德教会统计报告显示,托儿所12%的收入来自会众,但是,许多托儿所没有得到会众的支持,并且需要支付租金、水电费或房屋和财产的抵押贷款。学费占收入的81%,其他来源的收入占7%。这种依赖学费来支持运作的做法,往往限制了路德教会密苏里总会托儿所服务的群体类型,并影响员工的薪资和福利、员工的专业发展,最终影响幼儿的照顾和教育质量。

社区研究及评估

根据一名工作小组成员对森特维尔市/中央县《2030愿景/未来社区倡议》的了解,社区的日托需求被列为最重要的事项。通过这种隶属关系/沟通,我们联系了负责该问题的其他地区领导人,并成立了一个市和县范围的小组来调查整个社区的当前需求。这进一步反映了罗杰·考夫曼的观点,即必须考虑社会影响。先导计划(Head Start)的一位代表分享了最新的社区评估。

2017—2018年社区评估：

截至2015年，中心县人口为58 229人，符合进入托儿所条件的儿童为2 821人。符合条件（在中央县）且未由"先导计划"或其他早期托儿计划提供服务的儿童为1 468人。

2017—2018年社区评估摘录如下：

中心县占地684.97平方英里（1平方英里≈2.59平方千米）。陆地面积为681.03平方英里。水域面积为3.94平方英里。根据2000年的人口普查数据，每平方英里有68.7人，而根据2010年的人口普查数据，每平方英里有82.3人。它位于东田纳西州的中西部边缘。它是中部高原省的一部分。按照面积，它是田纳西州最大的县。

该地区因溶蚀山谷而闻名，这些山谷被称为海湾。这些山谷在很大程度上被地势更高、更崎岖的地形完全包围。所有的小海湾都是大型落水洞或喀斯特山谷。草湾（Grassy Cove）被认为是北美最大的喀斯特山谷，也是世界上最有趣的山谷之一。

截至2015年，中心县人口为58 229人，符合进入托儿所条件的儿童为2 821人。符合条件（在中央县）且未由"先导计划"或其他早期托儿计划提供服务的儿童1 468人。

参与调查的253名家长的工作时间表如下所示：线下，工作天数从周一到周五，工作时间从早上7点到下午5点不等；线上，工作天数从周一至周五不等，工作时间从上午8点到下午3点。市/县范围内儿童保育需求调查小组还发现，一些地区工厂的轮班工作造成了符合就业条件的妇女无法找到满足二班和三班需要的儿童保育。医务工作者通常还需要提早开始工作，从而造成潜在的育儿缺口。

其他统计数据：中央县2014年结婚率为6.4%，离婚率为4.9%。2014年中央县人均收入为33 039美元。2015年失业率为7.2%。2015年加入SNAP（补充营养援助计划）的中央县人口占18.9%，加入青少年护理计划的中央县人口占22.2%。

这些统计数据表明了该地区在提交报告时的收入水平和社会状况。先导计划评估还涵盖了当地社区的情况，并考虑了公立学校的日托设施。

组织研究

非营利性组织和营利性组织都会受到无形资产的影响。许多教会成员并不知道托儿所在当地社区的良好声誉。基于山姆（Sam）博士在"2030愿景倡议"中的工作，她听到一些市民谈论托儿所。这些市民指出，他们对托儿所比对教会更熟悉。托儿所在社区中建立了良好的声誉。根据库尔特（Kurt）的说法，声誉可以产生积极的影响，因为"有时公司最有价值的资产是无法触摸到或看到的东西"。

另一个需要考虑的因素是精神氛围对整个组织和社会可能产生积极影响。这个因素对未来的商业和社会也有帮助。丹尼尔·平克（Daniel Pink）在其著作《全新思维》（A Whole New Mind）中讨论了伊恩·米特洛夫（Ian Mitroff）和伊丽莎白·丹顿（Elizabeth Denton）在他们的书《美国企业精神审计》中的发现。他说，米特洛夫和丹顿"就工作场所的精神问题采访了近100名高管"。他们发现，高管们将精神定义为"在生活中寻找目的和意义的基本愿望"。根据平克的说法，"米特洛夫和丹顿……发现了那些承认精神的价值并将其与公司目标保持一致的公司优于那些不承认的"。根据米特洛夫和丹顿的观点，"精神是其自身的燃料。它提供了持久的希望、无限的能量和热情，以克服所有阻碍公司前进的障碍"。这项研究进一步证明了精神教育的价值。

第二阶段的时间表和结果

2017年2月，工作小组在一次会众大会上报告了进展情况。

萨姆斯博士总结了已经完成的研究。在与路德教会密苏里总会地区教育代表讨论后，工作小组审查了竞争分析报告。他们还了解到，托儿所或学校对教会有积极的影响。理事会会长查理·纽伯格完成了对该地区学校的本地竞争分析。ECM主席及托儿所主管拜访了三河路德教会，并考查了其托儿所的运作。研究结果得出的结论是，拥有附属于教会的托儿所或学校对教会的事工会产生积极的影响。工作小组同意继续审查财务状况。

工作小组还审查了政策和程序。为了回答一些教会成员的问题，小组成员核实了所有托儿所员工的工作描述。绩效评估流程已经到位。ECM主席与托儿所主管一起进行了绩效考核工作。托儿所主管为工作人员提供绩效评估。工作小组确认主管保证遵守州、联邦和地方法规，这是她职责的一个非常重要的方面。

自工作小组成立以来，ECM董事会报告了一些积极的趋势：

- 恢复了三星评级。
- 注册人数从34人（2016年11月）增加到42人（2017年2月）。
- 食品项目的支出得到了报销。
- 实现了35%的预算增加。
- 填补了新职位。

工作小组的下一步任务是继续研究、进行财务分析和观察。他们同意审查会众的问题，并继续倾听他们的关切。由于一些教会成员对无法参加2月的会议表示担忧，工作小组同意举行临时会议（在下一次会众大会之前）。会议于3月举行，并接受提问。当时，工作小组要求将调查持续到第一季度，以便能够看到一个完整的画面。由于注册人数的增加，工作小组建议会长宣布如下内容：

最初，我们的会众在今年的头三个月批准了10 000美元。有人认为，我们必须在第一季度末就可能的追加资金进行投票表决。由于一些有利的情况，注册人数增加和三星评级恢复，以及从食品项目中筹集了一些资金，所以现在有可能推迟对追加资金的投票表决时间。此外，工作小组要求更多的时间，以便他们能够提供一个完整季度的信息，可以据此进行投票表决。

第三阶段的时间表和结果

工作小组继续开会、研究和分析数据。2017年11月，工作小组成员向教会理事会提出了建议。理事会同意了这些建议，并在下次会议上提交给会众。

萨姆斯博士介绍了历史背景，回顾了工作小组的研究，并提供了意见和建议。她向会众介绍了以下信息：

- 背景、历史、承诺。
    - ECM成立于2000年。
    - 教会于2006年重新承诺事工：
        - 建筑物和维修、财务记录保存、公用事业、监督、财务支持。
        - 精神指导、义工、课程、筹款。
    - 托儿所在路德教会下运作：
        - 制订了一个非营利运营计划。
- 工作小组研究。
    - 访谈／讨论：
        - 工作小组采访并听取了那些参与日托事工的人的意见。
        - 与ECM和／或主管一起审查了会众成员的问题。
        - 在所有情况下均达成成功的解决方案。
        - 寻求外部专家。讨论其他运作问题。
    - 观察／操作审查：
        - 工作小组成员花时间观察了托儿所的运作，审查了文件和规章制度。
        - 主管和工作人员履行日常职责需要具有专业精神、灵活性和对规章制度的重视。
— 主管会提供信息。
◦ 路德教会密苏里总会中南区教育及学前教育行政主管：
— 提供竞争性分析。
— 提供关于对设有日托／学校的路德教会的积极影响的研究。
◦ 本地日托调研：
— 先导计划共享信息。
— ECM主席和路德教会托儿所主管参观并观察了另一所学校的运作情况。
◦ 工作小组成员增加的观点：
— 财务——管理费用的考虑因素。
— ECM——提供监督，与主管合作，管理库存食品，举行募捐活动。
— 财务委员会和ECM共同努力，适当分离职责，"相互制衡"，确保定期审查财务状况。
— 成长——路德教会托儿所在社区中建立了良好的声誉，被许多人认为是"最好的托儿所"。
— 管理——根据路德教会的事工／使命目标分配资金。
◦ 董事会和成员：
— 财产——维护设施。
— 成员——当志愿者，提高孩子们的阅读能力。
— 员工支持。
— 工作小组研讨会出席情况。
- 总会的观点。

在介绍结束时，萨姆斯博士重申了工作小组的结论，即那些承担责任的人正在妥善管理和监督运营。她要求教会成员相信理事会成员和托儿所主管正在职能领域履行他们的职责。

解决方案和建议

实现

工作小组确定，托儿所仍可继续运营。

ECM委员会制定了托儿所运营的战略和指导方针。加里·伯恩斯通（Gary

Burnstone）与托儿所主管一起负责财务工作。教会同意在必要时提供支持。

结论

工作小组的调查结果是，在日程安排、规章制度和整体运营方面，对路德教会托儿所（由ECM委员会监督）的管理是适当的。2016年秋季面临的挑战（入学人数减少，评级下调等）已经得到解决。托儿所目前已满员，并且恢复了三星评级。

财务委员会还进行了适当的制衡，以确保非营利性组织遵循适当的会计标准。

工作小组成员发现，路德教会托儿所仍然是一件有价值的事情，为教会赢得了声誉。报告指出，声誉可能对财务报表产生潜在影响。他们向教会理事会报告了调查结果。

应继续定期审查各项行动，这将确保形势保持可控。

结果

工作小组确定：

- 托儿所对社区很有价值。
- 在商定的支持水平下，托儿所仍然可运营。
- 注册人数对成功很重要。
- 当注册人数较少时需要制订相应的计划。
- 应将外部环境的变化视为风险。

评估方法

萨姆斯博士强调在整个过程中必须保持乐观的态度，并通过欣赏式探询（关注积极方面）和积极心理学（用适当的词来呈现事实，以强调好的方面）来处理托儿所可持续项目，使工作迈向成功。工作小组的确呈现了所有事实，但措辞不同会产生不同的影响。通过应用绩效改进10项标准，工作小组将重点放在结果上，提出建议，然后评估其影响。

跟进

教会理事会建议采纳工作小组的调查结果的大约三年后（2019年），萨姆斯博士会见了ECM理事会主席加里·伯恩斯通。以下是采访中的问题，以及伯恩斯通先生的评论：

1. 你认为工作小组如何采取系统的方法帮助会众理解"超越数字"在评估

托儿所可行性时的好处？

2. 请描述当审查以教会为依托的托儿所的服务、财务利益和挑战时，拥有一个跨职能团队的重要性。

3. 回顾教会与托儿所关系的"大局"而不是着眼于某个问题，在这一点上你认为什么是重要的？

4. 除了工作小组完成的工作，你还希望看到什么？

5. 自从会众支持工作小组的建议以来，取得了哪些进展？

6. 采取包括观察事实、组织的积极方面及考虑无形的利益的方法如何在未来继续为组织提供帮助？

7. 请与我们分享任何对未来的组织（教会／托儿所）有帮助的流程和团队合作等建议。

由于伯恩斯通先生是最初工作小组不可缺少的成员，因此他对项目进行了反思。他还分享了已经实施的活动和托儿所的现状。

首先，他提到只有少数教会成员在最初的小组会议上表达了担忧。通过在会众大会期间与他们坐在一起，伯恩斯通先生能够化解他们的担忧，他认为这有助于改变他们的观点。这是欣赏式探询和积极心理学应用于情境的另一种方式。他认为，认可那些位高权重的人，并给予他们出席会议的机会，是这个过程中的重要步骤。

伯恩斯通重申，"关系很重要"，在会议上听取所有人的担忧并给出积极的反馈，对于找到可能的解决方案至关重要。他评论说，从来没有人在公司层面上将日托解释为教会的事工。

这个项目为我们提供了一个审视全局的机会。在会议上，人们表达了他们的担忧并提出了解决方案。伯恩斯通指出，在讨论可能的解决方案时，每个人似乎都能跳出"框框"进行思考。拥有中立于解决方案的方法对于流程的成功非常重要。

人们提供的社区视角也很有帮助。"2030愿景／社区倡议"是一个社区项目，涉及三个市政府、当地商会和跨部门的社区领袖。让教会成员密切参与该项目，可以探索当地的资源并形成报告。了解到社区对高质量托儿设施的巨大需求是这个项目的推动力。虽然教会工作小组的建议不能完全解决社区在日托方面的挑战，但教会托儿所绝对可以成为解决方案的一部分。

伯恩斯通提到，拥有一个跨职能的团队可以提供更广阔的视角，避免偏见，并看到未来的机会。他说："如果你有最好的设施，但不是人们想要的，没有人会在意。了解社区需要什么很重要。"教会需要将日托视为事工。伯恩斯通说："我们知道有一个等候名单，但不知道如何将其转化为社区需求。"

萨姆斯博士和伯恩斯通先生还讨论了政策的影响。该州提供免费的托儿服务，这影响了私人托儿所的入学率（这是问题的根源）。提供免费服务往往使激励失去作用。最好"授之以渔"。这也符合"摆脱贫困的桥梁"项目，在该项目中，萨姆斯博士了解了激励人们摆脱贫困而不是阻碍人们前进的项目的价值。

根据工作小组的建议，ECM重新分配了空间，以启动更多的幼儿护理项目和潜在的课后项目。托儿所主管和ECM主席开始对入学人数进行"情景测试"，意在让对话更接近实际运营情况。他们考虑了数字改变的含义。例如，州规定了学生／教师的比例。增加学生人数需要多少教师？建立模型将有助于更快地评估能力，并适当地为这项工作提供资金。

评估结果

工作小组向教会理事会和会众提出建议后，他们再次开会讨论结果。他们意识到，纵观全局、审视外部因素、不带偏见地评估情况、在审视事实时避免情绪化、向成员提供清晰的信息是成功的关键因素。

许多无形的因素出现在与伯恩斯通先生的访谈中。如果工作小组选择以不同的方式完成该过程，他认为，提前让人们知道"工作小组计划"可能会有所帮助。可能存在"人们不说或不问"的"错误"。他提到，"有意为之"很重要。"如果你想让人们知道，你必须告诉他们……让人们参与变革管理并增进了解非常重要"。

截至2020年1月，托儿所可容纳70名儿童，共招收了58名儿童。这与2011年路德教会领导者制订的战略计划是一致的。当时，路德教会的愿景是"要成为一个强大的、充满活力的教会"。路德教会托儿所被认为是中部州地区最好的托儿所之一，也是全州最好的托儿所之一，为50多名儿童提供服务。

ECM董事会有几名新成员，包括一名教师、一名前学校校长和一名教育博士。成员的背景、智力水平和经验为制定战略和分析可用信息提供了更多的知识。托儿所主管现在每季度向会众汇报一次，以增进教会成员的了解，并与事工建立更密切的关系。

同时，会众的同步增长使财务支持更加持久。筹款也为这种支持做出了贡献。

有很多志愿者带领孩子们阅读，帮助开展活动，并在需要的时候协助工作人员。这也与会众建立了一个更紧密的联系。那些参与其中的人可以看到这个重要的社区事工的价值。

根据伯恩斯通先生的说法，拥有一个"信任、基于信仰"的组织是托儿所成功的关键，社区也起到了一定作用。

未来的考虑

当在工作中面对分析机会时，请遵循系统的方法。考虑情况时要考虑结果。查看整体情况（系统的观点）以获得更准确的评估。透过表面现象，探究事情的本质。为决策者提供准确信息。对未来情况应用欣赏式探询和绩效改进方法，以确定最佳的解决方案。

关键术语和定义

欣赏式探询：一种在考虑问题之前先审查情况的积极方面的方法。这种方法着眼于鼓励产生想法，而不是专注于解决问题。

心流：在现代心理学中，心流代表一种"理想的精神状态"，处于这种状态的人拥有自由流动的想法和成就感。1990年，契克森米哈赖提出寻求这种"理想的精神状态"会产生更好的结果。

干预：这一术语被用于许多学科，包括医学、行为问题、军事等。在本章中，这个术语适用于使用严谨的方法来检查情况，以确定解决问题的最佳方案。

三星级：田纳西州的一个资助项目，旨在帮助社区创建更美好的未来。结合儿童保育报告卡和星级质量计划，持有执照的托儿所每年接受一次评估，并获得一星、二星或三星的质量评级。星级评估决定了州政府下发的资金的多少。

问题

1. 在调查非营利性的托儿所的运作时，工作小组的系统方法有何好处？
2. 为什么向工作小组分配一个"跨职能团队"很重要？
3. 为什么在提出建议前对情况进行"系统的"（宏观的）审视很重要？
4. 如何在案例中应用欣赏式探询？

第17章
解决根本问题

顾立民

丁 晖

> **概要**
>
> 业务问题的解决方案有三种：症状解决方案、模式解决方案和根本解决方案。症状仅仅是可见的表象，不是问题，因此，症状的缓解只是暂时的，就像往开水里加冷水。模式解决方案看起来不错，但它是不可持续的、昂贵的，有时也可能有风险，因此，从长远来看，对企业的帮助也不大，就像通过一根细管向开水中加冷水。根本解决方案非常简单，因为它会触及问题的本质，如关掉让水沸腾的炉子。显然，企业需要寻找"根本解决方案"。多年来，Q公司一直试图寻找管理公司的"正确"答案，但现实总是让其失望，直到发现了真正系统性的、逻辑性的、结果驱动的和可持续的GPS-IE®管理改进系统。

组织背景

Q公司是中国建筑行业的领先制造商。公司成立于1999年,由于当时房地产行业的快速发展,公司规模迅速壮大。1999—2010年,中国国内生产总值快速增长,年平均增长率达到惊人的10.11%。在所有的经济奇迹中,房地产行业发挥了重要作用——它被认为是国民经济的支柱之一。

2008年,金融危机波及全球,中国也不例外。政府实施了一项庞大的经济刺激计划,挽救了经济。它的主要杠杆是注入巨额现金储备和调整经济政策。在一揽子经济刺激计划的推动下,国民经济恢复健康运行,公司的增长率继续保持。

2010年,在成立10年后,Q公司在上海证券交易所上市。上海证券交易所是中国最大的证券交易所,被视为中国经济的晴雨表。2010—2014年,公众不断追加投资,特别是随着房地产行业的发展,公司持续繁荣。在这5年中,公司销售额以每年3 300万美元的速度稳步增长,净利润年均增长率为14%。很明显,Q公司的增长主要归功于中国经济的蓬勃发展。

奠定基础

然而,2014年,在新一届政府的政策干预下,房地产行业开始降温。房价开始波动,人们不确定这种趋势会持续到何时。2011年GDP增长率降至9.5%,2012年降至7.9%。经济增速持续放缓,2013年和2014年GDP增长率分别放缓至7.77%和7.30%。房地产行业增长率也从2011年的5.4%降至2012年的1.2%。表17-1为1998—2018年中国GDP增长率。

表17-1　1998—2018年中国GDP增长率

年　度	GDP增长(%)	年变化(%)
2018	6.60	-0.16
2017	6.76	0.02
2016	6.74	-0.17
2015	6.91	-0.39
2014	7.30	-0.47
2013	7.77	-0.09
2012	7.86	-1.69

续表

年　度	GDP增长（%）	年变化（%）
2011	9.55	−1.09
2010	10.64	1.24
2009	9.40	−0.25
2008	9.65	−4.58
2007	14.23	1.51
2006	12.72	1.32
2005	11.40	1.28
2004	10.11	0.08
2003	10.04	0.91
2002	9.13	0.79
2001	8.34	−0.15
2000	8.49	0.82
1999	7.67	−0.17
1998	7.84	−1.39

2014年，公司开始感到市场的阵阵寒意。尽管销售额继续上涨，但高层对稳定的增长能否持续没有信心。高层最担心的是，随着国民经济增速放缓和房地产市场的低迷，需求将萎缩，公司也将停止高增长，进而动摇投资者的信心。

吸取了过去15年的经验教训，该公司决定采用"更聪明"和务实的管理方法来解决问题。这一决定意味着，它们在过去15年的迅猛增长必须转变为一种更合乎逻辑、更系统的增长方式。过去，公司迅猛增长依赖于几乎"落入他们手中"的商业机会、巨额投资，以及员工个人的牺牲。最高管理层了解这些风险，决定寻求可持续的解决方案，以保持继续增长。

也许是机缘巧合，也许是命中注定，Q公司遇到了改进咨询公司，一家对自己的研究成果拥有自主知识产权的创新管理咨询公司。经过几轮沟通，Q公司的高层管理者确信，改进咨询公司的方法论正是他们一直在寻找的，因为它是逻辑性的、系统性的、结果驱动的、可持续的。因此，他们决定在销售部门进行试点。R先生是试点城市T市分公司的销售部主管。

GPS-IE®管理改进系统介绍

这种创新的管理方法是由改进咨询公司的两位创始人共同开发的，被称为GPS-IE®管理改进系统（Management Improvement System）或GPS-IE®管理理论（Management Theory）。这两位创始人是在2009年认识的，很快他们决定一起合作，为商业客户创造一种更现实、更系统的方法来获得成果。他们结合了过去各自的学习和实践，于2011年夏天在上海共同创建了这个模型。从那时起，GPS-IE®已经被应用到许多组织中。验证了该系统的逻辑性、系统性、结果驱动性和可持续性。2014年，两位创始人将GPS-IE®管理改进系统带到了美国，并在国际绩效改进协会的年会上首次展示。此后，GPS-IE®管理改进系统得到了多个国家和地区的专家与从业人员的广泛认可，包括美国、加拿大、韩国、中国台湾等。此后，该系统在国际绩效改进协会、人才发展协会等各种会议上得到推广，更不用说数百次的国内会议、研讨会了。

目标

在绩效改进过程中，组织中的各部门或工作人员必须通过组织的战略视角，建立长期的、综合的、一致的方向，达成战略共识。这是各部门或工作人员目前要改善的状况。

问题

在制定战略目标时每个部门必须明确自己的问题。这些问题包括结果（第1级）、驱动（第2级）和行为（第3级），它们从上到下层叠，而层层之间都紧密相连并相互支持。

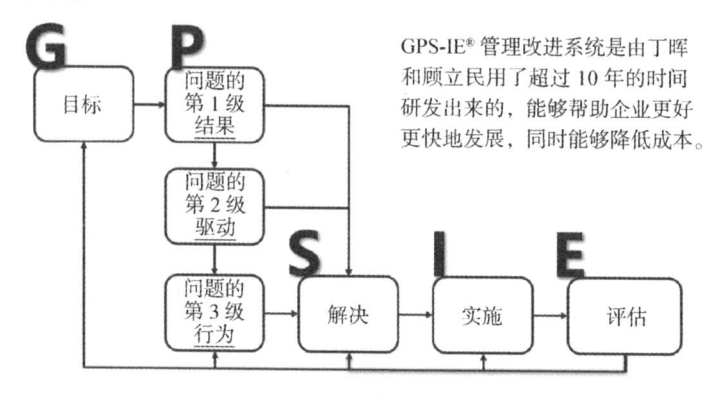

图17-1 GPS-IE®管理改进系统

GPS-IE®是五个字母的首字母缩写，其中，G（Goal）表示目标，P

（Problem）表示问题，S（Solution）表示解决方案，I（Implementation）表示实施，E（Evaluation）表示评估。

解决方案

当问题得到澄清和衡量时，每个部门必须筛选出自己的关键问题，以确定原因及最可能的解决方案。如果解决方案的试运行成功，就可以大规模复制和扩散。

实施

解决方案必须转化为可行的、合乎逻辑的步骤，并通过实施、监督和持续的审查进一步优化，然后才能编制流程、标准或最佳实践，以激发组织的智慧。

评估

在实施过程中，必须在组织、团队和个人层面上都进行评估。这样做不仅为了绩效评估，也为了持续改进。评估包括过程评估和结果评估。

企业生命周期

要想经营好企业，首先必须熟悉企业的成长方式。它可以用2×2矩阵表示，X轴为"客户成熟度"，Y轴为"市场潜力"（见图17-2）。

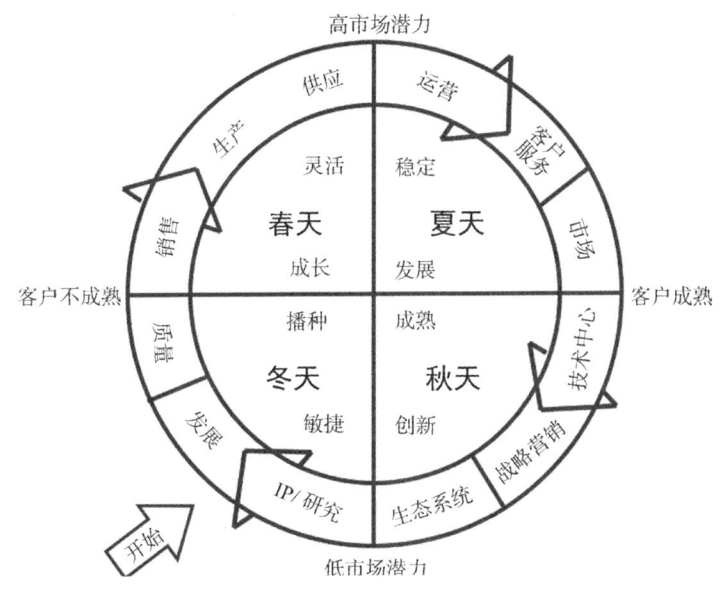

图17-2 企业生命周期

- 播种期（冬天）：新市场规模小，客户不成熟。
- 成长期（春天）：新市场规模大，客户不成熟。

- 发展期（夏天）：新市场规模大，客户成熟。
- 成熟期（秋天）：新市场规模小，客户成熟。

播种期：IP驱动

初创企业的特点是新，所以一切都是新的，如新技术、新产品、新模型、新市场等。由于缺乏先例经验或数据作为参考，因此新企业的旅程注定充满挑战，所以一切都必须从头开始。新企业就像冬天厚厚积雪下的种子，可能在来年春天开花。在这个阶段，看不到客户，没有供应链，"未来"只是一个概念，但仍有希望，那就是它自己的想法或发明。如果有人在这个阶段投资，他们被称为天使投资者。

成长期：销售驱动

企业的成长阶段是气温回升的春天，一切都在恢复。在这个阶段，企业可以捕捉市场需求的信号，新市场正在迅速扩张，因而竞争对手也发现了商机，开始跟进。这一阶段的特点是快速，即扩张快、市场需求变化快、竞争对手反应快、政策调整快、员工成长快。随着企业进入蓬勃发展期，团队精神高涨。在这个阶段，关键是要全面展开销售，在这个非常有潜力的市场上站稳脚跟，构建客户的心理认同。

发展期：运营驱动

现在企业的夏天来了。植物在阳光照耀和雨水滋润下快速生长，但自然灾害和风险，如龙卷风、山体滑坡、洪水、暴风雨或烈日，在夏天也经常出现。在这个阶段，企业可以随着市场的扩张和客户的成熟而发展，客户可能对企业有一定的了解。随着越来越多的组织不得不考虑如何在争夺客户的挑战中生存下来，入行的门槛已经提高。这一阶段的核心是内部组织能力，包括应对各种潜在风险的效率。

成熟期：技术驱动

秋天是收获的季节，庄稼从农田里收割。秋天非常重要，还必须为即将到来的冬天做充足的储备。这个阶段的企业将面临新的挑战，市场潜力不再那么吸引人，客户对你所采取的几乎每一步行动都非常熟悉。这一时期的主题是在公司内部进行创新（如技术创新、产品创新、业务模型创新、机制创新等），培育新想法，甚至孵化它们。这个阶段的企业必须由创新驱动，以开始一个新的周期，因为几乎任何企业的目标都是建立自给自足的生态系统。许多企业周期模型的最后阶段被称为瓶颈、枯萎、平稳甚至结束阶段。但是根据GPS-IE®管理改进系统，几乎所有成功的企业最终都会通过在上游或下游孵化更小的企业，甚至鼓励组织成员自己开始不断扩展，以建立自己的或大或小的生态系统。企业之所以这样做，是因为在这个阶段，它们可以收集和利用资源，并且很自然地衍生具有相同家族基因的小企业。只有这样，企业才能不仅做大，而且做强，甚至有时做到"大而不倒"。

三种盈利模式

价格差异模式：销售驱动，多发生在春天

大多数传统交易业务都使用这种商业模式，通过低买高卖来获取利润。该模式的核心是交易，即时间、空间和信息差异。该模式的优势在于它是可扩展的，缺点是过于简单，因此进入壁垒较低。低买高卖以获取利润几乎是人类的本能。许多竞争对手都能参与进来，因此价格战不可避免。这种模式的业务潜力看似很大，但风险也很高，由于价格竞争、应收账款、库存和价格波动等因素，利润会缩水。

服务收费模式：以服务为驱动，多发生在夏天

组织通过提供服务来获取利润，服务也可以弥补原创产品的差价。当价格差异模式无法继续时，组织可以考虑转型以提供更多的服务。例如，系统集成供应商可以考虑信息技术服务，家具供应商可以考虑提供设计服务，而大型设备供应商可以扩展到售后服务。这种转变可能看起来不错，但过程充满挑战，需要大量投资且短期内看不到回报。服务收费模式不能为了服务而工作，相反，它要满足两个目的：组织必须准备在将来升级服务模式，以及收集服务期间产生的数据。这两个方面的努力将为平台模式铺平道路。

平台模式：技术驱动，多发生在秋天

这种模式倾向于利用现有资源来赚取衍生利润。平台可以通过销售自己的产品或交换资源来获取价值。互联网的快速发展促使许多组织将业务转移到网上。虽然它们中的许多还处于价格差异模式阶段（春天），但它们有一个搭建平台的梦想。平台是赢家通吃的勇士游戏，所以只有极少数的玩家能够生存。大多数参与者面临两种选择：要么成为第一名，要么消失，因为第二名很难在互联网上存活下来。搭建平台的过程是一场激烈的竞争。没有坚定的愿景、丰富的资源、执着的品格和良好的品质，参与者很难走完比赛的最后一公里。

将来，无论组织是收购他人还是被他人兼并，逻辑和算法驱动的业务数据都将比以往任何时候都更有价值。无论投资者选择哪条赛道或哪个竞技场，投资逻辑都是商业数据。

商业战略背后的驱动力

商业战略必须由职能部门驱动和交付。然而，在不同的阶段，这些驱动部门会发生变化。如果不能正确识别驱动力，企业可能很难快速发展。

- 在播种期（冬天），主要驱动力是商业机会，因此企业发展必须进行市场调查、参加行业论坛和对标竞争对手，以收集信息并确定新的商业机会。
- 成长期（春天）的特点是市场潜力大，客户不成熟，销售部门必须发挥关键作用，寻找新客户。在这个阶段，研发部门要支持销售部门开发新客户，鼓励客户更多地购买。销售是这个阶段的主要推动力。
- 随着业务的发展，吸引了更多客户，组织进入了发展期（夏天）。组织必须提高内部运营能力，以留住老客户，吸引新客户。主要的驱动力是运营能力和个人能力，统称为组织能力。提升运营能力不仅可以提高客户满意度，还可以防范业务风险。
- 在成熟期（秋天），我们需要思考客户反复购买的原因是什么。是因为和销售部门关系良好吗？提供了更好的服务？或者因为研发部门开发出了更好的产品？答案更多的是与研发部门有关。此时客户期望获得比以前更多的产品扩展和升级价值。这个时期的驱动力是技术。因此，销售部门必须将研发部门看作内部客户，将工作重点从市场开发转变为客户服务和咨询，即从开发客户、拜访客户和下订单阶段收集客户需求信息、竞争对手动态信息、识别新业务和产品机会的信息。目的是协助研发部门做出更好的产品，鼓励客户重复购买。

请参阅表17-2，了解企业生命周期的四个阶段。

表17-2 企业生命周期的四个阶段

阶段	比喻	驱动力	业务利润模型	关键因素	键值
播种	冬天	商业机会	—	敏捷	收集市场数据
成长	春天	销售	价格差异模型	灵活	积累客户数据
发展	夏天	组织能力	服务费用模型	稳定	积累运营数据
成熟	秋天	技术	平台模型	创新	积累技术数据

经历了20多年快速发展的中国保险业就是一个很好的例子。保险行业刚开始的时候就像一张白纸，每个人都急于开发客户。业务部门必须依靠陌生电话或活

动销售来获取客户。如今大多数客户已经有了稳定的代理机构和一揽子服务，市场空间比以前小了很多。如果不改变旧的模式，结果会更糟。驱动部门必须从销售部门改变为产品设计部门或服务部门。换句话说，这些驱动部门成了整个组织的运营重点。所有资源都必须进行调整或汇集，赋予其充分的权力，带领整个组织渡过难关。

通过与Q公司举行研讨会并向他们介绍GPS-IE®管理改进系统背后的逻辑，其高层管理人员发现，Q公司目前处于晚春季节，但是需要迅速巩固销售基地，并准备过渡到服务费用和能力驱动的开发，即夏天。因此，Q公司决定确定三个层级的问题，并围绕它们规划未来所有的工作。

一级问题

聚焦结果

火车的速度取决于它的火车头，这是事实。然而，这句话只是描述了传统的火车是如何运行的。传统的火车是由火车头驱动的，而火车头必须依靠自身的动力来驱动它后面的所有车厢。在这种情况下，每节车厢看起来就像一个被动的工人等待被拉动。这就是传统火车跑不快的原因。

相比之下，中国的高铁已经升级了运行模式，每个车厢都配备了自己的动力系统。在车头的引导下，列车可以跑得更快，因为每节车厢本身就像一辆小型的自行驱动列车。像传统的火车一样，许多组织的职能部门仍然被动地工作，等待上级的命令，因为它们没有自己的动力系统。

如何设计自己的动力系统？每个职能部门都必须根据自身职能，从分析自己的营业目标出发。制定组织战略时，必须分析问题。问题是什么？问题既不是症状也不是原因，而是当前情况和预期情况之间的数据偏差。同样，问题也可以分为三个层级，即一级、二级和三级。

- 一级问题：结果。
- 二级问题：驱动。
- 三级问题：评估。

问题意味着需要弥补的数量差距。谁来负责缩小差距或解决三个层级的问题？分析将从一级的绩效问题开始。在分析之前必须澄清一点。在三级问题系统中，谁应对一级绩效问题负责？有人认为总经理或CEO应该对一级绩效问题负责，因为它与整个组织有关。然而，总经理或CEO应该对总体战略和价值观负责。只要明确了组织战略，他们就会把自己的职责分解给下面的部门。因此，部门主管应该承担起交付结果的责任。这就是为什么在GPS-IE®管理改进系统中，部门主管或职能领导应该对一级绩效问题负责。

换句话说，每个层级、每个部门或每个职能都有其自己的GPS-IE®管理改进系统。就像混沌理论一样，每个较小的组件都反映了其上层模式。基于系统的这种相似性，一种新的、稳健的管理和运营结构诞生了。

基本原则

组织的核心是如何激励人们去交付结果。《易经》中对"利"的解读为"利者，义之和也"。这句话的意思是，如果组织的每个利益相关者都为共同的愿景而工作，那么组织就可以追求长期利益。组织必须以这一原则为指导方针来考虑内部或外部的所有相关关系。为了便于理解，将使用"一切都是业务"来证明其含义。这里的"一切"指的是组织内外的所有劳动关系和利益关系。无论是哪个部门，它们都必须与组织建立业务关系。

外包视角

就像高铁一样，组织希望所有部门都能像自行驱动的火车头一样更加主动地工作。看到许多部门都在被动地等待上级指令真令人难过。

如果没有收到任何指令，部门可能会出现"空转"。任何组织都不能容忍这种情况。但是，如果组织希望每个部门都承担责任，那么就需要具有"外包思维"。谁最需要我们？他们明年还会继续续订订单吗？他们为什么续订订单？最重要的是，我要付多少钱？

"外包思维"是指每个部门都将自己视为组织外部独立的供应商或承包商。传统上，由于前端部门的业务是和数据打交道，其业务本质决定了它们更容易接受这样的想法。但是，后台功能部门可能很难接受这样的想法，如研发部门化身为签约研究所，制造部门化身为外包工厂，人力资源部门化身为人力资源代理机构，财务部门化身为财务咨询公司等。只要各个部门都抱有这样的心态，部门主管就必须向高级管理人员汇报本部门能为组织带来的价值，无论是逻辑上的还是数量上的，否则，最高管理层可能会考虑在明年更换另一家供应商提供相同的服务。

因此，每个部门都必须把自己视为一个独立的企业，他们必须回答以下5个问题。请参考表17-3。

表17-3 "外包思维"问题

问　　题	解　　释
1. 我们的客户是谁	谁来支付我们创造的价值
2. 我们的产品是什么	我们的部门或职能部门独立交付的价值载体是什么
3. 交付标准是什么	这些结果的可交付成果和标准是什么
4. 如果结果令人满意，对我们团队有什么好处	如果成功交付，我们的利益是什么
5. 如果结果令人不满意，我们的责任是什么	交付失败的后果是什么

定义各个部门的业务

通过外包，每个部门都可以成为企业的所有者。每个部门的战略目标可以在它们规划好与组织战略相一致的业务结果之后制定。每个业务部门都可以有多条业务线，这些业务线可以按产品、客户、地区和销售形式分类，因此不同的业务线可以是不同的业务。同样，支持部门也可以按职能划分，如人力资源部门可以有招聘、培训、绩效考核等职能，所以人力资源部门可能拥有三条业务线。

主要部门典型业务如表17-4所示。

表17-4 主要部门典型业务

部门	职能	客户端	产品	可交付成果
销售	关键客户	财务部门	销售计划系统	合格大客户的销售营业额
	销售渠道	财务部门	渠道运行系统	合格销售渠道的销售营业额
人力资源	招聘	业务部门	新人	合格新人入职数
	培训	业务部门	合格的员工	合格员工人数
	绩效考核	业务部门	合格的员工	合格员工人数
财务	资金筹措	业务单位或总经理	基金	在低利率下筹集资金的能力
	商业会计	业务单位或总经理	报告	合格报告的数量
	投资	总经理	项目	合格项目的投资回报率
市场营销	销售支持	销售部门	潜在客户	潜在客户数量
	市场管理	总经理	合格的团队	完成销售目标的团队数量

续表

部门	职能	客户端	产品	可交付成果
服务	维护	生产部门	维护派工单	合格派工单数量
	服务管理	总经理	潜在问题或事故	质量事故费用总额
	销售支持	销售部门	现有客户的新需求	现有客户的新需求

一级问题描述：统一管理语言

几乎所有的企业都存在管理语言的问题——人们每天都使用相同的术语进行交流，但含义可能不同，有时甚至非常不同。组织是多种行业和职业的集合。不同的部门和职能通常使用自己的同行才能完全理解的专业术语或技术术语。

由于每个部门或职能都使用自己的一套语言，因而就造成了沟通混乱。结果就是没有人能理解彼此。那么剩下的唯一要做的就是依靠特定经理自己的个人"经验"或"感觉"来管理。这样，企业运营就变成了一场赌博——组织把所有员工的职业生涯和幸福都交到这个经理手中，并祈祷这个经理会做"正确的"事情。但在管理中什么是"正确的"事情呢？这个问题或现象困扰了企业数十年。

通过实验发现，在企业中，一切都是算法，一切都是业务，一切都是逻辑。为了取得成果，我们必须回到管理方式上来。

现在，科学告诉我们，宇宙中的一切都可以用数学形式来表示。在企业管理中是否如此？经过长达十年的实验，GPS-IE®管理改进系统致力于这样做。

凭借丰富细致、系统化的工具，它帮助了许多中国企业生存下来并蓬勃发展。但首先，让我们从一级问题开始。

关键要记住，一级问题是该部门/职能的可交付成果。每个部门都有几个一级问题，这取决于每个部门的职能数量。每家公司都有自己的客户和产品。为了统一管理语言，必须用标准格式的句子来描述问题。这个句子由主语、谓语、宾语和补语组成。主语为第一人称（问责方），谓语为动作动词（任务），宾语为名词（边界），补语为数量偏差（差距或测量程度）。

Q公司T市分公司销售部门的一级问题如表17-5所示。

表17-5　Q公司T市分公司销售部门的一级问题

主　语	谓　语	宾　语	补　语
Q公司T市分公司销售部门	将增加	销量	从2015年的600万美元到2016年的900万美元

- 主语：定义问题所有者和责任方。
- 谓语：定义问题中的价值主张，如增加、减少、扩大或改善。
- 宾语：定义问题的时间和边界。
- 补语：定义偏差差距，由两个量词组成。第一个量词描述当前值，而第二个量词描述期望值。

二级问题

系统思维

系统思维是一门纵观整体的学科。它是一个框架，用于察看相互关系而不是具体事物，因为看到的是"变化模式"而不是静态的"快照"。

彼得·圣吉（Peter Senge）在《第五项修炼》（*The Fifth Discipline*）中指出，人们在拼图游戏中喜欢看到整体画面，整体画面总能让人感到愉悦。作为麻省理工学院斯隆管理学院的系统科学家和高级讲师，彼得·圣吉将系统动力学理论应用于组织学习。这就是他写《第五项修炼》的原因。

驱动方程

前面讨论的数学管理和非数学管理提醒读者，不要在管理中由于对逻辑考虑不足而从目标跳到计划和预算。其结果是流程管理被简化为任务管理，几乎无法保证结果。不量化、不相关、不可控、不稳定的工作过程和数据永远不能帮助我们成功。必须识别业务驱动因素，以解释目标和任务的转换。包含驱动程序的数学公式被称为"驱动方程"。驱动方程通过加、减、乘、除四种基本算术运算连接多个驱动因素。因此，成功之路可以用数学方式描述。

驱动方程如何反映系统思维

驱动因素和驱动方程可以帮助经理从系统思维的角度进行思考，从而提升组织的绩效。如果把组织比作汽车，那么汽车拥有转向系统、电机系统、制动系统、悬架系统、空调系统等几个关键子系统。每个系统中的组件和部件被巧妙地组合起来以发挥作用。同样的逻辑也适用于管理。由于每个部门都有自己要实现的职能业务目标，因此必须在公式中找到元素来表示它们的系统关系。

未来思维是决定性力量

公式算法有两种思维：前瞻性思维和逆向思维。

- 前瞻性思维（或发展思维）意味着识别出可以用来实现未来结果的要素。
- 逆向思维（或统计思维）只是对所做事情的总结。

例如，如何表示"每个客户的平均银行贷款金额"？

- 方程1（前瞻性思维）：每位客户的平均银行贷款额=每名客户所需资金总额×贷款申请率×某银行签约率×风险评估后的通过率×资金分配率。
- 方程2（逆向思维）：每位客户的平均银行贷款金额=贷款总额／客户数量。

在"方程2"中，贷款总额和客户总数量只有统计完成后才能得到其数据。在"方程1"中，客户服务部门可以针对每个驱动因素提前行动以实现目标，即每名客户所需资金总额（客户端质量）、贷款申请率（产品的吸引力）、银行签约率（银行的吸引力）、风险评估后的通过率（建议书的适当性）、资金分配率（计划的实施质量）。每个客户平均贷款额的结果就是由这5个驱动因素实现的。显然，对客户服务部门而言，处理"方程1"比处理"方程2"更有意义。

驱动因素和影响因素之间的差异

当T市分公司的销售部门被询问影响目标实现的因素时，他们给出的相关因素如下：

- 政府对房地产的严格控制。
- 员工流动率高。
- 销售渠道少。
- 现有客户很少为他人提供参考／推荐。
- 强大的竞争对手。
- 品牌认知度低。
- 员工能力低下。
- 距市中心远。
- 周边配套设施陈旧。
- 竞争对手降价。
- 新产品开发缓慢。

……

事实上，以上所有因素都会对目标产生影响，但并不能帮助解决任何问题。讨论这些影响因素的唯一好处是，在找到如此多的证据来解释自己未能实现销售目标时，参与者可能感觉会更好些。正确的方式是讨论驱动因素，而不是影响因素。

方程中的驱动因素是指基于前瞻性思维的因素的逻辑组合。请看以下T市分公司销售部门采用的驱动方程（见图17-3）。

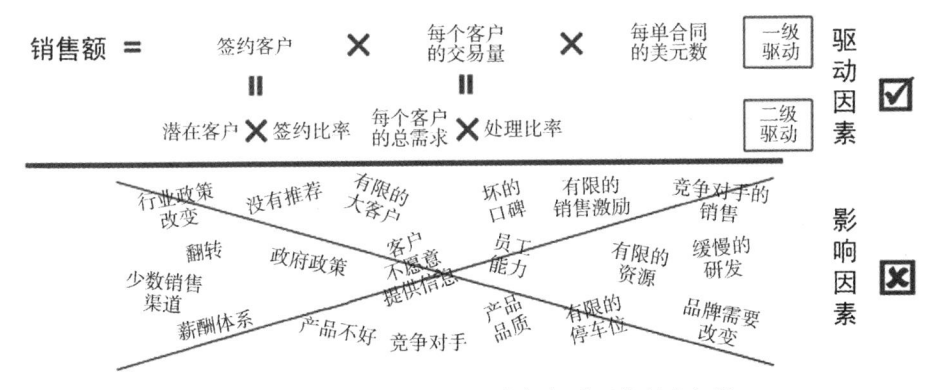

图17-3　Q公司T市分公司销售部门采用的驱动方程

驱动因素的四个特点

与影响因素相比，驱动因素具有稳定（Stable）、可控（Controllable）、结果驱动（Result-driven）和可测量（Measurable）的特点。四个特点的首字母缩写是SCRM。

稳定

在销售部门四个二级驱动因素和一个一级驱动因素中，只要主营业务不变，这些驱动因素通常也不会变。不管谁来负责，也不管他们的教育背景或工作经验如何，随着时间的推移，这些驱动因素都将胜出。新任经理是否愿意遵守驱动方程规则已无关紧要了，因为这个驱动方程将始终决定结果。无论管理或环境发生了多大的变化，无论更换了多少员工，驱动因素依然存在。用外行人的话来说，"人来了又走，但是驱动因素留下了"。

可控

只要销售部门付出足够的努力，就能增强驱动因素的效果。例如，一旦在驱动方程中列出潜在客户的数量，所有的销售就必须围绕潜在客户的数量制订计划和策略，以实现目标。换句话说，这是"你"的问题、你的责任，你就应该为此付出。

结果驱动

一旦确定了驱动因素，结果将在可预见的未来成为现实。只要改善三个一级驱动因素，如付费客户的数量、每个客户的平均购买数量，以及每个合同的平均价值，结果就几乎可以保证。在企业中，不应该有诸如可能、或许、也许等这样的语言。运营企业是有成本的，无论大小，多数企业都不能承受任何失败。企业的每个行动都应该毫无疑问地带来净利润。条条大路通罗马。通往目标的道路越平直越好。

可测量

驱动因素是可测量的，但影响因素不可以，或者说，即使某些影响因素具有可以量化的数据，但是这些数据毫无意义，因为可量化的数据必须同时满足一致性、激活性和可比性等维度。如果确定了驱动因素，则稳定可以保证一致性，可控可以带来活力，结果驱动可以影响可比性。但是，影响因素不能产生任何影响。

三级问题

三级问题可以定义为对驱动因素的逻辑支持活动。定义了五个驱动因素的期望值、当前值和计划值之后，就可以发现不同驱动因素之间的当前值和计划值之间的偏差。

出现三级问题的原因是，即使驱动因素可以提供一个清晰的实现目标的路线图，但仍然需要细分落实到行动。三级问题不是方法或战术，甚至不是工作计划。相反，应该在进入工作计划和实施之前解决三级问题。识别三级问题有六个步骤，请参阅表17-6。

表17-6　识别三级问题的6个步骤

步　骤	标　题	描　述
步骤1	二级问题描述	二级问题中实际值低于计划值
步骤2	关键字识别	关键名词或动词
步骤3	名词的分类	四维分析，即客户、产品、时间和空间
步骤4	动词分解	具有结果导向、逻辑关系的动作
步骤5	历史数据验证	历史价值的测量
步骤6	描述三级问题	识别具有较大改进空间或较低历史价值的行动

三级问题的最大偏差可以定义为解决二级问题的关键行动。请注意，这些行动是应该完成的行动，而不是任何主观判断。

以下是R先生和他的团队进行的三级问题分析的五个步骤。它显示了获得潜在客户的五个步骤。其目的是增加二级驱动因素中的"潜在客户数量"。

1.收集客户信息→2.宣传告知客户→3.有效联系客户→4.获得客户同意→5.注册客户。

表17-7是三级问题示例——如何提高潜在客户的数量。

表17-7　Q公司T市分公司某销售团队的三级问题示例

工具R5：驱动因素名称——潜在客户的数量

#	行动描述	员工A	员工B	员工C	员工D	员工E	总计
A-1	收集客户信息	30	20	35	30	30	115
A-2	宣传告知客户	25	16	30	25	25	96
A-3	有效联系客户	20	10	25	23	22	100
A-4	获得客户同意	10	6	12	13	12	43
A-5	注册客户	10	6	12	13	12	43

经理批准（签名）：

主管审批（签名）：

解决方案

六维策略组合

在确定了三级问题后，六维策略组合可以帮助找到长期而全面的解决方案，请参见表17-8和图17-4。

表17-8　六维策略组合

3W	战术	定义	价值主张
工作场所	产品	创造价值的独立载体	价值
	政策	对利益相关者的稳定承诺	吸引力
工作	流程	交付价值的流程	平滑度
	标准	交付价值的最佳实践	可复制性
员工	意愿	利益相关者对价值创造的认同	认同
	能力	创造价值的技能元素	执行

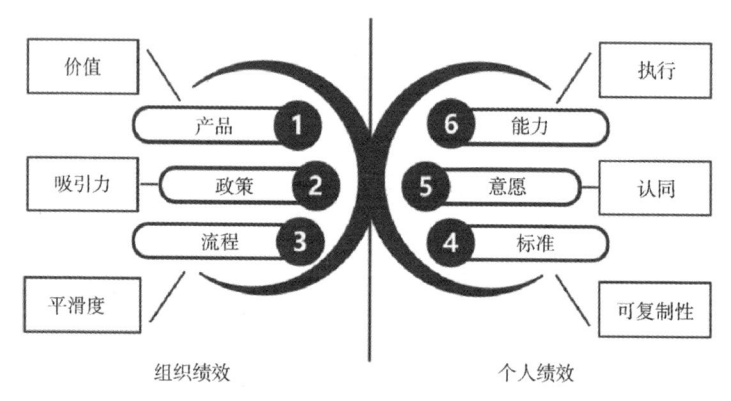

图17-4 六维策略组合

个人绩效

组织绩效体系的强化有助于提高个人绩效，同时减少对员工、客户和供应商的依赖。在六维策略组合中，价值是首要的维度，它位于组合的中心，周围围绕着其他五个维度。因此，在讨论其他五个维度之前，团队成员必须就价值创造达成共识。在头脑风暴中，如果不把这个核心维度设为优先位置，混乱的局面即将出现。因为每个人都渴望通过自己对价值的设想来表达他对政策、流程、标准或意愿的看法。

一旦确定了办法，就应制订工作计划以供执行，请参阅表17-9。该表摘自T市分公司销售部门每月工作计划。

实施

在制订工作计划后，公司在各部门建立管理改进团队。管理改进团队由六个角色组成：领导者、负责人、主管、协调员、团队成员、改进教练（见图17-5）。

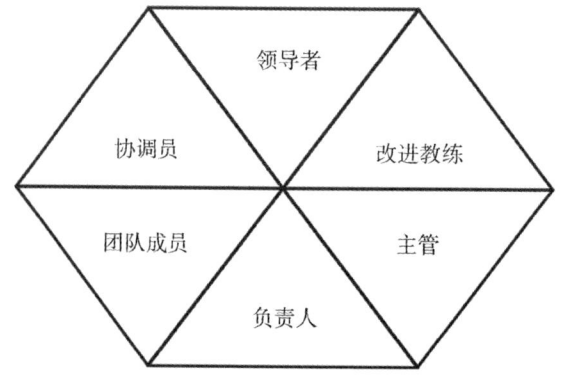

图17-5 管理改进团队中的6个角色

表17-9 月度工作计划

一级问题	二级问题	当前值	期望值	三级问题	方法	工作计划	定义可交付成果	责任人	日期	预算	状态
Q公司T市分公司销售部门的销售额从2014年的600万美元增至2015年的900万美元	潜在客户数从2016年1月1日的300人增至2016年6月30日的400人	300	400	A-2 宣传告知客户	1. 个人努力	陌生拜访	寻找200个新客户	员工C	3月30日	0美元	绿色
						微信朋友圈	发送100条新消息，每条最少300字	员工A	3月15日	0美元	红色
						口碑营销	从老客户那里获得100条线索	员工B	6月15日	0美元	黄色
					2. 产业联盟	积极主动寻求合作	从其他企业获得100条线索	员工A	6月15日	0美元	绿色
						准备合作请求	准备整套的合作材料	员工D	4月15日	0美元	绿色
…	…	…	…	…	…	…	…	…	…	…	…

领导者

领导者也是发起人，通常是公司的董事长、总经理或副总裁。领导者应参与一级问题（结果）的讨论，并达成共识，以检查二级问题的过程和结果。他们在管理改革中支持政策优化和资源供给。

负责人

负责人通常指企业某部门的领导，负责二级和三级问题的识别和干预措施的实施。该角色还负责目标设定、规则设计、晋升，以及奖惩体系的设计与执行。这个角色是整个项目团队的关键，与传统的项目一样。

主管

主管通常是运营经理或人力资源部的员工。主管跟踪并记录流程；收集、测量和分析数据；定期向业务经理报告结果。同时，主管监督团队奖惩制度的执行情况。

协调员

协调员是人力资源、行政或运营部门的负责人。他在整个项目过程中协调人员并记录管理改进的发展。

团队成员

团队成员是来自不同部门的员工。他们关注二级和三级问题，贡献经验和精力，参与项目讨论和分析，并提供宝贵的建议。只有具备工作经验、创新能力、管理洞察力的人才有资格成为团队的一员。

改进教练

改进教练通常是内部认证顾问或外部专业顾问。他们负责流程设计和研讨会组织。他们还参与制度优化流程，以及知识和技能培训的支持性工作。改进教练不仅要掌握管理改进的技术，还应具备多个项目的经验，并掌握方法和原则。

简言之，这六个角色必须在实际的管理改进项目中相互支持和合作，以确保项目顺利且可持续地实施。

T市分公司整个销售部门成立了由50人组成的项目组，并且在接下来的四年以有限的流动率在项目中保留了下来。

评估

评估结果：从结果到行动

对过程和结果的及时评估不仅对奖惩制度至关重要，对提高绩效也至关重要。从这个管理改进项目一开始，就必须对评估进行规划和设计。我们可以思考以下这些问题：要实现的战略结果是什么？需要哪些功能结果来支持战略结果？负责人是谁？实现功能结果需要哪些驱动因素？如何衡量和计算这些数据？哪些策略是最好的？关键行动是什么？如何将这些策略与各种问题相匹配？如何发现关系偏差？只有这样，评估才有价值。评估不是目的，而是达到目的的手段。

一级问题：对结果的评估

客户期望的价值是更大、更快、更好、更低。为传递价值，结果应以客户为导向，评估应采用量化的方法进行。一级问题的评估如表17-10所示。

表17-10 一级问题的评估

一级问题的属性	评估方法	评估阶段	评估实体
规模：更大	绝对值	年、月、周	经理
效率：更快	时间	年、月、周	客户端
质量：更好	比值	年、月、周	客户端
成本：更低	绝对值或比值	年、月、周	财务部门

"更快、更好、更低"可以转化为标准，作为"更"的属性。因此，有必要确定"更"的修饰词和"更快、更好、更低"的标准。

二级问题：对驱动因素的评估

驱动因素最重要的特征是"SCRM"。这和评估有什么关系？

- "S"是稳定，可以对数据进行比较评估。没有稳定的数据，这种长期的评估比较是无法进行的。
- "C"是可控。确定了评估的主体、负责人和被评估的对象。
- "R"是结果导向。驱动因素的结果应该与一级问题的结果相关联。
- "M"是可测量。所有的驱动因素都应该进行测量和评估，影响因素不会对长期的结果做出贡献。

一级问题评估是结果评估，二级问题评估是对驱动因素的评估。

三级问题：对行为的评估

三级问题评估有两个目的：一是通过评估为下一步的策略调整寻找解决方案；二是分析绩效与标准之间的偏差，以提高团队和员工的能力。

Q公司业绩

本章以T市分公司的销售部门为例，结果是惊人的。仅过了一个季度，分公司销量就增长了88%。这次试点促成了改进咨询公司和Q公司在接下来四年里的合作。

表17-11为2009—2014年及2015—2018年的年均销售增长金额。结果显示，在GPS-IE®管理改进系统的指导下，过去四年的年均销售额比过去六年增长了近一倍。

表17-11　Q公司年均销售额增幅对照表

	2009	2010	2011	2012	2013	2014	2015	2016	2017	2018
年均销售额	没有使用GPS-IE®管理改进系统，年均销售额增长为3240万美元						使用GPS-IE®管理改进系统，年均销售额增长为6 340万美元，几乎翻了一番			

总结

通过数百个绩效改进项目实践，可以得出如下结论：在企业中，一切都是算法，一切都是业务，一切都是逻辑。只有当企业管理回归到真正系统化、数学化的方式，我们才能为企业找到客观的"正确"答案，实现目标。人是重要的，但前提是必须先建立商业逻辑，然后再高度重视人才。我们必须跳出绩效改进的旧范式，回归到数学化和逻辑化的根本解决方案上来。

> **关键术语和定义**
>
> **方法**：解决差异的不同方式。
>
> **原因**：导致症状的可测量因素。
>
> **驱动方程**：一个数学公式，将所有不可分离的、与结果有关的因素组织起来用于算术运算。
>
> **GPS-IE®**：由丁晖、顾立民共同开发的管理改进系统，他们还联合创办了上海管理改进咨询有限公司。

> **一级问题**：BU级，业务战略导向的结果差异。
> **二级问题**：BU级，年度结果导向的驱动差异。
> **三级问题**：BU级、驱动导向的活动差异。
> **问题**：当前情况和预期情况之间的量化差异。
> **产品**：BU独立交付的价值载体。
> **结果**：所有计划和输入的输出。
> **症状**：可见的现象。

问题

1. 企业周期的四个阶段是什么？
2. "问题"和"产品"的定义是什么？
3. 培训部的一级业务是什么？他们提供了什么可交付成果？
4. 驱动的四个特征是什么？

本书的作者

达琳·范·蒂姆，博士，CPT，荣誉副教授，密歇根大学迪尔伯恩分校教育学院毕业成绩提升和教学设计项目协调员。她曾在卡佩拉大学任教，主要负责指导博士论文，以及综合考试的评分。此前，她曾是美国电话电报（Ameritech）黄页公司的人力资源培训主管（负责密歇根州、俄亥俄州、印第安纳州和威斯康星州）；通用企业的课程经理，负责通用汽车的全部技术课程，包括对通用汽车供应商的培训。达琳是国际绩效改进协会的前主席。她与莫斯利和德辛格合著了三部获奖书籍：《绩效改进基础：人员、流程和组织优化》（2012年第三版）；《绩效技术基础：改进人员、流程和绩效指南》（2004年第二版）和《绩效改进干预措施：利用绩效技术提升人员和绩效》（2001年）。她先后荣获托马斯·吉尔伯特奖（最高学术奖），国际绩效改进协会终身服务奖和三个密歇根出版奖章。达琳已经发表了50多篇文章，并为专业协会做了50多场评审和45场邀请演讲。她拥有美国韦恩州立大学高等教育博士学位、美国中密歇根大学工商管理硕士学位、玛丽格罗夫学院教育学硕士学位、密歇根州立大学硕士学位，并获得奥克兰大学商学院综合资源管理（包括制造和生产管理）证书。

南希·克恩·伯恩斯，博士，CPT，是克恩·伯恩斯联合有限责任公司总裁，致力于为他人服务，帮助组织成功和提高生产力。作为一名认证的绩效技术人员，她对每种情况都能做出系统的评价。她目前担任国际绩效改进协会主席。南希是其他几个专业组织的成员，包括克罗斯维尔扶轮社、田纳西州ISPI、卡佩拉虚拟分会、PMI（项目管理协会）和PMI东田纳西州，大学和学术推广主任。南希还曾担任ISPI MI项目副总裁、ISPI卡佩拉分会主席和ISPI-TN项目主席。她是克罗斯维尔-坎伯兰地平线行动的指导委员会主席。在一家金融服务机构全职工作期间，南希在卡佩拉大学获得了商业组织与管理博士学位。她还获得了诺斯伍德大学的工商管理硕士学位，此前她获得了商业／计算机信息管理双学士学位。她的专业领域包括教育、领导、商业规划和战略、人力资源、商业信息系统和项目管理。南希引导了一些组织的战略和愿景规划会议，包括克罗斯维尔的青年成就基金会。她为费尔菲尔德格兰德艺术协会创建并引导了领导力/规划和志愿者参与工作坊。此外，她还指导个人完成职业转型。南希曾担任北美运营-新发展项目办公室经理/项目经理，并担任五个业务部门战略规划联络人，包括人力资源和通信。南希曾担任坎伯兰创业孵化器"你的企业走向成功"创业工作坊的首席教练。南希对小企业的热情源于她在家乡新奥尔良香水店工作的经历。南希和她的丈夫用家庭积蓄投资了一家位于俄克拉荷马州乡村的轮胎和汽车修理店。她的论文题目是"个人影响对创业女性成功的效果"。她的研究重点是领导力、沟通和影响力。伯恩斯博士曾在五所学院担任兼职教授，并在达文波特大学担任教与学协调员。她教授过领导力、组织行为学、企业管理、创业/商业计划、美国企业哲学和项目管理课程。

罗斯·贝克，北得克萨斯大学信息学院学习技术系的助理教授。她的研究领域包括应用于运营和绩效改进的管理技术研究和统计、调查和评估设计，以及开放学习如何缩小准备和专业实践之间的差距。贝克拥有宾夕法尼亚州立大学的教学系统博士学位，并被项目管理学院认证为PMP®。

扎卡里·瑞恩·毕沃，绩效改进和管理顾问，致力于利用经科学验证的工业/组织心理学、HPT和组织行为管理等领域的工具和方法，改进、开发和支持企业和个人的绩效。他在公共部门和私营部门都有作为管理者和组织开发人员的专业经验。扎卡里在绩效管理、招聘、员工选拔、学习和发展方面拥有多年的经验。他的兴趣包括组织发展、项目管理、战略规划、流程改进和员工发展。

卡尔·宾德，绩效思维网络有限责任公司CEO，他在全球范围的组织中培养绩效顾问、领导者和管理者。从1970年开始，作为哈佛大学B. F. 斯金纳的学生，他在B. H. 巴雷特行为修复实验室工作了10年，进行实验室和课堂教学研究，并培训教师。作为精准教学的早期贡献者，他接受了奥格登·林斯利（Ogden Lindsley）和埃里克·霍顿（Eric Haughton）的指导。1982年，他成立了自己的第一家咨询公司——精准教学和管理系统有限责任公司，并在国际绩效改进协会中表现活跃。他的导师包括汤姆·吉尔伯特（Tom Gilbert）、乔·哈里斯（Joe Harless）、罗伯特·霍恩（Robert Horn）和唐纳德·托斯蒂（Donald Tosti）。他在波士顿创立了产品知识系统有限责任公司，专门为全球1 000家公司提供销售咨询支持。卡尔目前以六个盒子绩效思维而闻名。美国心理学会第25分部授予他弗雷德·凯勒奖，ISPI授予他终身荣誉会员和托马斯·吉尔伯特奖，表彰他对绩效改进的贡献，OBM网络授予他终身成就奖（2015年）。

斯蒂芬·布朗三世，克莱姆森大学教育领导力项目的博士生。他的学士和硕士学位都是数学，在来克莱姆森之前，他是马萨诸塞州的一名高中数学老师，他在马萨诸塞州长大。他计划将研究重点放在高中学生身上。

安吉拉·卡特，克莱姆森大学人力资源开发硕士项目的临床助理教授，也是国际教练联合会认证的执行领导力教练。卡特博士讲授、研究和介绍有关性别平等、人力资源和组织发展、领导力、教练和行动研究等问题。

伊丽莎白·卡特，博士，保险专业人员，绩效改进的领导者、演讲者和作者。她目前是宾夕法尼亚州匹兹堡市海马克公司的财务总监。卡特博士在金融领域工作了超过25年，其独特的财务敏锐性和多年经验，为她提供了在战略和财务分析、绩效改进和人才发展等领域领导、指导和发展他人的机会。她之前的经验包括领导和参与正式和非正式社区的实践。卡特博士在卡佩拉大学获得教育学博士学位，专攻培训和绩效改进。她在卡佩拉大学获得了教育学硕士学位，在纽约理工学院获得了管理学MBA学位；并在霍夫斯特拉大学获得了市场营销学士学位。此外，她拥有特许财产意外保险承保人的称号，是杰出的演讲大师。

约瑟夫·卡斯蒂利亚，博士，关注HPT和教育领域的研究人员。作为一名学者和从业人员，卡斯蒂利亚博士曾担任过教师、校长、学区负责人和绩效顾问。他的研究反映了学校改进和学校转型的工作。其感兴趣的领域包括帮助美国联邦政策所确定的有待改进的学校实现改进，改进教学实践和学校领导人的一般做法。卡斯蒂利亚博士在卡佩拉大学获得教育学博士学位，主攻培训和绩效改进。他在琼斯国际大学获得了医学博士学位，并在华盛顿大学获得了音乐学士学位。卡斯蒂利亚博士目前在教育领域担任Mabton学区的督学。

苏·切罗普斯基，学习和开发主管，拥有超过20年的提高业务绩效和组织能力的经验。目前，苏是绩效指导有限责任公司的首席学习官。她使用独特的结合e-Learning、教育、管理、培训和组织开发的方法来推动组织中的变革。苏是国际绩效改进协会积极的志愿者。担任国际绩效改进协会2018年大会的教育主席，支持国际绩效改进协会湾区博伊西州立大学分部的工作。2020年，苏被选为国际绩效改进协会的董事会成员。

丁晖，在管理创新、学习与发展、组织咨询等领域拥有超过20年的经验。2004年，他创立了Reach One管理咨询公司，成为中国领先的绩效改进咨询公司。他服务于许多行业，如通信、连锁酒店、农业、高科技和制造业。2017年通过了CPT认证。他担任了多种重要的职位，如中国管理培训联盟秘书长、国际绩效改进协会亚太中心副主任、中国管理科学学会常务理事，并频繁在国家会议如中国管理会议、《培训》杂志会议担任主讲人和主持人。同时在中国多所大学，如中国科学技术大学等，担任MBA项目的教职。

付庆波，博士，CPT，是密苏里大学圣路易斯分校的市场营销副教授。他在许多市场期刊上发表过文章，并在国内和国际学术会议上发表过论文。他的研究成果发表在《市场营销杂志》《个人销售与销售管理杂志》《人类绩效》《绩效改进》上。目前，他是《绩效改进季刊》的副主编，也是《营销理论与实践》杂志的编辑评审委员会成员。在加入学术界之前，他在制药和医疗设备行业获得了销售、市场营销和管理经验。除了学术研究和教学，他还为美国和中国的公司提供咨询服务和建议来提高经营绩效。他是国际绩效改进协会中国分会的创始会员，并担任国际绩效改进协会圣路易斯分会的会员/营销副会长。

布莱恩·格兰特，雷神技术公司的首席分析师和设计师，作为学习开发和人类绩效改进方面的思想领导者，他拥有超过20年的经验。布莱恩在许多国际绩效改进协会会议上发表过演讲。他还以盖伦·桑福德（B. Geren Sanford）的笔名写小说。当发现学习和讲故事这两种方式之间的桥梁时，他感到非常激动，因为两者之间相互影响、相互促进。

顾立民，自1991年起成为学习与绩效技术专家，在管理创新、学习与发展、绩效改进、组织发展、管理咨询和变革管理等方面拥有丰富的经验和专业知识。曾领导过多个项目，承担过多项任务。经常在国家论坛和会议上发言。在2001年和2002年担任国际绩效改进协会明尼苏达州分会主席。2003年通过CPT认证。IBM（中国）前全球交付学习与知识领导者，国际绩效改进协会董事成员，天津外国语大学兼职教授。

阿琳娜·霍夫洛娃，克莱姆森大学行为、社会和健康科学学院的博士生，也是布拉格生命科学大学经济与管理学院的博士生。她拥有捷克布拉格生命科学大学的经济和文化研究硕士学位。她是克莱姆森大学国家科学基金会资助的项目的内部评估小组的成员。她的研究兴趣包括教师职业成功、教师职业发展、创业计划和项目评估。

斯蒂芬妮·约翰逊，PACCAR黑带大师，负责全球绩效改进和六西格玛培训项目支持、Kenworth、Peterbilt、DAF、PACCAR配件、ITD、金融服务和租赁。曾先后在PACCAR担任过PACCAR配件的全国经销商培训经理和PACCAR公司的持续改进指导设计师。在入职PACCAR之前，斯蒂芬妮曾在华盛顿州的SABIC创新塑料、通用动力陆地系统和O/E学习等企业的部门任职。斯蒂芬妮拥有密歇根大学教育学学士学位，萨吉诺谷州立大学教学艺术硕士学位，以及韦恩州立大学教学技术博士学位。

史蒂文·约翰·凯利，CPT，在绩效改进、能力培养、项目评估、项目管理和劳动力开发方面有超过40年的丰富经验，他完成了国际关系博士课程，并获得了人际关系/管理硕士学位。2003年通过国际注册绩效改进顾问（CPT）认证，此前曾两次担任国际绩效学会的董事。

约翰·拉扎尔，自1983年以来，一直担任绩效顾问和教练，通过他自己的公司为CEO和总裁、企业主、高管和高级经理提供领导力/执行教练指导达25年之久。他与领导者个人及其团队合作，改变他们的视角、技能和绩效，以培养高情商的领导者和管理者，突破执行瓶颈，达成业务成果。除了领导力和高管培训，他还为公司提供领导力和管理实践、沟通、评估、高管团队协调、文化战略契合和组织变革等方面的咨询。他拥有伊利诺伊大学芝加哥分校临床心理学硕士学位和森林湖学院心理学学士学位。自1999年起，他被国际教练联合会（ICF）认证为教练大师。他在1992年和2000年获得了Newfield Network的教练培训和认证，并在2010年获得了领导力研究所的认证。他是芝加哥小熊队的终身球迷，居住在美国伊利诺伊州的森林公园。

李立丹，中国电信学院市场人才中心主任，中国电信学院首席专家、组织发展顾问。他的主要研究领域包括领导力评估、领导力发展、战略创新和组织能力。在过去的10年里，他与中国电信的10多个省级分公司一起参与了学习和绩效改进项目的设计和实施。他同时担任这些项目的协调人和培训师。

阿雷利斯·摩尔·德·佩拉尔塔，医学博士，公共卫生硕士。他是一名流行病学家和社会科学家，在美国和拉丁美洲的健康差异研究方面经验丰富。在克莱姆森大学担任社区卫生终身助理教授，并在语言系跨学科任职。他目前的研究包括以社区为基础的参与式健康研究、创建健康社区的伙伴关系，以及通过文化相关工具评估项目的伙伴关系，解决美国-拉美裔人的健康差异。在此之前，她是社区服务中心主任。

露西·舒尔伊尔·纽曼，在金融、私营部门银行、公司治理和绩效改进咨询方面拥有30多年的经验。她拥有美国亚利桑那州凤凰城大学工商管理博士学位，以及尼日利亚阿玛杜贝洛大学工商管理硕士和理学学士学位。自2002年以来，露西一直是国际绩效改进协会的国际成员，自2008年至今，她是一名认证的绩效技术专家，并于2009年成为国际绩效改进的终身会员。她于2012—2014年被选为ISPI全球董事会的国际董事，也是托马斯·吉尔伯特奖的获得者。

玛丽·诺瓦克，CPT，拥有超过40年设计、实施和监督绩效改进计划，国际研究和管理项目团队的国际经验。她获得了西密歇根大学硕士学位。她在其职业生涯中游历了100多个国家，对不同的文化背景和工作需求有深刻的理解。

布莱恩·里维拉，AGLX咨询公司（AGLX consulting）CEO和创始人，也是广受欢迎的演讲者。他获得了项目管理、敏捷开发和精益六西格玛等多项认证。

约翰·舍尔，美国屋面承包商协会认证副主席。自20世纪80年代中期以来，他设计并促进了建筑行业培训。他拥有教学设计、人力资源开发硕士学位，是注册协会行政人员、注册屋面顾问、职业安全与健康管理局外展训练师。

辛西娅·西姆斯，美国南卡罗来纳州克莱姆森大学教育与组织领导学院人力资源开发硕士，助理教授和项目协调人。她获得了翡翠文学奖，该奖项高度赞扬了她在2019年发表的研究成果。西姆斯博士是克莱姆森性别平等领导力发展和教师辅导项目的创始人、主任和联合负责人。她拥有森林湖学院的学士学位，哈佛大学教育学院的硕士学位，以及马里兰大学东岸分校的组织领导博士学位。在学术生涯之前，西姆斯博士就职于美国一家《财富》100强公司，担任过运营总监、学习与绩效改进总监和人力资源总监。

奈吉尔·瑟洛，拥有广泛的行政领导背景，涉及多个行业，包括在全球丰田公司担任不同职位的15年。他是流变系统的共同创建者和《流变系统指南》的合著者。作为丰田汽车公司敏捷部门的负责人，也是丰田汽车公司第一个在全球范围内拥有这一头衔的人，他建立了丰田敏捷学院，这是一个为丰田汽车公司教授、指导精益与敏捷方法的培训和咨询机构。他还为非丰田团队成员建立了首个外部培训认证。奈吉尔在丰田引入了敏捷工作方法和概念，并且是第一个在丰田教授和部署Scrum和敏捷概念的人。截至2019年12月，他已经培训了7 000多人，其中，4 000人是丰田团队成员。这些课程在世界各地的许多全球性组织中教授。他也是丰田全球第一位专业的Scrum培训师，也是第一位获得Scrum创建者认证的培训师。他还在3M医疗信息系统公司领导了成功的转型，并在通用电气、博斯、3M、TJX、微软、MA State Gov和麻省理工学院等知名公司和大学担任教学和培训工作。

约翰·特纳，北得克萨斯大学信息学院学习技术系助理教授。他目前担任《绩效改进季刊》的主编。他的研究兴趣包括团队科学、团队认知、领导力、绩效改进、知识管理、理论构建、复杂性理论、多级模型开发和分析技术。他是流变系统的共同创建者和《流变系统指南》的合著者。

王湘江，工商管理硕士，中国电信中山分公司总经理。他是中国电信集团的绩效改进专家和内部培训师。现任中山市信息产业协会副会长，中山市青年企业家协会副会长，中山市人大代表。他在电信行业有20多年的经验，在中国电信内部管理多个部门和分支机构。他是将绩效改进引入中国电信的领军人物，并领导了将绩效改进内化到组织中的行动。他的团队的绩效改进项目获得了国际绩效改进协会和国际绩效改进协会中国分会的奖项。

埃里克·赖特，北得克萨斯大学博士，明尼苏达州立大学商学院兼职管理讲师。作为一名人力资源专业人员，埃里克从2010年开始担任人力资源管理职务，从2007年开始进行人力资源活动。他目前是约塞米蒂国家公园约塞米蒂酒店（爱玛客休闲）的高级人力资源经理。他持有人力资源认证学会颁发的人力资源专业认证证书。

易虹，CPT，北京华商基业管理咨询有限公司总裁。她是中国领先的绩效改进顾问，国际绩效改进协会中国分会主席。此外，她还是一名认证的行动学习催化师，中国对外经济贸易大学兼职教授。她拥有近20年的培训和咨询经验，服务过包括IBM、诺基亚、三星、中石化、中国联通和招商银行在内的中国和跨国公司。

本书的作者

张秀梅，工商管理硕士，中国电信广东省公司人力资源部副总经理。高级工程师，绩效改进师，国家人力资源管理师，广东邮电职业学院客座教授。拥有超过25年的电信行业工作经验，领导过企业战略管理、人力资源、市场营销、互联网运营等多个职能。在她的领导下，绩效改进项目获得了多个国家和国际奖项，包括国际绩效改进协会杰出人类绩效干预奖。她曾在主要会议上发言，并在各种期刊上发表文章。

郑园，中国电信学院领导力教学与研究中心主任。中国电信学院是中国电信集团有限公司旗下的一所学院。他主要负责企业的学习职能和领导力培养。他一直从事领导力发展研究和人才测评，并从组织能力提升的角度推动企业改革。在过去的十年里，他带领他的团队在150多家内外公司实施了战略解码研讨会。他的项目获得了2018年国际绩效改进协会杰出人类绩效干预奖。